POLITIQUE BUDGÉTAIRE ET RÉDUCTION DE LA PAUVRETÉ À TRAVERS LES DÉPENSES SOCIALES AU MALI

Alhousseyni Amadou MAÏGA

POLITIQUE BUDGÉTAIRE ET RÉDUCTION DE LA PAUVRETÉ À TRAVERS LES DÉPENSES SOCIALES AU MALI

L'Harmattan
Mali

L'Harmattan 2022
5-7, rue de l'École-Polytechnique ; 75005 Paris

http://www.librairieharmattan.com

ISBN : 978-2-14-031256-4
EAN : 9782140312564

À la mémoire de Faya, ma mère et éternelle confidente, brutalement arrachée à notre affection le 19 décembre 2021. Puisse le Tout-Puissant l'accueillir dans son éternel PARADIS !

- Amen !

Avant-propos

Ce livre peut intéresser plusieurs catégories de lecteurs en raison de la thématique abordée, de son accessibilité et de sa facilité de lecture. Il peut non seulement être utile aux décideurs confrontés à l'exercice des allocations budgétaires, mais également aux spécialistes des finances, du développement économique, du développement social ainsi qu'à tous ceux qui s'intéressent à la lutte contre la pauvreté. Les étudiants, les chercheurs, les praticiens du développement et même le grand public y trouveront un intérêt certain.

Ce livre traite de nombreux contours de la politique budgétaire, puisque la promesse de cet ouvrage est justement de nous faire comprendre l'aspect budgétaire des questions de lutte contre la pauvreté dans un pays où ce phénomène est généralisé comme le Mali.

Les rapports entre la politique budgétaire et la réduction de la pauvreté font l'objet de nombreux débats (sur la réduction de la pauvreté via la politique budgétaire, sur les dépenses publiques et la réduction de la pauvreté, sur les dépenses publiques pro-pauvres, sur la notion d'investissement social, etc.). Sur ces sujets, cet ouvrage a des choses à nous apprendre.

Il y a longtemps que les économistes se sont intéressés à la distribution des richesses et à l'amélioration du bien-être des individus. Les questions traitées dans ce livre ont eu un regain d'importance en raison de la persistance de la pauvreté, et beaucoup d'actions de lutte contre la pauvreté ont des aspects budgétaires. L'État perçoit des recettes et il affiche des dépenses supposées d'intérêt général. Il exerce un effet d'influence plus ou moins important, selon les pays, sur les décisions de lutte contre la pauvreté.

La réduction de la pauvreté est une des principales préoccupations des autorités maliennes. Les dépenses publiques du Mali font ressortir des priorités en faveur des secteurs sociaux (éducation, santé, protection sociale, etc.). Le livre s'interroge sur le caractère pro-pauvre des dépenses publiques. La réduction durable et significative de la pauvreté passe par l'amélioration du capital humain des couches sociales. Cela se traduit par un arbitrage budgétaire favorable à l'éducation. Parallèlement, l'approche des politiques dites

d'investissement social vise à améliorer l'insertion sociale et à éviter que la pauvreté ne se transmette d'une génération à l'autre.
Plusieurs travaux ont été réalisés pour apprécier l'impact des dépenses publiques sur la pauvreté. L'auteur en présente certains dans ce livre. Globalement, ces travaux décèlent les facteurs qui jouent un rôle crucial dans la réduction de la pauvreté. Des expériences d'autres pays y sont également mises en exergue.

La politique budgétaire étant le principal instrument d'intervention de l'État dans la vie économique et sociale, l'intérêt scientifique et pédagogique de cet ouvrage réside dans le fait que Docteur Alhousseyni Amadou MAÏGA pose la problématique de son impact sur la réduction de la pauvreté, en analysant le cas concret du Mali, au travers de ses dépenses sociales. Étant donné que le budget reste le principal moyen d'actions du pays, l'auteur nous invite à la réflexion, en nous demandant si la création de la richesse pourrait aboutir à une amélioration des conditions de vie des populations dans une perspective de durabilité du développement socioéconomique.

L'ouvrage est organisé en deux parties comprenant chacune deux chapitres. La première passe en revue la littérature économique aux plans théorique et empirique (chapitre 1) et fait l'état des lieux de la politique budgétaire du Mali à travers les faits stylisés (chapitre 2). La seconde partie met l'accent sur l'analyse empirique de la relation entre les dépenses sociales du Mali et la réduction de la pauvreté. Le cadre méthodologique d'analyse (chapitre 3) et l'analyse économétrique de la relation entre les dépenses sociales et la réduction de la pauvreté (chapitre 4) composent cette seconde partie.

L'auteur a confronté les résultats de ses recherches à différents avis (de spécialistes des finances publiques, du suivi des politiques publiques et même du grand public). Ces avis confirment la pertinence des résultats obtenus et la nécessité de renforcer le cadre opérationnel de mise en œuvre de la politique budgétaire et un meilleur ciblage des populations pauvres ou vulnérables.

Même si l'on est en droit de se demander si l'on est en face d'un énième livre traitant des questions de pauvreté, l'analyse que nous trouvons dans ce livre débouche sur des propositions pratiques pour le Mali et les États dotés d'économies similaires.

Tel qu'il a été écrit, cet ouvrage sera une aide précieuse pour tous ceux qui sont amenés à travailler sur des thèmes de pauvreté et/ou du financement de la réduction de la pauvreté de masse. Il est également susceptible d'aider les décideurs, car l'auteur leur formule des recommandations pertinentes qui devraient leur permettre d'être efficients dans leurs actions en matière de réduction de la pauvreté.

Chers lecteurs, je vous conseille cet ouvrage, car il est le fruit d'un travail fouillé et méticuleux mené par le Docteur Alhousseyni Amadou MAÏGA. Sa lecture est rendue facile par un style rédactionnel clair et précis.

Inspecteur des Finances dans l'Administration malienne, Dr MAÏGA est un homme de terrain, un praticien chevronné qui apporte, au travers de cet ouvrage, une importante contribution sur des thèmes contemporains d'intérêt national, à savoir la gestion efficace des dépenses budgétaires et la réduction de la pauvreté.

J'ai eu l'immense plaisir de collaborer à la réalisation de ce joyau scientifique et didactique.

Pr Issa SACKO

Professeur titulaire à la Faculté des sciences économiques et de gestion (FSEG) de l'Université des sciences sociales et de gestion de Bamako (USSGB) - Ancien vice-recteur de l'Université des sciences sociales et de gestion de Bamako (USSGB).

Remerciements

Gloire d'abord à Dieu, le Clément et le Très Miséricordieux, qui m'a permis de réaliser cette œuvre pionnière en très bonne santé !

J'aimerais ensuite dire **GRAND MERCI** à mes adorables parents, DEYA et FAYA, qui m'ont tout donné, cru en ma réussite et m'ont vigoureusement soutenu dans mes choix. Je prie le Tout-Puissant afin qu'il me donne la force de les rendre toujours fiers de moi.

Ce jour, j'ai aussi une pensée profonde pour le regretté Pr Dénis DOUGNON, sans lequel le présent travail n'aurait probablement pas vu le jour. Puisse son âme reposer en paix ! C'est le lieu également de témoigner mes sincères remerciements au Pr Issa SACKO, enseignant-chercheur à la Faculté des sciences économiques et de gestion (FSEG) de l'Université des sciences sociales et de gestion de Bamako (USSGB), pour avoir accepté non seulement de diriger ma thèse de doctorat, mais également de suivre mes activités scientifiques. Au-delà des relations entre professeur et étudiant, une réelle fraternité s'est développée entre nous.

Ce travail a été en grande partie réalisé au sein de l'École doctorale de l'Institut supérieur de formation et de recherche appliquée (ISFRA), devenu Institut de pédagogie universitaire (IPU). Il est aussi le fruit d'échanges fluctueux avec le personnel du Centre universitaire de recherches économiques et sociales (CURES) de la Faculté des sciences économiques et de gestion (FSEG) de l'USSGB, dirigé par mon frère et ami, Dr Soboua THERA, Maître de conférences en sciences économiques. Je lui adresse mes sincères remerciements pour sa disponibilité et ses encouragements.

Même si les opinions exprimées dans cet ouvrage n'engagent que l'auteur, sa qualité doit beaucoup à la pertinence des discussions que j'ai eues avec certains collègues, comme Dr Issoufou Soumaïla MOULEYE (premier professeur malien agrégé en sciences économiques), Pr Houdou Attikou DIALLO et Pr Farouk CAMARA pour ne citer que ceux-là.

Ma profonde gratitude va aussi à l'endroit de Dr Dramane Lassana TRAORÉ, chercheur également au CURES, pour son appui scientifique multiforme et ses conseils avisés. Les différentes séances de travail passées ensemble ont toujours été empreintes de chaleur humaine et m'ont donné le goût de la recherche scientifique.

Mention spéciale à M. Souleymane Alain BERTHÉ pour avoir guidé les premiers pas de ma jeune carrière professionnelle. Je n'oublie pas non plus mes différents directeurs généraux du Budget : Messieurs Abdoulaye TOURÉ, Robert DIARRA, Sambou WAGUÉ, Sidiki TRAORÉ, Hamidou TRAORÉ et Ahmadou Tijani HAÏDARA. J'associe à ces remerciements tous les agents de la Direction générale du Budget, particulièrement ceux de la direction régionale du Budget de Kayes et du Bureau central de la solde.

J'ai eu la chance d'avoir une épouse et des enfants compréhensifs et bienveillants ainsi que des sœurs, frères, oncles, tantes et proches disponibles, solidaires et altruistes. Ils ont été pour moi de véritables sources de motivation et de réconfort, notamment lors de mes faiblesses morales et scientifiques.

Dans cette aventure, j'ai eu encore à mes côtés d'éminentes personnalités, tant du monde universitaire que professionnel, qui ont accepté de me lire et de me prodiguer de précieux conseils. Ici, je pense entre autres à Dr Aboubacar Abdoulwahidou MAÏGA, Maître de conférences en littérature comparée et Directeur général de l'École supérieure de journalisme et des sciences de la communication (ESJSC), dont l'apport a été décisif dans le perfectionnement de cet ouvrage.

Je ne saurai passer sous silence l'apport inestimable, à travers ses conseils avisés, de M. Sékou DIANI, ancien conseiller à la Cour des comptes de l'Union économique et monétaire ouest-africaine (UEMOA), ancien Directeur national du contrôle financier et ancien Directeur général des marchés publics et des délégations de service public.

J'exprime aussi ma sincère reconnaissance au ministre Lassine BOUARÉ, Commissaire à l'Union économique et monétaire ouest-africaine (UEMOA) qui, malgré ses multiples occupations, a bien voulu me faire l'honneur d'introduire cet ouvrage par une élogieuse préface qui m'a beaucoup touché. J'en éprouve une sincère fierté en raison non seulement de la qualité de serviteur émérite de l'État de son auteur, mais aussi du fait qu'elle émane de l'autorité qui a eu confiance aux capacités du jeune cadre que j'étais, en me confiant les responsabilités de Directeur régional du Budget alors qu'il ne m'avait pas encore connu, ni rencontré.

Enfin, je remercie toutes les personnes qui m'ont, de près ou de loin, permis de mener à bien ce projet.

Sigles et abréviations

ADF	Tests de racine unitaire de Dickey-Fuller Augmenté
ADIT	Acompte sur Divers Impôts et Taxes
ANAM	Agence nationale d'assistance médicale
APD	Aide publique au développement
ARDL	Modèles autorégressifs à retard échelonnés
BAD	Banque africaine de développement
BCEAO	Banque centrale des États de l'Afrique de l'Ouest
BEN	Besoin d'emprunt net de l'État
BM	Banque mondiale
BOOST	Open Budgets (Base de données de la Banque mondiale)
CANAM	Caisse nationale d'assurance maladie
CDMT	Cadre de dépenses à moyen terme
CEDEAO	Communauté économique des États de l'Afrique de l'Ouest
CICB	Centre international de conférences de Bamako
CP	Conférence de Paris
CPEP	Core Public Expenditure Programme
CREDD	Cadre stratégique pour la relance économique et le développement durable
CSCOM	Centre de santé communautaire
CSCR	Cadre stratégique pour la croissance et la réduction de la pauvreté
CSLP	Cadre stratégique de lutte contre la pauvreté
CSRef	Centre de santé de référence
DCI	Dénominations communes internationales
DGB	Direction générale du budget
DH	Développement humain
DNS	Direction nationale de la santé
DPBEP	Document de programmation budgétaire et économique pluriannuelle

DRI	Projets de développement rural intégré
DSGE	Dynamic Stochastic General Equilibrium
DSRP	Documents de stratégie pour la réduction de la pauvreté
ECM	Error Correction Models
EDSM	Enquête démographique et de santé du Mali
ELIM	Enquête légère intégrée auprès des ménages
EMEP	Enquête malienne d'évaluation de la pauvreté
EMOP	Enquête modulaire et permanente auprès des ménages
ENP	Étude nationale prospective
FASR	Facilité d'ajustement structurel renforcée
FBCF	Formation brute de capital fixe
FCFA	Franc de la communauté financière africaine
FEC	Facilité élargie de crédit
FMI	Fonds monétaire international
FRPC	Facilité de réduction de la pauvreté et pour la croissance
FSEG	Faculté des sciences économiques et de gestion
HIPC	Heavily Indebted Poor Countries
IADM	Initiative d'allègement de la dette des pays pauvres très endettés
IAS	Impôt sur les affaires et services
IDH	Indice de développement humain
IDHI	Indice de développement humain ajusté aux inégalités
IDG	Indice de développement de genre
IEC	Information, éducation et communication dans le domaine de la santé publique
IIG	Indice des inégalités de genre
IPM	Indicateur de pauvreté multidimensionnelle
IPU	Institut de pédagogie universitaire
ISFRA	Institut supérieur de formation et de recherche appliquée
ISU	Institut de statistique de l'Unesco

ITIE	Initiative pour la transparence dans les industries extractives
IUDT	Institut universitaire de développement territorial
IUG	Institut universitaire de gestion
MCG	Moindres carrés généralisés
MCO	Moindres carrés ordinaires
MEGC	Modèle d'équilibre général calculable
MICS	Multiple Indicator Cluster Surveys (Enquête à indicateurs multiples)
MINUSMA	Mission multidimensionnelle intégrée des Nations unies pour la stabilisation au Mali
OCDE	Organisation de coopération et de développement économiques
ODD	Objectifs du développement durable
OFCE	Observatoire français des conjonctures économiques
OMD	Objectifs du millénaire pour le développement
OMS	Organisation mondiale de la santé
ONG	Organisations non gouvernementales
PAG	Programme d'actions du gouvernement (PAG) 2013-2018
PAS	Programme d'ajustement structurel
PB	Politique budgétaire
PDA/RN	Programme de développement accéléré des régions du Nord
PE	Politique économique
PIB	Produit intérieur brut
PMA	Paquet minimum d'activités sanitaires
PNB	Produit national brut
PNG	Politique nationale sur le genre
PNUD	Programme des Nations unies pour le développement
PP	Tests de racine unitaire de Phillips-Perron
PPA	Parité de pouvoir d'achat
PPTE	Initiative en faveur des pays pauvres très endettés

PRED	Plan pour la relance économique durable du Mali (2013-2014)
PTF	Partenaires techniques et financiers
PVD	Aide publique au développement
GEM	Rapport mondial de suivi sur l'éducation
RFA	République fédérale d'Allemagne
RGPH	Recensement général de la population et de l'habitat
SCN93	Système de comptabilité nationale de 1993 (SCN93) des Nations unies
SNLP	Stratégie nationale de lutte contre la pauvreté
SPA	Méthode SPA (Structural Path Analysis)
SVAR	Estimation d'un modèle vectoriel autorégressif structurel (SVAR)
TBS	Taux brut de scolarisation
TEC	Tarif extérieur commun
TOFE	Tableau des opérations financières de l'État
TVA	Taxe sur la valeur ajoutée
UEMOA	Union économique et monétaire ouest-africaine
UNESCO	Organisation des Nations unies pour l'éducation, la science et la culture
UNICEF	Fonds des Nations unies pour l'enfance
URSS	Union des républiques socialistes soviétiques
USSGB	Université des sciences sociales et de gestion de Bamako
VA	Valeur actuelle de la dette extérieure
VAR	Vecteur autorégressif
VECM	Modèle vectoriel à correction d'erreurs (VECM)
VIH/Sida	Virus de l'immunodéficience humaine/Syndrome d'immunodéficience acquise
XOF	Code de devise du Franc CFA

Préface

Docteur Alhousseyni Amadou MAÏGA a bien voulu me faire l'insigne honneur de rédiger la préface de cet ouvrage portant sur la « Politique budgétaire et réduction de la pauvreté à travers les dépenses sociales au Mali ». Le souci de rendre service aux étudiants, enseignants, chercheurs et praticiens l'a incité à publier les travaux de sa thèse qui fait le lien entre deux sujets d'actualité et de préoccupation pour les pouvoirs publics et les citoyens : les dépenses publiques et la lutte contre la pauvreté.
L'auteur est bien outillé pour porter un éclairage explicatif et critique sur ce thème bien problématique. En effet, Docteur Alhousseyni Amadou MAÏGA, en plus d'une fine connaissance des questions économiques de par sa formation, dans les meilleures écoles et universités, sanctionnée par un Doctorat en économie, dispose d'une solide expérience de terrain suite aux différents postes de responsabilité qu'il a occupés dans l'administration des finances du pays, en l'occurrence Directeur régional du budget et chef du Bureau central de la solde (BCS).

Ses expériences et connaissances, il les partage volontiers à travers les enseignements qu'il dispense dans certains établissements d'enseignement supérieur de la place et des missions d'assistance-conseil au profit d'entreprises dans le cadre des prestations de consultant qu'il mène.

La place de la politique budgétaire de façon générale, et plus spécifiquement de la dépense publique dans l'atteinte des objectifs politiques, économiques et sociaux que se fixe l'État, est un sujet permanent et d'actualité, surtout dans un contexte de rareté de ressources pour l'État d'une part, et d'autre part de sa prédominance dans l'espace économique qui fait que tout est attendu de lui, y compris « le miracle » !

Dans son ouvrage, Docteur MAÏGA passe au scanner les dépenses publiques au Mali et leur contribution à la réduction de la pauvreté à travers leurs instruments y dédiés : les dépenses sociales. Ce faisant, il cherche à trouver des clefs susceptibles de donner une compréhension à la trajectoire économique et budgétaire de notre pays, faite d'initiatives souvent difficiles à déchiffrer, à la cohérence discutable, voire à la limite contradictoires, si l'on prend le soin et le temps d'aller au-delà des programmes disposant de la plus belle architecture possible, quelle que soit la période à laquelle on se réfère. Pour ce faire, il passe en revue l'histoire de la politique économique de notre pays de 1960 à nos jours, dans laquelle on peut distinguer, grosso modo, trois (03) périodes :

- une première période qui couvre les années 1960 à 1980 : elle est marquée par un « volontarisme budgétaire » qui, en partie, renvoie au Keynésianisme fait d'interventions budgétaires tous azimuts, avec ce que cela produit comme effets pervers : détérioration continue de la situation économique, faillite des entreprises publiques, dégradation des soldes budgétaires, etc. ;

- une deuxième période qui couvre les années 1980 à 2000 : elle est marquée par une pratique budgétaire d'inspiration néo-libérale, où le premier souci a été la recherche de l'équilibre budgétaire avec son corolaire de rétrécissement relatif au champ d'intervention de l'État, dont les aspects les plus emblématiques sont les « dégraissements » du secteur public à travers les programmes d'ajustement structurel ;

- une troisième période qui part des années 2000 à nos jours : elle consacre un certain retour de balancier où, sans renouer avec l'interventionnisme de la première période, l'État, à travers l'instrument budgétaire, a tenté d'atteindre des objectifs sociaux plus explicites dans le cadre de programmes formulés et structurés autour desdits objectifs : Cadre stratégique de lutte contre la pauvreté (CSLP) 2002/2006, Cadre stratégique de croissance et de réduction de la pauvreté (CSCRP I et II) 2007/2011 et 2012/2017 (interrompu) et Cadre stratégique pour la relance économique et le développement durable (CREDD I et II), 2016/2018 et 2019/2023.

Politique budgétaire et réduction de la pauvreté à travers les dépenses sociales au Mali est un livre décapant, un ouvrage qui délabyrinthe, autrement dit qui projette un phare sur les relations a priori peu évidentes et ambiguës entre les finances publiques et la question des exclusions et fragilités sociales dont relève la pauvreté.

Dans une première partie, le livre analyse les fondamentaux des théories économiques en lien avec la politique budgétaire et la notion de pauvreté dans leurs principales acceptions et manifestations, avec un effort soutenu et réussi de quantification. Puis, il aborde, dans une seconde partie, la notion de dépenses sociales en termes de contenu (catégories et composantes) et de déclinaisons possibles. C'est ainsi qu'après la quantification de la part des dépenses sociales dans le budget de l'État pendant les années de mise en œuvre des stratégies et politiques de lutte contre (ou de réduction de) la pauvreté il procède à la recherche et à la mise en lumière des relations entre les dépenses sociales et la réduction de la pauvreté au moyen d'outils économétriques que sont « les modèles » avec leurs tests.

L'ensemble du sujet est ainsi traité avec un recours audacieux aux sciences et techniques de mesures quantitatives que sont les statistiques et les enquêtes qui leur sont inhérentes, ce qui permet d'illustrer les idées et les faits à l'aide de graphiques pertinents et de tableaux évocateurs.

L'auteur ne se limite pas aux explications et aux démonstrations du lien tortueux entre les dépenses sociales et la réduction de la pauvreté. Il conclut sa réflexion en mettant en exergue certaines limites aux stratégies de lutte contre la pauvreté à travers l'outil budgétaire, limites notamment liées aux questions de gouvernance. Il ose également quelques recommandations de nature à mitiger les limites évoquées, parmi lesquelles recommandations on peut citer la nécessité de prioriser les secteurs d'intervention, de procéder à un meilleur ciblage et de renforcer la protection juridique des couches fragiles pour l'accès à l'éducation et à la santé.

L'ouvrage est utile pour les étudiants, les enseignants et les chercheurs auxquels il offre une source d'information bien fournie aux plans théorique et bibliographique. Les décideurs y trouvent aussi leur compte, en ce sens qu'ils sauront, à la lecture de cet ouvrage, à quel courant de pensée rattacher leurs décisions.

Lassine BOUARÉ
Commissaire à l'Union économique et monétaire ouest-africaine (UEMOA) - Ancien ministre délégué auprès du ministre de l'Économie et des Finances chargé du Budget
Ancien ministre de l'Économie et des Finances du Mali

Introduction

Depuis la fin des années 1990, le gouvernement du Mali, avec l'appui de ses partenaires techniques et financiers (PTF), a orienté sa politique de développement vers la lutte contre la pauvreté. Cette volonté s'est manifestée dans la pratique par l'élaboration en 1998 de la Stratégie nationale de lutte contre la pauvreté (SNLP), qui a ouvert la voie au Cadre stratégique de lutte contre la pauvreté, dont la troisième génération a été adoptée en 2011 couvrant la période 2012–2017. Toutefois, le pays a connu en 2012 une des plus graves crises politico-sécuritaires de son existence, entraînant un impact négatif sur la création de richesses, avec notamment une croissance en baisse en 2012 (–0,8 %) et en 2013 (1,7 %). Ce ralentissement économique a eu comme conséquence une augmentation de la pauvreté monétaire, qui est passée de 41,5 % en 2011 à 46,9 % en 2014 ; surtout en milieu rural, où le taux de pauvreté a atteint les 52,8 % en 2014 contre 28,5 % en milieu urbain[1].

Grace au financement du Plan de relance économique durable (PRED), diverses actions de relance et de soutien à l'économie ont été réalisées, notamment le soutien aux producteurs agricoles par la subvention des intrants, l'appui au secteur bancaire, notamment au Nord, le retour et l'installation des déplacés et réfugiés. Le Mali s'est engagé dans la mise en œuvre d'une politique budgétaire de relance : augmentation des dépenses publiques, déficit budgétaire financé par l'aide extérieure. La Conférence internationale des donateurs « Ensemble pour le renouveau du Mali », tenue à Bruxelles le 15 mai 2013, a permis au titre des promesses d'enregistrer 3,285 milliards d'euros (4,4 milliards de dollars US, 2 200 milliards de FCFA, ou 39 % du PIB) d'aide pour soutenir le Mali[2] dans la réalisation de ses activités.

La croissance réelle du PIB s'est ainsi améliorée pour atteindre 5,8 % en 2014. On peut, dans ces conditions, dire que le PRED a permis une reprise de l'activité économique. Pour consolider cette tendance et disposer d'un référentiel unique en matière de politique de développement, le gouvernement du Mali, avec l'appui de ses

[1] INSTAT (2014), « Accessibilité aux soins de santé, mobilité, vie politique et associative, dépenses de consommation des ménages », rapport final, EMOP (2013–2014), janvier.

[2] Mémorandum de politique, économique et financière du FMI, septembre 2014.

partenaires, a élaboré le Cadre stratégique pour la relance économique et le développement durable (CREDD), établi sur la période 2016–2018. Il est à la fois une reformulation et un prolongement du Cadre stratégique pour la croissance et la réduction de la pauvreté (CSCRP 2012–2017) et la prise en compte des Objectifs du développement durable (ODD), du fait de la nécessité d'une plus grande mise en cohérence des différentes politiques et stratégies actuellement en vigueur. Il est le cadre de référence à moyen terme pour la conception, la mise en œuvre et le suivi des différentes politiques et stratégies de développement. Le CREDD permet d'assurer donc, d'une part, la continuité avec le Plan pour la relance économique durable du Mali (PRED) 2013–2014 et, d'autre part, la prise en compte des recommandations de la conférence de Paris du 22 octobre 2015 sur la relance économique et le développement durable du Mali et les Objectifs de développement durable (ODD) adoptés en septembre 2015 par la Communauté internationale.

Le CREDD 2016–2018 est une opérationnalisation de la vision de l'Étude nationale prospective (ENP) « Mali 2025 ». Il se fonde aussi sur les Objectifs de développement durable (ODD) et sur le bilan à mi-parcours (2012–2014) de la mise en œuvre du CSCRP 2012–2017. À cet effet, les recommandations issues de la mise en œuvre du Plan pour la relance économique durable du Mali (PRED 2013–2014), les priorités du Programme d'actions du gouvernement (PAG) 2013–2018 et du Programme de développement accéléré des régions du Nord (PDA/RN), ainsi que les nouveaux défis découlant de l'Accord pour la paix et la réconciliation au Mali sont traduits dans le présent document de référence.

L'objectif global du CREDD 2016–2018 était de promouvoir un développement inclusif et durable en faveur de la réduction de la pauvreté et des inégalités dans un Mali apaisé et uni, en se fondant sur les potentialités et les capacités de résilience en vue de rendre possible l'atteinte des Objectifs de développement durable (ODD) d'ici 2030.

En cohérence avec l'Étude nationale prospective 2025, la mission du CREDD 2016–2018 était de « servir pour toutes les parties prenantes de cadre intégrateur des politiques sectorielles et des stratégies régionales et locales »[3]. Le cadrage budgétaire 2016–2018

[3] CT CSLP, « Cadre Stratégique pour la Relance Economique et le Développement Durable, en abrégé (CREDD) ». Ministère de l'Économie et des Finances, version finale, décembre 2016, p. 2.

s'est caractérisé par un scénario volontariste au niveau des recettes fiscales et une maîtrise des dépenses publiques, afin de mettre un accent sur leur efficacité. Il a essayé de concilier les objectifs de stabilité macroéconomique avec les ambitions et les défis du CREDD 2016–2018. Sur la base des prévisions des budgets-programmes (dont l'application effective a eu lieu en 2018), une estimation des allocations budgétaires a été formulée par axe, domaine prioritaire et objectif spécifique. Au total sur la période, un montant de 3 440 milliards[4] de crédits budgétaires était prévu pour contribuer à l'atteinte des objectifs fixés pour 2016–2018.

Il apparaît clairement que le CREDD, à l'image du PRED, s'appuyait sur la mise en œuvre d'une politique budgétaire expansive. En effet, avant la crise de 2012, les dépenses publiques, financées essentiellement par l'aide extérieure, constituaient le principal moyen d'actions de l'État. Ce qui soulève différentes contraintes du point de vue de la politique budgétaire. Cependant, les principaux résultats de sa mise en œuvre ont porté sur la croissance économique et la réduction de la pauvreté.

La question des répercussions de la politique budgétaire sur le développement d'un pays est sujette à des controverses. Certains auteurs (classiques) craignent que les impôts ne découragent la croissance et estiment qu'ils doivent être le plus bas possible, alors que d'autres considèrent la politique budgétaire comme un instrument contracyclique qui permet de stabiliser les prix et le chômage. Il convient désormais de tenir compte d'une troisième éventualité : la politique budgétaire peut non seulement stimuler la croissance économique, mais aussi contribuer à d'autres objectifs de développement, comme la réduction de la pauvreté, la prévention de l'exclusion sociale et la promotion de l'égalité des chances, autrement dit promouvoir le développement social[5]. Quatre raisons fondamentales justifient la nécessité de promouvoir le développement social.

---

[4] Ce montant n'intègre pas l'intégralité des dépenses de l'État notamment les dotations non réparties, les contributions aux institutions, les budgets des programmes transversaux des ministères « Administration générale ». Il prend en compte les budgets-programmes opérationnels (Document final CREDD 2016–2018, février 2016).

[5] Keho Y., « La dimension sociale du développement durable en Côte d'Ivoire : le rôle de la croissance et des dépenses sociales », PED n° 01/2008, Cellule d'analyse de politiques économiques du CIRES, 2008, p. 3.

Premièrement, le développement humain doit être considéré comme une fin en soi, car tout doit concourir au bonheur de l'Homme. Cet impératif de sauvegarder le bonheur de la société humaine apparaît d'ailleurs explicitement dans la définition du développement durable, qui met l'accent sur la satisfaction des besoins des générations présentes et futures[6].

Deuxièmement, les théories de la croissance endogène[7] ainsi que certaines études empiriques[8] montrent que les investissements dans l'éducation et la santé apportent aussi une « contribution en capital » à la croissance économique et à la poursuite du développement, notamment à la productivité du travail et au bien-être des populations. En effet, un travailleur en bonne santé est un travailleur plus productif, tout comme un travailleur mieux éduqué. Ces investissements sociaux constituent aussi des instruments importants pour accroître la participation des pauvres à la création de la richesse nationale ; et partant, réduire la pauvreté. Les populations en mauvais état de santé tirent la croissance vers le bas : non seulement elles ne participent pas à la création de richesse, mais elles constituent une charge pour l'État et la société du point de vue de la protection sociale. Par contre, l'amélioration du niveau de santé relève le revenu par habitant par diverses voies. Elle accroît la productivité des individus et modifie leurs décisions de dépenses et d'épargne sur le cycle de vie. L'idée de planifier ses vieux jours ne surgit que si le taux de mortalité baisse assez pour devenir une perspective réaliste. La progression de l'espérance de vie incite la génération actuelle à épargner, ce qui a des effets favorables sur le taux d'épargne privée et donc sur l'investissement. Par ailleurs, le développement d'activités non agricoles est lié à celui des infrastructures économiques, éducatives et

---

[6] *Ibid.*, p. 4.

[7] Voir Lucas R. E., "On the Mechanics of Economic Development", *Journal of Monetary Economics*, vol. 21, 1988, pp. 3–32 ; et Barro R., "Government spending in a simple model of economic Growth", *Journal of Political Economy*, 98, 1990, pp. 103–125.

[8] Voir Newman B. et Thomson R., "Economic growth and Social Development: a Longitudinal Analysis of Causal Priority", *World Development*, vol. 17, n° 4, 1989, pp. 461–471 ; ou Robert J. Barro, "Economic Growth in a Cross Section of Countries", *The Quarterly Journal of Economics*, vol. 106, n° 2, May 1991, pp. 407–443 ; et Hanushek E. et Kimko D., "Schooling, Labor-Force Quality, and the Growth of nations", *The American Economic Review*, vol. 90, n° 5, 2000, pp. 1184–1208.

sanitaires d'une part et à la qualité de la main-d'œuvre d'autre part. En effet, les investisseurs ne peuvent pas être attirés par les pays où la main-d'œuvre n'est ni qualifiée ni en bonne santé. L'investissement dans l'éducation des pauvres permet de renforcer plusieurs autres dimensions du développement humain. Aussi, l'expérience montre que l'amélioration de l'approvisionnement en eau potable est difficilement réalisable si elle n'est pas accompagnée d'un effort d'éducation. On sait par ailleurs que les taux de mortalité maternelle et infantile diminuent sensiblement avec des niveaux élevés d'instruction des femmes.

Troisièmement, la réduction de la pauvreté et de l'exclusion sous toutes ses formes contribue à l'émergence de la stabilité sociale, car elle éloigne le spectre des révoltes et des remises en cause de l'ordre social et politique. En effet, l'exclusion sociale se superpose à d'autres types d'exclusion et est souvent perçue comme un processus central par rapport aux autres formes d'exclusion et peut conduire à la rupture de l'équilibre social. En dehors de l'impact sur les exclus eux-mêmes, l'exclusion sociale a d'abord des effets négatifs sur la société. Les exclus n'ont guère intérêt au maintien de l'ordre existant. Ils risquent par conséquent d'adopter des comportements déviants qui nuisent à l'ordre social, tels que la délinquance et autres manifestations antisociales, qui sont une menace constante pour la stabilité, la légitimité de l'ordre démocratique, la cohésion sociale et la gouvernance de la société[9]. Or, pour les économistes, la stabilité sociale serait un facteur de rendement. Car l'instauration d'un climat social et politique stable est généralement un critère déterminant dans le choix des sites pour l'investissement privé et garantit le fonctionnement de l'appareil productif. Les problèmes sociaux inquiétants, engendrés par des conditions sociales très dégradées, imposent aux décideurs la prise de mesures préventives et adéquates, car ces situations s'avèrent être une menace, un frein tant à la survie qu'à la réussite des plans de redressement économique et la paix sociale. C'est dire qu'il existe une interaction étroite entre l'économique et le social qu'il faut s'interdire d'ignorer.

Quatrièmement, le développement social s'inscrit forcément dans une perspective intergénérationnelle. L'exclusion scolaire chez les enfants a un impact négatif sur la génération suivante. Ce

---

[9] Voir Putnam R., "Making Democracy Work: Civic Traditions" in *Modern Italy*, Princeton, NJ: Princeton University Press, 1993.

phénomène est d'abord lié à l'exclusion sociale et aux possibilités économiques de la famille ou du ménage dans lequel les enfants grandissent. Il existe aujourd'hui une littérature abondante sur la transmission de la pauvreté d'une génération à l'autre. Une partie de ses études est consacrée au « sous-prolétariat », et lie la pauvreté et l'exclusion des enfants à la situation économique et sociale des parents[10].

Les enfants des exclus auront besoin d'un soutien et de ressources beaucoup plus importantes pour pouvoir espérer une égalité des chances dans l'éducation et dans la société. L'éducation réduit l'exclusion sociale chez les enfants et protège ainsi les générations futures de cette situation. Le fait qu'un grand nombre d'enfants soient privés d'accès à une éducation de base ou la faillite de la scolarité à assurer l'intégration socioéconomique des individus et des groupes au marché du travail et à des niveaux adéquats de consommation pourrait donc contribuer à perpétuer les disparités économiques et sociales. Les identités différentes qui résultent d'une structure basée sur ces inégalités constituent aussi une menace sérieuse à la cohésion sociale et au sentiment commun d'appartenance à une identité nationale. Les réformes visant à promouvoir l'équité sociale doivent donc devenir un élément clé des stratégies nationales de développement durable[11].

Aujourd'hui, le Mali est dans une situation où le développement social, c'est-à-dire la réduction de la pauvreté est la principale priorité. Cette dernière s'est renforcée avec l'augmentation des niveaux de pauvreté et de vulnérabilité liés aux conséquences de la crise de 2012. Ainsi, la principale question à laquelle il convient de répondre ici est de savoir : comment la politique budgétaire, à travers les dépenses publiques sociales, contribue-t-elle à la réduction de la pauvreté au Mali, sachant que le budget reste le principal moyen d'actions d'un État pour aboutir à une amélioration des conditions de vie des populations dans une perspective de durabilité du développement socioéconomique ?

Parallèlement, il s'agit également de répondre aux interrogations suivantes :

---

[10] Voir Atkinson A. B. and Hills J., *Exclusion, Employment and Opportunity*, Atkinson, A. B. and Hills, John (eds.) (4), Centre for Analysis of Social Exclusion (CASE) paper, London School of Economics and Political Science, London, UK, 1998.

[11] Keho Y., *op. cit.*, 2008.

- comment se présente aujourd'hui la structure du budget (structure des dépenses et des recettes) ?
- quelle est la part du budget allouée aux services sociaux de base ?
- quelle relation existe-t-il entre la politique budgétaire et la réduction de la pauvreté ?
- quelles implications de politique économique peut-on proposer en vue de renforcer l'efficacité de la politique budgétaire ?

L'analyse, axée sur une approche économétrique, se développe en deux grandes parties : la première passe en revue la littérature économique, à la fois sur le plan théorique et empirique (chapitre 1), et fait l'état des lieux de la politique budgétaire du Mali en termes de faits stylisés (chapitre 2). La seconde partie met l'accent sur l'analyse empirique de la relation entre les dépenses sociales du Mali et la réduction de la pauvreté. Le cadre méthodologique d'analyse (chapitre 3) et l'analyse économétrique de la relation entre dépenses sociales et réduction de la pauvreté (chapitre 4) bouclent la réflexion.

PARTIE I :

REVUE DE LA LITTÉRATURE ET FAITS STYLISÉS DE LA POLITIQUE BUDGÉTAIRE DU MALI

Le Mali a connu plusieurs types de politiques économiques ayant considérablement affecté ses finances publiques. Ces politiques ont varié en fonction du système d'organisation économique et social. Ce sont essentiellement le socialisme et le libéralisme qui ont marqué le mode de fonctionnement des politiques publiques, et qui ont pour socle la politique budgétaire comme instrument privilégié dans la conduite des affaires mises en œuvre sous diverses contraintes. Toutefois, l'efficacité de la politique budgétaire est critiquée ces deux dernières décennies au niveau de sa formulation et de sa mise en œuvre. Plusieurs théories ont marqué l'évolution des politiques budgétaires. Plus précisément, le développement des théories des anticipations des années 1970 a influencé indirectement la formulation de la politique budgétaire, en rejetant l'effet multiplicateur keynésien. Pendant cette période, des discours libéraux visant à réduire le poids de l'État dans l'activité économique ont été véhiculés par les institutions internationales[12].

Durant les années 1980–1990, les politiques budgétaires ont été largement influencées par les programmes d'ajustement structurel conduits par le FMI et la Banque mondiale. Ces institutions, avec le consensus de Washington, ont recommandé aux différents gouvernements du Mali la limitation du déficit budgétaire. Pour y remédier, différentes stratégies de réduction de la pauvreté ont été élaborées sous la houlette de la Banque mondiale, du FMI et des Nations unies (DSRP, OMD et de nos jours ODD).

Les objectifs de ces programmes se résument en un développement durable basé sur la réduction de la pauvreté, l'amélioration de la qualité du capital humain et la valorisation du capital naturel. Au niveau théorique, l'aperçu de la littérature montre qu'il existe une relation fondamentale entre la politique budgétaire et la réduction de la pauvreté. Les différents auteurs ont montré dans leurs analyses que le choix des dépenses publiques affecte les conditions de vie des populations. En effet, le ciblage des dépenses, dans les domaines de l'éducation et de la santé (dépenses sociales), contribue à l'amélioration des conditions de vie des populations, notamment celles des couches défavorisées.

---

[12] Rasoazanatody N. A., « Politique budgétaire et réduction de la pauvreté », *Mémoire de diplôme d'études approfondies*, Université d'Antananarivo, 2008, p. 13.

Chapitre I : Revue de la littérature économique sur la politique budgétaire et son caractère pro-pauvres

La politique économique (PE) est l'ensemble des interventions des pouvoirs publics dans l'économie dans le but d'orienter le développement socioéconomique vers des objectifs précis à l'aide d'instruments (ou de moyens) spécifiques. Elle permet de corriger les déséquilibres économiques tels que le ralentissement de la croissance, le chômage, la hausse des prix et le déséquilibre des échanges extérieurs[13]. Plus précisément, la politique économique se définit comme un ensemble de décisions cohérentes prises par les pouvoirs publics et visant à atteindre des objectifs à l'aide de divers instruments. Il s'agit d'orienter l'économie dans un sens souhaitable à plus ou moins long terme, en vue d'améliorer les conditions de vie des populations.

Les politiques économiques ont pour objectif principal la stabilisation de la conjoncture et la croissance durable, en vue d'une amélioration des conditions de vie ou du bien-être social (finalité). À chaque type d'objectif, on peut associer un indicateur ou un outil de contrôle. Les instruments sont les variables économiques ou indicateurs qui permettent de mesurer les objectifs. L'action de la PE porte sur les instruments[14].

Une politique économique peut être définie en fonction de l'objectif (politique de relance, politique de stabilisation, en prenant les quatre grands objectifs définis par le carré Magique) qu'elle vise, en fonction de la nature des instruments utilisés (le budget, la monnaie, la fiscalité, le taux de change…), ou simplement en fonction de sa durée (la politique conjoncturelle qui est de court terme et la politique structurelle[15] qui est de long terme).

---

[13] Les moyens d'action des pouvoirs publics. Url : https://sesmassena.sharepoint.com/Documents/CHAP%204%20-%2047-%20Les%20moyens%20d%27action%20des%20pouvoirs%20publics%20, consulté le 10 novembre 2018.

[14] *Ibid.*

[15] La politique structurelle cherche à agir à long terme sur les caractéristiques fondamentales de l'économie (marché du travail, concurrence, réglementation...) en vue d'améliorer ses performances. Elle vise à agir sur l'économie à moyen et à long termes en modifiant les structures économiques et sociales d'un pays et les conditions de fonctionnement des différents marchés. Elle se décline en : politique industrielle, politique d'aménagement du territoire, politique de recherche et

La politique conjoncturelle vise à agir sur les déséquilibres de la situation économique, à l'aide d'instruments dans un cadre institutionnel donné. Elle englobe la politique budgétaire, la politique monétaire, la politique de change, la politique des revenus, la politique de l'emploi. À ce niveau, il s'agit d'analyser la façon dont elle peut contribuer à améliorer les conditions de vie via la réduction de la pauvreté, précisément à travers les dépenses publiques dites sociales.

Dans la littérature économique, la politique budgétaire (PB) est l'un des deux instruments traditionnels de la politique économique. Celle-ci consiste à utiliser certains instruments budgétaires, notamment les dépenses publiques, les prélèvements fiscaux, l'endettement public. En effet, selon la théorie keynésienne, elle peut servir à stimuler la demande globale et à relancer une économie stagnante. Cependant, l'idéologie classique (néoclassique) ou anti-keynésienne prône que la politique budgétaire expansionniste n'a aucun effet favorable sur l'activité économique. Mais l'expérience de certains pays a conduit à proposer des modèles théoriques intermédiaires entre les deux approches antagonistes. Ainsi, l'examen de la politique budgétaire impose de distinguer au préalable les différents courants de pensée au cœur de l'analyse économique[16].

Le présent chapitre comprend six sections. La première section porte sur la politique budgétaire, ses instruments et sa typologie. La deuxième met en évidence les mécanismes de la politique budgétaire. La troisième traite des principaux concepts liés à la notion de pauvreté. La quatrième met l'accent sur les facteurs favorisant la réduction de la pauvreté à travers la politique budgétaire. La cinquième fait le point (sans être exhaustif) des travaux empiriques disponibles. La sixième et dernière section analyse les éléments critiques et la pertinence de la littérature pour cette recherche.

Aussi, il existe différents modèles d'analyse de la relation entre politique budgétaire et réduction de la pauvreté. En effet, on distingue les modèles d'analyse macroéconomique de ceux d'analyse microéconomique. Il y a également les modèles utilisant une approche de bien-être dits « Welfariste » et ceux utilisant une approche « non

---

développement, politique de l'environnement, politique de l'emploi, politique de la concurrence, politique agricole, etc.

[16] Les effets des politiques budgétaires de la zone CEMAC. Url : http://www.cirpee.uqam.ca/JOURNEE_ETU_2011/MaoTakongmoKenfack%20-%20EffetspolitiquesBudgetairesCEMAC.pdf, consulté le 10 novembre 2018.

Welfariste », sans oublier les modèles de type microsimulations et macrosimulations.

Dans le présent ouvrage, l'accent est spécifiquement mis sur les modèles macroéconomiques d'analyse de la relation entre la politique budgétaire et la réduction de la pauvreté. Il s'agit d'une approche globale d'analyse de la politique sur la réduction de la pauvreté.

Il convient de souligner que les méthodes microéconomiques nécessitent des données sur les comportements de consommation des ménages pendant une période bien donnée. Étant donné la flexibilité des comportements microéconomiques, cette approche nécessite des données plus rapprochées. Il est plus facile d'aborder une approche macroéconomique en raison de la disponibilité des données et de leur facilité d'utilisation.

Par ailleurs, les approches macroéconomiques sont privilégiées par les grandes institutions, notamment l'Unicef, le PNUD, la Banque mondiale, etc. Les approches microéconomiques, de type « Essais cliniques », sont abordées par des chercheurs tels que les prix Nobel en économie 2019, Esther Duflot, Abijit Banerjee et Michel Kremer[17]. Ces derniers ont fait ressortir dans leurs travaux l'impact de certaines mesures sur les comportements individuels de certains groupes homogènes dans différents pays.

1.1 Politique budgétaire, instruments et typologie

1.1.1 Instruments de la politique budgétaire

La politique budgétaire consiste à utiliser le budget de l'État comme un instrument de régulation conjoncturelle. Elle peut servir à freiner l'activité en cas de déséquilibre des échanges extérieurs et d'inflation. Mais elle a surtout été pratiquée, selon les prescriptions de Keynes, pour dynamiser une économie dépressive[18]. Elle consiste à influencer la conjoncture économique par le biais du budget de l'État. En effet, avant la crise de 1929, les finances publiques n'avaient que pour but d'assurer les activités régaliennes de l'État, ce qui limitait les

---

[17] Nobel d'économie : un trio en lutte contre la pauvreté. Url : https://plus.lesoir.be/253609/article/2019-10-14/nobel-deconomie-un-trio-en-lutte-contre-la-pauvrete, consulté le 10 novembre 2018.

[18] La politique budgétaire. Url : https://perso.crans.org/seang/Eco/.../Cours%2009%20La%20politique%20budg%C3%A9taire.doc, consulté le 10 novembre 2018.

possibilités de mise en œuvre d'une telle politique. Ainsi, le budget ne pouvait pas avoir une fonction régulatrice de l'activité économique. Ce n'est qu'avec la mise en application des théories keynésiennes que la relance économique a pu avoir lieu par l'augmentation des dépenses publiques. La mise en œuvre de cette politique a fonctionné un temps, avant d'être vivement remise en cause dans les années 1960, à un moment où elle a révélé ses limites. Mais la politique budgétaire reste un levier nécessaire à l'action économique de l'État.

Le budget de l'État représente donc le principal instrument de l'État pour agir sur l'économie. La politique budgétaire consiste à agir sur les deux moyens d'action que sont les dépenses et les recettes ainsi que leur solde. L'action par les dépenses publiques est le résultat d'une volonté d'intervention forte de l'État. Elle se traduit par leur croissance, et, au sein de celles-ci, par une prépondérance des dépenses à fort effet d'entraînement sur l'économie (infrastructures, travaux publics dans tel ou tel domaine). L'action par les recettes peut servir à couvrir les dépenses publiques, mais également à atteindre des objectifs économiques et sociaux.

La différence entre les recettes et les dépenses de l'État constitue le solde budgétaire. Un solde négatif correspond à un déficit budgétaire (Dépenses > Recettes). Un déficit budgétaire correspond généralement à un choix de politique économique. Les dépenses publiques cherchent à soutenir la demande (consommation, investissement, exportations) des différents agents économiques (ménages, entreprises). Le déficit budgétaire peut être financé de deux manières : par émission de monnaie (planche à billets, émission de titres) ou encore par l'emprunt.

Lorsque l'activité économique ralentit, les dépenses publiques ont tendance à s'accélérer, tandis que les entrées de recettes ralentissent mécaniquement, ce qui provoque une détérioration du solde budgétaire. Dès lors, le montant des recettes fiscales diminue, et le volume de dépenses publiques augmente. La détérioration de l'activité économique provoque alors un transfert de revenus des administrations publiques vers les ménages et les entreprises, ce qui atténue mécaniquement l'effet du ralentissement économique sur les revenus de ces derniers. À l'inverse, en période de forte expansion économique, les prélèvements fiscaux et sociaux augmentent mécaniquement, tandis que les dépenses diminuent, ce qui a tendance à freiner la croissance de la demande intérieure[19].

Par conséquent, les recettes et les dépenses publiques fonctionnent comme des « stabilisateurs automatiques » puisqu'elles contribuent à amortir les variations conjoncturelles de l'activité économique. Cependant, ce mécanisme de stabilisation automatique ne fonctionne pleinement que si les ménages et les entreprises ne modifient pas leur comportement de consommation, et si les taux d'intérêt ne sont pas affectés par la croissance de la dépense publique en période de récession.

1.1.2 Politique budgétaire restrictive et politique budgétaire expansive

Dans le cas *d'une conjoncture grave*, le niveau de la demande globale est trop élevé par rapport à l'offre globale, et l'économie est confrontée à des tendances inflationnistes. Afin d'éviter la surchauffe de l'économie, l'État peut alors pratiquer une politique de diminution de la demande globale (réduction des dépenses publiques, hausse des impôts) appelée politique de rigueur (ou politique budgétaire restrictive)[20].

Dans le cas d'une *conjoncture faible*, le niveau de la demande globale est insuffisant pour permettre le plein emploi des facteurs de production. L'État peut alors pratiquer une politique de relance de la

---

[19] *Revue de l'OFCE*, janvier 2011, manque encore des références bibliographiques.

[20] D'après John Maynard Keynes, « dans chaque période la théorie du multiplicateur s'applique, en ce sens que l'accroissement de la demande globale est égal au produit de l'accroissement de l'investissement global par le multiplicateur, tel qu'il est alors déterminé par la propension marginale à consommer », 1936, p. 102. La relation entre le multiplicateur k et la propension marginale à consommer c est telle que $c = 1 - 1/k$ d'après Keynes, p. 96. Le multiplicateur budgétaire keynésien est toujours supérieur à l'unité, car la propension marginale à consommer est toujours strictement inférieure à l'unité. Pour sa part, le théorème d'Haavelmo, selon lequel une politique d'accroissement des dépenses publiques financée immédiatement et exclusivement par l'impôt produit un effet multiplicateur unitaire conduit à l'argument suivant : seule une politique d'accroissement des dépenses publiques engendrant un déficit budgétaire (donc financée par l'emprunt) peut produire un effet multiplicateur supérieur à l'unité. Cela vaut aussi en économie ouverte, à condition toutefois que le taux d'ouverture de l'économie soit inférieur à la propension marginale à consommer.

demande (ou politique budgétaire expansionniste) par les instruments suivants :

- une augmentation des dépenses publiques agit sur le niveau de la consommation publique et de l'investissement public, mais aussi sur le niveau des investissements privés (subventions à l'investissement), de la consommation privée (hausse des allocations familiales) ou des exportations (aide à l'exportation, remboursement de frais de prospection…) ;
- une baisse des impôts peut agir sur la consommation privée (hausse du revenu disponible des ménages), sur l'investissement privé (augmentation des possibilités d'autofinancement des entreprises) ou sur les exportations (possibilité de vendre à des prix plus bas).

1.2 Mécanismes de la politique budgétaire (PB)

1.2.1 Effets du multiplicateur keynésien des dépenses publiques

Tel que décrit par John Maynard Keynes, l'action par les dépenses publiques est supposée générer un effet multiplicateur en termes de relance économique. Pour le comprendre, le choix est porté sur le contexte d'une économie fermée de type keynésien. En se servant de différentes fonctions, sont définis et décrits les effets du multiplicateur des dépenses publiques. La formule de base reste la fonction de consommation keynésienne :

$$C = c \times Yd + C_0 \qquad (1)$$

À cette fonction s'ajoutent les dépenses d'investissement des entreprises (I_0) ainsi que les dépenses publiques (G_0). Ensuite, considérant que le revenu disponible des ménages (Yd) est égal au revenu (Y) du pays moins les impôts (T_0)[21] ; c'est-à-dire :

$$Yd = Y - T_0 \qquad (2)$$

Ainsi, la demande globale (D) est égale à l'ensemble des demandes des agents économiques, à savoir :

$$D = C + I_0 + G_0 \qquad (3)$$

Soit :

$$D = c \times (Y - T_0) + C_0 + I_0 + G_0 \qquad (4)$$

L'offre (O) est aussi égale au revenu du pays, c'est-à-dire :

$$O = Y \qquad (5)$$

[21] En considérant ces dépenses d'investissements et les impôts comme autonomes.

À l'équilibre, l'offre est égale à la demande, soit :

$$O = D \tag{6}$$

Ainsi, Y devient :

$$Y = c \times (Y - T_0) + C_0 + I_0 + G_0 \tag{7}$$

En déterminant Y, on a :

$$Y = \frac{1}{1-c}\left(C_0 + I_0 + G_0 - c \times T_0\right) \tag{8}$$

À supposer que l'État augmente ses dépenses publiques à G*, alors le nouveau revenu de la nation est égal à :

$$Y^* = \frac{1}{1-c}\left(C_0 + I_0 + G_0^* - c \times T_0\right) \tag{9}$$

Lorsque s'effectue la différence entre le nouveau revenu (Y*) et l'ancien revenu (Y), en notant cette différence ΔY (ΔY = Y* – Y), on obtient :

$$\Delta Y = Y^* - Y = \frac{1}{1-c}\left(G_0^* - G_0\right) \tag{10}$$

Ce que revient à :

$$\Delta Y = \frac{1}{1-c}(\Delta G) \tag{11}$$

Le multiplicateur keynésien que l'on note :

$$\frac{\Delta Y}{\Delta G} = \frac{1}{1-c} \tag{12}$$

Étant donné que c'est compris entre 0 et 1, le rapport $\frac{1}{1-c}$ est supérieur à 1. Ainsi, si l'État augmente ses dépenses, le revenu augmentera de plus de 1.

En prenant un exemple avec une propension *marginale* à consommer le revenu de 0,6[22].

---

[22] Un individu consomme 60 % du supplément de son revenu.

$\frac{1}{1-c}$ est égale à 2,5 ; autrement dit, le revenu de la nation augmentera de 2,5 fois plus que l'augmentation des dépenses publiques.

En effet, de façon pratique, une autre manière de décrire le multiplicateur keynésien des dépenses publiques est de considérer qu'une dépense publique supplémentaire va générer un revenu supplémentaire pour un individu. Ce dernier consommera plus, il dépensera une partie de son revenu (60 %, soit c = 0,6), le reste étant épargné. Cela fera un supplément de revenu pour quelqu'un d'autre qui consommera à son tour une partie de ce revenu supplémentaire. Cela ferait un revenu pour un autre agent qui, par exemple, si le supplément de revenu était de 10, on aurait :

$\Delta Y = 10 + 6 + 3{,}6 + 2{,}16\ldots = 10 + 0{,}6*10 + 0{,}6*(0{,}6*10) + 0{,}6*(0{,}6*[0{,}6*10]) +\ldots$ Au total, cette suite tend vers 2,5, donc $\Delta Y = 25$.

1.2.2 Limites du multiplicateur keynésien

Il existe plusieurs limites au multiplicateur keynésien des dépenses publiques. Parmi elles, on peut citer :

- dans le modèle ci-dessus, le raisonnement se fait en circuit fermé, à savoir que le pays n'a pas de relations avec le reste du monde. Dans la réalité, une politique de relance risque de relancer les pays voisins par le canal des importations[23] ;
- dans ce même modèle, il est admis que la propension *marginale* à consommer le revenu était de 0,6. Or, si les agents économiques décident plutôt d'épargner ce supplément de revenu parce qu'ils anticipent une hausse future d'impôts[24], l'effet de la hausse des dépenses publiques sur le revenu sera très faible. On prend souvent le cas du Japon dans les années 1990 où la politique de relance s'est très souvent

[23] Dans le cas d'une économie ouverte, le raisonnement se ferait avec le revenu (Y) qui est égal : Y = C + I + G + X – M. Autrement dit, l'offre globale est égale à la demande intérieure (C + I + G) plus la demande extérieure (X – M).

[24] Lucas R. E., "On the Mechanics of Economic Development", *Journal of Monetary Economics*, vol. 22, 1988, pp. 3–42, North-Holland. Url : https://www.parisschoolofeconomics.eu/docs/darcillon-thibault/lucasmechanicseconomicgrowth.pdf, consulté le 14 février 2018.

traduite par une épargne supplémentaire, d'où un déficit public plus important, car les rentrées fiscales n'ont pas augmenté ;

- le déficit public : les pays de la zone euro (comme ceux de l'UEMOA) se sont engagés à avoir des déficits publics inférieurs à 3 % de leurs PIB. Cela limite les possibilités de politiques de relance d'autant plus lorsque ces pays ont déjà des déficits supérieurs à 3 %, une succession de déficits budgétaires peut conduire à rendre la dette publique insoutenable ;
- l'effet d'éviction des dépenses publiques : une hausse des dépenses publiques peut conduire à l'éviction de la dépense privée par le canal du financement de l'emprunt par émission d'obligations.

1.2.3 Limites de la politique budgétaire

La pensée libérale interdit toute intervention de l'État et recherche par là même l'équilibre du budget. En effet, la politique budgétaire fait l'objet de nombreuses controverses entre les économistes libéraux et keynésiens.

Le théorème d'Haavelmo (prix Nobel, 1989) est revenu sur l'effet multiplicateur du budget de l'État. Dans l'approche keynésienne, l'effet multiplicateur associé au déficit public financé par emprunt engendre un surplus de croissance. Il indique qu'un budget équilibré n'est pas forcément neutre. Dans une situation de sous-emploi, un accroissement des dépenses publiques financé par une hausse des impôts de même valeur (donc sans déficit) a un effet positif sur la croissance économique.

La politique budgétaire peut être financée par l'emprunt effectué par l'émission de bons et obligations du Trésor. La demande de bons étant importante, le prix de la monnaie augmente par le biais de l'accroissement des taux d'intérêt. Les entreprises vont alors limiter leurs investissements, puisque les taux d'intérêt sont trop élevés. Cela conduira à diminuer l'impact de la relance.

Les évolutions automatiques de l'activité économique forment des cycles. Les recettes fiscales augmentent en période de croissance (grâce à la TVA) et diminuent en période de récession. L'État tente donc d'atténuer ces fluctuations en prélevant plus d'impôt en période de prospérité et en accordant des aides lors des périodes de ralentissement. Le budget a donc un rôle contracyclique sur l'activité économique.

1.2.3.1 Faible prise en compte des anticipations des agents économiques

Une des limites fondamentales de la politique budgétaire est l'incertitude autour des anticipations des agents économiques. En effet, les anticipations des agents économiques jouent un rôle central dans la réussite d'une politique économique. Une politique budgétaire de relance sera d'autant plus efficace que les individus croient en la reprise. Cela éviterait les comportements attentistes et favoriserait les actes de consommation et d'investissement. Ainsi, des anticipations optimistes peuvent jouer comme un amplificateur pour une politique de relance[25].

Les anticipations peuvent aussi limiter fortement l'efficacité d'une politique budgétaire. Dans le cas d'une politique de relance financée par l'emprunt, la théorie de l'équivalence ricardienne (Ricardo-Barro) énonce que les agents économiques anticipant une hausse future des impôts pour rembourser vont épargner davantage, réduisant de ce fait l'effet multiplicateur.

Enfin, selon le courant des anticipations rationnelles, les agents économiques connaissent l'ensemble des effets induits par les politiques économiques mises en place, notamment l'inflation. Ils ne seraient alors pas dupes et n'augmenteraient pas leurs dépenses, anticipant la dégradation de leur pouvoir d'achat. L'ensemble de ces analyses démontre la nécessité de prendre en compte les anticipations des agents économiques lors de la prise d'une mesure de politique économique. Le suivi des indicateurs, tels que l'indice de climat des affaires ou le moral des ménages (enquête mensuelle de conjoncture) par l'Insee, va dans ce sens[26].

1.2.3.2 Effet d'éviction

L'investissement public évince l'investissement privé consécutivement à la hausse des taux d'intérêt occasionnée par le

---

25 Pour plus de détails, voir « La politique conjoncturelle budgétaire ». Url : https://veroniqueamblard.files.wordpress.com/2009/10/c22la-politique-conjoncturelle-budgc3a9taire.pdf, consulté le 05 juin 2017.

26 *Ibid.*

financement par emprunt. Cela est possible du fait que les entreprises anticipent l'augmentation des impôts résultants de la hausse des investissements publics.

L'augmentation des dépenses publiques peut également entraîner un **effet d'éviction**. En effet, l'accroissement de la demande par l'augmentation des dépenses publiques peut conduire à écarter les investisseurs privés, substitués à l'État. Aussi, l'émission de titre de dette publique concurrence les entreprises sur le marché des capitaux, ce qui conduit à augmenter les taux d'intérêt et à écarter les investisseurs. Ces effets d'éviction peuvent résulter de l'évolution des taux d'intérêt ou de l'inflation. Dans le premier cas, la hausse des taux d'intérêt va avoir pour effet de limiter les achats des consommateurs qui recourent plutôt à l'emprunt (notamment pour les biens d'équipement durables). De même, les entreprises vont limiter leurs investissements, ce qui contribuerait à les évincer. Dans le second cas, la relance budgétaire entraîne l'inflation, elle est donc vouée à l'échec.

Par ailleurs, selon les théories de la croissance, les investissements publics sont également à long terme bénéfiques pour la croissance nationale. Au-delà du modèle de croissance exogène de Robert Merton Solow, les théories de la croissance endogène montrent que des facteurs autres que le capital et le travail influent sur la croissance. La qualité de la main-d'œuvre reposant sur l'éducation ainsi que sur les infrastructures et un grand nombre de facteurs contribuent à la croissance. Les dépenses publiques peuvent donc constituer, à long terme, un investissement intéressant pour l'État.

1.2.3.3 Principe de l'équivalence ricardienne (Ricardo, Barro)

Ce principe suppose que si le financement se fait par emprunt, cela implique que les individus anticipent que des impôts seront prélevés ultérieurement pour payer les intérêts et rembourser le capital. Ils vont donc épargner davantage pour acquérir les titres émis par les pouvoirs publics. Leur richesse globale comme leur consommation est alors inchangée[27].

L'équivalence ricardienne présente l'inefficacité d'une politique économique associant réduction des impôts et augmentation de la dette publique, et constitue donc une référence théorique pour

[27] Barro R. J., "Are Government Bonds Net Wealth?", *Journal of Political Economy* 82(6), 1974, 1095–1117.

appréhender les effets de la politique budgétaire. En effet, il y a équivalence, car une augmentation de la dette publique aujourd'hui correspond à une augmentation des impôts demain, pour rembourser la dette ainsi que les intérêts attachés à cette dette. Les agents économiques sont rationnels et ils anticipent la hausse des impôts. Dès lors, au lieu de consommer, comme espéré par le Gouvernement, ils préfèrent épargner en prévision des hausses d'impôts futurs[28].

R. BARRO développe cette idée et y intègre la compensation de l'épargne publique par l'épargne privée. Dans la vision conventionnelle qui prévalait avant ses travaux, la dette publique est perçue comme un moyen d'accroître la richesse nette des agents économiques (ménages et entreprises). En effet, la baisse des impôts financée par la dette entraîne la hausse du revenu disponible et permet ainsi de stimuler l'activité économique à court terme. Or, à long terme, cela se traduit par une diminution du capital, car les investissements diminuent, entraînant ainsi une hausse du taux d'intérêt et une baisse de la productivité du travail et du revenu. Selon BARRO, les mouvements d'épargne privée vont compenser ceux de l'épargne publique, de sorte que la baisse des impôts, financée par la dette, n'aura en réalité aucun effet sur l'économie[29].

Pour illustrer son principe, David Ricardo avait utilisé l'exemple du financement d'une guerre. Il s'interrogeait sur la façon de financer une guerre coûtant 20 millions de livres dont le taux d'intérêt serait de 5 %. Dès lors, la dépense peut être financée de façon équivalente de trois façons : soit (1) une taxe immédiate de 20 millions de livres, soit (2) une taxe perpétuelle de 1 million de livres, ou alors (3) une taxe de 1,2 million de livres pendant 45 ans.

R. BARRO fonde sa thèse sur plusieurs hypothèses assez rigides qu'il est raisonnablement permis de qualifier de fortes (autrement dit peu prouvées), comme la durée de vie des agents. Les études

---

[28] L'article de référence de Barro “Are Government Bonds Net Wealth?” a été publié en 1974 dans une des revues d'économie les plus prestigieuses, le *Journal of Political Economy*. Il approfondit notamment la théorie de « l'équivalence ricardienne » qui est un concept développé par l'économiste britannique David Ricardo au cours du XIXe siècle. Url : https://dash.harvard.edu/bitstream/handle/1/3451399/Barro_AreGovernment.pdf?sequence=4, consulté le 7 février 2018.

[29] Voir « L'économiste de la semaine : Robert J. Barro ». Url : http://www.economiematin.fr/news-robert-barro-theorie-equivalence-ricardienne, consulté le 7 février 2018.

empiriques n'ont jusque-là pas permis de trancher la véracité de ces théories, quels que soient les périodes et les lieux étudiés. Toutefois, il semble que plusieurs éléments peuvent être soulignés. En effet, à un niveau de dépenses publiques données, si, dans un premier temps, la politique budgétaire, telle que présentée par BARRO (baisse des impôts financée par la hausse de la dette), permet de stimuler l'activité économique, elle devient inefficace (neutre) dans un deuxième temps et néfaste pour l'activité économique dans un troisième temps. En effet, passé un certain seuil, la charge de la dette peut être perçue comme insoutenable et entraîner un poids tel que les ressources allouées à son remboursement ne permettent plus d'allouer suffisamment de ressources aux dépenses productives[30].

1.2.3.4 « Effets de fuite »

La politique budgétaire produit un effet pervers qui se traduit par des « fuites » dans le circuit économique qui limitent les effets de la relance budgétaire. En effet, dès que l'État injecte des fonds supplémentaires dans l'économie, il encourage les achats à l'étranger, entraînant une hausse des importations.

L'effet multiplicateur de ses dépenses publiques sur la production intérieure diminue. De plus, lorsque les importations augmentent rapidement, il se produit un déséquilibre de la balance commerciale, et une sortie de devises plus importante que les entrées, une dépréciation de la monnaie et des importations plus chères.

Pour lutter contre la dépréciation de la monnaie, l'État se voit contraint d'encourager l'entrée de capitaux en augmentant les taux d'intérêt. Or, cette hausse du taux d'intérêt décourage l'investissement, donc l'emploi.

Par ailleurs, l'accroissement des dépenses de l'État peut ne pas exercer les effets attendus sur l'emploi, si certaines branches sont dans l'incapacité de répondre à une demande supplémentaire. En effet, des goulets d'étranglement peuvent alors se former et se traduire par une hausse des prix qui peut se répandre à l'ensemble de l'économie avec des risques inflationnistes.

Dans la pratique, l'effet multiplicateur dans une économie ouverte peut être affaibli par deux fuites principales : l'épargne et la consommation de produits importés.

---

[30] Voir Barro R. J., "Are Government Bonds Net Wealth?", 1974, *op. cit.*

L'effet multiplicateur (1/1 – c) est d'autant plus fort que la propension à consommer (c) est forte. Si la hausse des revenus induite par la politique économique est affectée en grande partie à l'épargne, cela n'a pas d'effet d'entraînement positif sur l'économie (pas de consommation, donc pas de production supplémentaire).

Aussi, si une grande partie des revenus distribués se porte sur la consommation de produits importés, cela va entraîner une relance de la production des pays en question, mais n'aura aucun impact sur l'économie nationale[31].

1.2.3.5 Délais de mise en œuvre

Les délais de mise en œuvre d'une politique budgétaire peuvent transformer une politique contracyclique en une politique procyclique. Cela s'explique d'abord par un problème de délai de réactions entre le moment de la décision de la politique et celui de la production des effets.

Par exemple, une politique budgétaire de rigueur (baisse des dépenses publiques, hausse des impôts) décidée pour faire face à une situation de forte croissance inflationniste peut, du fait des délais de mise en œuvre, produire ses effets, alors que la situation économique a évolué et que la croissance est ralentie, voire négative. Dans ce cas, la politique de rigueur risque d'aggraver la récession[32].

Selon John Sloman, Alison Wride (2011), une politique budgétaire peut souffrir d'un décalage important entre le moment où elle devrait être mise en place en théorie et son application réelle. Ainsi, il est possible que des décisions prises pour limiter une phase de récession soient appliquées alors que l'économie est déjà dans une phase d'amélioration. La politique budgétaire est alors non seulement inefficace par rapport à son objectif initial, mais elle peut avoir en plus des effets négatifs (inflation)[33].

---

[31] Voir « La politique conjoncturelle budgétaire ». Url : https://veroniqueamblard.files.wordpress.com/2009/10/c22la-politique-conjoncturelle-budgc3a9taire.pdf, consulté le 05 juin 2017, *op. cit.*

[32] *Ibid.*

[33] Sloman J. et Wride A., *Principes d'économie*, Paris, Pearson Education, 7e édition, 2011, pp. 539–540.

Figure 1 : Politique budgétaire, stabilisatrice ou déstabilisatrice ?

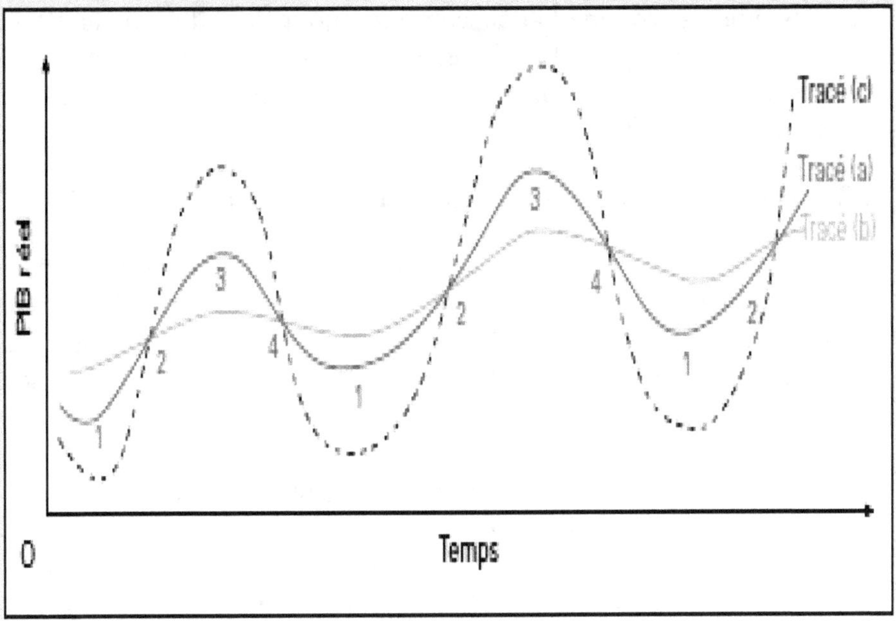

Source : 2011 Pearson Education France – Principes d'économie, 7ᵉ édition – John Sloman et Alison Wride

Le tracé (a) représente l'évolution de l'économie sans intervention de l'État. Dans cette situation, le gouvernement devrait idéalement tempérer l'économie à la phase 2 et la stimuler à la phase 4. L'effet d'une telle politique permettrait d'obtenir le tracé (b), où les fluctuations de l'économie sont nettement réduites. Mais avec un délai de réaction entre l'action politique et l'obtention des effets, mettons de deux périodes (ce qui devrait se produire à la phase 2 se produit à la phase 4), le résultat de la politique économique correspond plutôt au tracé (c). À l'évidence, dans cette représentation, les politiques de stabilisation déstabilisent l'économie.

À la décharge des gouvernements, ce délai entre l'action politique et ses effets ne leur est pas intégralement imputable. Il dépend majoritairement de la vitesse de réaction des ménages et des entreprises à ces stimuli, vitesse qui est conditionnée par de nombreux facteurs (période de l'année, moral, etc.). Par ailleurs, les entreprises et les ménages ne réagissent pas de la même façon ni à la même vitesse aux variations de G et de T. Par exemple, les ménages réagissent très lentement aux médications du niveau d'imposition et aux « cadeaux fiscaux » destinés à promouvoir certains investissements (comme la défiscalisation pour l'achat d'un chauffage moins polluant ou qui utilise des énergies renouvelables), alors que les entreprises sont plus promptes à les utiliser (John Sloman et Alison Wride, 2011, p. 539).

1.2.3.6 Limites de la politique budgétaire de relance

Les « fuites » dans le circuit économique limitent les effets de la relance budgétaire. Dès que l'économie s'ouvre sur l'extérieur, toute injection supplémentaire de fonds de la part de l'État stimule les achats à l'étranger, ce qui aboutit à une hausse des importations. Cela a pour conséquence de diminuer l'effet multiplicateur de ces dépenses publiques sur la production intérieure.

De plus, lorsque les importations connaissent une croissance plus rapide que la production, l'économie subit la contrainte extérieure qui se traduit par un déséquilibre de la balance commerciale. Cela fut le cas au Mali en 2013–2014 après la mise en place d'une politique de relance dénommée « Plan pour la Relance Durable du Mali » (PRED, 2013–2014)[34]. Il en découle une sortie de devises plus importante que les entrées. Cela contribue à la dépréciation de la monnaie nationale et au surenchérissement du coût des importations indispensables (matières premières, par exemple). Aussi, pour limiter la dépréciation de la monnaie nationale, l'État est obligé de susciter l'entrée de capitaux en augmentant les taux d'intérêt. Or, cette hausse pénalise l'investissement, donc l'emploi.

Par ailleurs, lorsqu'une partie plus importante du revenu est thésaurisée, c'est-à-dire retirée du circuit économique, l'effet multiplicateur des dépenses publiques est également amoindri.

L'accroissement des dépenses de l'État peut ne pas exercer les effets escomptés sur l'emploi, si certaines branches sont dans l'incapacité de répondre à une demande supplémentaire. Les goulets d'étranglement, qui se formeront, se traduiront par une hausse des prix qui pourrait se généraliser à l'ensemble de l'économie.

[34] Voir « Plan pour la relance durable du Mali 2013-2014 ». Url : https://reliefweb.int/report/mali/plan-pour-la-relance-durable-du-mali-2013-2014, consulté le 14 décembre 2018.

Le financement monétaire du déficit budgétaire peut de la même manière être source d'inflation. Et si l'État cherche à financer son déficit par une ponction fiscale accrue, il décourage l'initiative privée. Si le déficit est financé par l'emprunt, un effet d'éviction peut se produire. Ce mode de financement constituant un appel aux ressources d'épargne réduit le volume des capitaux disponibles pour les autres agents en besoin de financement, ce qui provoque une hausse du taux d'intérêt.

En général, le financement du déficit budgétaire par l'emprunt pose le problème de la dette de l'État. Un cercle vicieux de l'endettement peut alors se déclencher, lorsque l'État est amené à supporter une charge d'intérêt croissante qui aggrave son déficit initial et le pousse à emprunter de nouveau. En effet, dans le cadre de l'UEMOA, les critères de convergence, en limitant le niveau du déficit, tentent de remédier à ce cercle vicieux de l'endettement[35].

1.2.4 Conditions d'efficacité politiques et techniques de la politique budgétaire

Deux conditions d'efficacité de la politique budgétaire sont généralement retenues pour comprendre dans quelles mesures ses effets potentiels sont atteints. Selon les conditions politiques, la **politique budgétaire** suppose une grande clairvoyance et une grande probité de la part des pouvoirs publics. L'efficacité de la **politique budgétaire** suppose le choix d'un déficit budgétaire discrétionnaire qui peut être obtenu de deux façons :

- un accroissement des dépenses à recettes fiscales inchangées ;
- et une diminution des impôts à dépenses publiques inchangées.

Sur le plan technique, la politique budgétaire est efficace s'il y a :

(i) une forte propension à consommer ;
(ii) une faible propension à importer ;
(iii) si la demande de monnaie est fortement élastique au taux d'intérêt ;
(iv) si l'investissement est faiblement élastique au même taux d'intérêt.

[35] Dans l'UEMOA, le déficit ne doit pas dépasser 3 % du PIB annuel.

1.2.5 Conditions spécifiques de la politique budgétaire

1.2.5.1 Règles de gestion des finances publiques

Deux règles ont été posées en 1997 au Royaume-Uni :

- *La règle d'or des finances publiques* : au cours du cycle, non seulement le déficit ne peut pas dépasser l'investissement brut (ce que prévoit la loi fondamentale allemande), mais il ne peut dépasser l'investissement net ;
- *Une règle d'endettement ou « règle de l'investissement soutenable »* : au cours du cycle, le rapport de la dette nette au PIB ne doit pas excéder un niveau « prudent », fixé à 40 %. La réforme de l'administration anglaise une décennie plus tôt (réforme « Next Steps », 1988) a aidé à garder ce cap. Depuis le milieu des années 1990, l'endettement public du royaume a (en pourcentage du PIB) nettement baissé.

1.2.5.2 Voie néo-zélandaise : une approche patrimoniale des finances publiques

La politique budgétaire se voit assigner le rôle de faire en sorte qu'une génération transfère à celle qui suit une richesse nette (actifs publics moins dettes publiques) au moins égale à celle dont elle a bénéficié. Cela suppose une refonte complète de la comptabilité nationale (de la comptabilité de caisse à la comptabilité analytique) et une gestion des affaires publiques orientée par des indicateurs d'efficience et sanctionnée par des évaluations qui ne sont pas de pure forme.

La Nouvelle-Zélande a commencé cette révolution budgétaire en 1984 en soumettant les décideurs publics à un salaire au mérite (par exemple, le gouverneur de la banque centrale était rémunéré en fonction des chiffres de l'inflation), en transformant les services des ministères en agences autonomes et concurrentes, et surtout en insistant sur la transparence des actions publiques.

1.2.6 Critiques de la politique budgétaire

Les monétaristes ont critiqué la politique keynésienne alors que celle-ci perdait de son efficacité. Ils s'appuient sur l'idée que les agents économiques établissent leur consommation en fonction de leur revenu permanent et non courant. Keynes considérait au contraire que les agents, victimes de l'illusion monétaire pendant un temps, ajustaient leur consommation face à cet afflux d'argent qui leur revenait en consommant davantage. Mais les entreprises n'augmentant pas leur offre, cette dernière va rapidement s'avérer insuffisante, ce qui engendrera une hausse des prix. Les travailleurs demanderaient alors une meilleure rémunération. Le processus inflationniste va retirer l'illusion monétaire du départ, et les consommateurs vont revoir leurs dépenses à la baisse. Ainsi, la relance n'aurait pour seul effet que l'inflation. De même, les agents pensent qu'il y aurait une hausse prochaine des prélèvements obligatoires. Cela les inciterait à réduire leur consommation et à épargner davantage. L'application de la théorie entraîne donc seulement une augmentation de l'inflation. En effet, la progression de la demande ne provoque pas soudainement celle de l'offre, qui n'est pas suffisamment élastique. Aussi, l'inflation risque d'engendrer la hausse des salaires et celle des coûts, ce qui limite largement les effets de la relance.

Aussi, et d'un point de vue plus politique, les politiciens utiliseraient selon certains ces mesures dans l'idée de remporter les élections prochaines, d'autant plus qu'il s'agit d'effets utiles à court terme seulement. Mais ce sont également des considérations relatives à l'économie internationale qui entraînent des critiques. La demande supplémentaire générée par la politique de relance au sein d'un État a des effets sur les autres États, qui eux-mêmes en profitent. La demande se répercute en effet sur les importations, ce qui conduit à l'arrivée plus importante de capitaux étrangers, attirés par la hausse des taux d'intérêt. Cela va finalement s'avérer plus bénéfique pour les États étrangers que pour l'économie nationale.

L'utilisation du budget peut parfois conduire aux résultats inverses : les procédures lourdes de vote du budget entraînent un ralentissement de la réactivité face à la conjoncture économique. Les effets établis par les politiques de relance pourront se voir concrétisés bien plus tard, et même lorsque l'activité économique ne les nécessite plus. On arrive ainsi à un résultat procyclique alors même que la politique budgétaire a pour objectif d'être contracyclique.

On peut également relever le problème de la permanence des mesures adoptées pour relancer l'activité économique. Les agents ont en effet pu accueillir favorablement ces mesures, qui doivent pourtant être retirées, car il ne s'agit que d'une politique de *stop-and-go*.

Le principe d'équivalence de Ricardo montre donc, d'un point de vue plus théorique, l'inefficacité du multiplicateur. En se fondant sur une vision à long terme des finances publiques, il montre que le multiplicateur peut être nul si les agents épargnent leur revenu supplémentaire (entraîné par l'accroissement des dépenses publiques). Aussi, si l'État s'est endetté, il devrait nécessairement rembourser les emprunts qu'il a contractés par le moyen de l'impôt. Les impôts augmenteraient donc nécessairement à la suite de la relance économique. Les agents anticipent, selon Ricardo, ce phénomène et épargnent par mesure de précaution. Ils ne vont donc pas consommer suffisamment. Cela entraîne l'inefficacité de la relance, car le multiplicateur est nul[36].

1.3 Principaux concepts liés à la notion de pauvreté

1.3.1 Profil de pauvreté

La littérature économique contemporaine est généralement peu prodigue en ce qui concerne la conceptualisation du phénomène de la pauvreté. Elle est principalement centrée sur les dimensions monétaires et/ou d'accessibilité aux ressources productives et aux besoins essentiels.

Il n'existe pas de définition unanime reconnue du concept de pauvreté. Des approches sociales, politiques ou anthropologiques, ou encore des points de vue d'institutions internationales, telles que le PNUD ou la Banque mondiale, l'appréhension de la pauvreté, et, par la même approche, des stratégies de réduction de la pauvreté varient aussi bien dans leurs définitions que dans leur mise en œuvre.

La pauvreté est généralement considérée comme relative. Elle n'est généralement pas définie par elle-même, mais elle est toujours abordée en fonction d'autres concepts, comme ceux de la croissance, du bien-être, de l'exclusion ou encore de l'équité. Il n'est donc pas aisé d'identifier clairement les éléments clés du concept de pauvreté, d'autant plus qu'il ne se définit généralement que par rapport à son contexte spécifique, qu'il soit mondial, régional, national ou encore local.

---

[36] « Politique budgétaire ». Url : http://www.lemondepolitique.fr/cours/introduction-economie/politiques-economiques/politique-budgetaire.html, consulté le 13 octobre 2018.

Au-delà de ses caractéristiques sociales, économiques ou géographiques, l'approche de la pauvreté dépend aussi essentiellement du point de vue adopté pour appréhender le phénomène. Que l'on se place dans une optique utilitariste ou non, que l'on définisse la pauvreté en fonction du revenu, de la consommation des ménages, des besoins essentiels ou du point de vue des capacités, on obtient des définitions fort différentes.

Dans la littérature, les divers concepts rencontrés sont entre autres : la pauvreté absolue et relative, l'indicateur de développement humain (IDH), l'indicateur de pauvreté multidimensionnelle (IPM), les seuils de pauvreté destinés aux comparaisons internationales, les seuils de pauvreté nationaux, l'acuité ou profondeur de la pauvreté, etc.

1.3.2 Pauvreté absolue et pauvreté relative

Au-delà des options utilitaristes ou non utilitaristes, la pauvreté est généralement définie comme « un état de privation de bien être jugé inadéquat pour vivre décemment »[37]. Dans ce cas, comme la pauvreté se définit à nouveau par rapport au bien-être, il est normal que les débats sur la définition et la mesure de la pauvreté soient apparentés à ceux sur le bien-être. Par rapport à ce concept de référence, on distingue alors la pauvreté absolue et la pauvreté relative.

On parle de pauvreté absolue lorsqu'un individu, un foyer ou une famille ne dispose pas d'attributs considérés comme ceux du bien-être minimal (PNUD 1995). La pauvreté absolue renvoie donc à un seuil de pauvreté exprimé en valeur absolue et correspondant à la possibilité de satisfaire à des besoins minimaux. Les seuils de pauvreté élaborés à partir des données relatives à la consommation des individus et des ménages, où l'on construit une ligne de pauvreté en dessous de laquelle les individus et les foyers sont considérés comme pauvres, ressortent d'une approche absolue.

De la même manière, en ce qui concerne l'approche absolue par le revenu, une personne se trouve dans la pauvreté absolue si son revenu est en deçà d'un seuil de pauvreté défini à partir des revenus de

---

[37] Moustapha Djima M. et Vodounou Cosme Z., « État de lieux de l'analyse de la pauvreté au Benin de 1990 à 2000 ». Url : https://www.afristat.org/wp-content/uploads/Synthese_Etudes-Pauvrete-Benin.pdf, consulté novembre 2018, p. 1.

la population. Ainsi, par exemple, la norme établie par la Banque mondiale pour identifier la pauvreté, à savoir disposer de moins d'un dollar par personne et par jour, est une définition absolue de la pauvreté basée sur les revenus. Si l'on prend en compte le seuil minimal de la Banque mondiale de 2 dollars par jour et par personne, sur le total de la population mondiale de 6 milliards d'habitants, on a 2,8 milliards d'habitants, soit 47 % qui peuvent être considérés comme pauvres. Tandis que 1,2 milliard de personnes vivent avec un revenu inférieur à 1 dollar par jour.

Une telle approche a comme avantage de déterminer une ligne de pauvreté prédéfinie, fixe, de sorte qu'il est possible de décomposer le nombre d'individus ou de foyers qui sont sous cette ligne et d'identifier ainsi clairement un groupe de personnes considérées comme pauvres. En général, les individus sous la ligne de pauvreté sont encore subdivisés en deux groupes : les pauvres et les extrêmement pauvres, pour lesquels les revenus ou la consommation ne suffisent même pas à satisfaire le minimum alimentaire.

En Afrique subsaharienne, l'approche absolue avec élaboration d'un seuil absolu de pauvreté a été retenue par près de 25 pays. En règle générale, ces seuils ont été élaborés sur la base des consommations caloriques ou d'un seuil combinant dépenses alimentaires et non alimentaires ou bien encore en fonction de la norme fixée par la Banque mondiale relative à une dépense moyenne d'un dollar par personne et par jour.

La pauvreté n'est pas répartie de manière uniforme dans le monde, et la situation relative des continents change. D'une manière générale, la pauvreté absolue est peu présente dans les pays à économie de marché. En outre, elle a beaucoup augmenté dans les pays en transition ainsi qu'en Asie du sud et centrale, en Amérique latine et surtout en Afrique subsaharienne, où le nombre de pauvres est passé de 220 millions en 1987 à 290 millions en 1998. Ces évolutions absolues tiennent évidemment compte de l'explosion démographique en Afrique, surtout parmi les classes les plus défavorisées, ce qui conduit à des effets cumulatifs de la pauvreté (Henner 2002)[38].

L'approche de la pauvreté relative est plutôt voisine du concept d'inégalités dans la mesure où elle s'intéresse aux différences relatives entre personnes d'une même communauté. La pauvreté relative varie

[38] Bahati, 2012, pp. 16–18.

et change d'état ou de nature à l'intérieur même de la communauté ou du groupe social que l'on étudie. La pauvreté relative peut donc se retrouver dans n'importe laquelle des classes sociales, tant au sein des populations dites « pauvres » que parmi celles disposant d'un niveau de vie plus élevé.

On parle ainsi de pauvreté relative pour des personnes qui sont moins bien loties que les autres membres de la même communauté. En termes de revenu, une personne est relativement pauvre, si elle appartient à un groupe considéré comme à faible revenu : par exemple, les 10 % des personnes les plus pauvres.

Les seuils de pauvreté relative sont plus rarement utilisés pour mesurer cette dernière. En effet, les groupes pauvres identifiés par cette méthode ne sont en somme que les décalques d'une courbe de distribution des revenus. En général, quand une telle méthode est retenue, la mesure utilisée pour établir la ligne de pauvreté correspond à un pourcentage déterminé de la population (de 25 à 50 %), dont le revenu est inférieur à la moyenne nationale.

1.3.3 Différents types de seuils de pauvreté absolue

Dans le cadre de ses comparaisons internationales, la Banque mondiale se fonde sur un seuil de pauvreté fixé à 1 dollar (en parités de pouvoir d'achat ou PPA de 1985) par jour et par personne. Ce seuil de pauvreté est calculé en fonction de la consommation des ménages. Les pays en développement qui ont défini des seuils de pauvreté nationaux utilisent généralement la méthode de la mesure alimentaire de la pauvreté. Ces seuils indiquent le niveau en deçà duquel les ressources économiques ne permettent pas de satisfaire les besoins minimaux en termes d'alimentation. Il existe entre autres quatre approches principales pour mesurer la pauvreté alimentaire.

Selon la méthode du coût des besoins essentiels, le seuil de pauvreté prend en compte le coût d'une ration alimentaire de base pour les principaux groupes d'âge, pour les deux sexes et pour les grandes catégories d'activités. Vient s'y ajouter un petit nombre d'articles non alimentaires, considérés comme essentiels. Une fois ce seuil fixé, une enquête établit la proportion de personnes vivant dans des ménages dont la consommation (ou parfois le revenu) est inférieure à ce seuil. La ration de base peut se définir comme les produits alimentaires les plus nécessaires pour satisfaire aux besoins nutritionnels essentiels, comme la ration typique d'un adulte pour la population située dans le quintile (les 20 %) inférieur du niveau de consommation alimentaire totale par adulte, ou comme l'idée que se fait l'enquêteur d'une ration minimale, mais acceptable. Le choix des composantes alimentaires et non alimentaires de l'ensemble considéré comporte forcément une part arbitraire.

Une pauvreté protéiforme s'articule autour de la définition de la pauvreté, car selon HENNER, la réponse la plus simple est de dire que le pauvre ne peut satisfaire ses besoins essentiels. La définition des besoins essentiels peut varier selon les auteurs. Ils comprennent à l'évidence la satisfaction minimale des besoins alimentaires, vestimentaires, la disponibilité d'un logement propre. À cette nomenclature, ajoute HENNER, des besoins de première nécessité, à savoir l'éducation, la santé ainsi qu'un minimum de sécurité dans la vie quotidienne.

La méthode de l'équilibre calorique se fonde sur une dépense de consommation permettant uniquement à une personne de se procurer une quantité de nourriture suffisante pour satisfaire un besoin calorique prédéterminé. La méthode de l'équilibre calorique estime la quantité d'énergie alimentaire absorbée (variable dépendante) à partir de la consommation des ménages convertie en équivalent d'adultes. Le seuil de pauvreté est alors fixé au niveau de la consommation totale par personne pour lequel l'estimation statistique de la ration calorique équivaut exactement à la moyenne des besoins caloriques par personne.

La méthode de la ration alimentaire consiste à calculer le coût d'un budget alimentaire permettant d'acheter des éléments nutritifs en quantité tout juste suffisante. Si l'on part de l'hypothèse que le coût des nutriments essentiels représente plus de deux tiers de la consommation totale d'un ménage, le seuil de pauvreté sera fixé à trois fois le niveau du coût des nutriments essentiels.

Chacune des approches dans l'établissement du seuil de pauvreté alimentaire est sensible au niveau de prix utilisé pour déterminer le coût de l'ensemble des produits envisagés. Chacune se concentre sur la quantité de calories ou l'énergie alimentaire, et cela, parce que les carences en protéines dues à des ressources économiques insuffisantes sont considérées comme signes de pauvreté dans la plupart des sociétés.

Néanmoins, de plus en plus, sous l'impulsion du PNUD, les seuils de pauvreté insistent aussi sur la part non alimentaire de consommation, dans l'optique de l'accès aux biens essentiels et de la pauvreté humaine, en prenant en compte les dimensions du développement humain.

1.3.4 Pauvreté et indicateurs sociaux

Mesurer la pauvreté selon les aspects santé et éducation est une tradition qui remonte aux économistes classiques, tels que Malthus, Ricardo et Marx. Bien que son approche se fonde principalement sur le revenu, Rowntree (2000) consacre un chapitre entier de son étude au lien entre la pauvreté et la santé, pour soutenir ensuite que le taux de mortalité est le meilleur moyen de mesurer des différences dans le niveau de vie des individus. Après avoir divisé son échantillon en trois groupes allant des plus démunis aux plus aisés, il constate que le taux de mortalité est plus de deux fois plus élevé pour le groupe le plus défavorisé que pour le groupe le mieux rémunéré des classes ouvrières. S'agissant de la mortalité infantile, il note que, dans les quartiers les plus pauvres, un enfant sur quatre meurt avant l'âge de 12 mois. Selon cet argument, il serait possible d'utiliser la mortalité comme indicateur de pauvreté, qu'elle soit mesurée en termes de consommation ou de mal-être dans un sens plus large.

D'une manière générale, la pauvreté est un phénomène complexe et multidimensionnel, et lutter contre celle-ci suppose de bien comprendre ses caractéristiques et de distinguer les manifestations de ses causes profondes.

Depuis fort longtemps, les économistes se préoccupent de la distribution de la richesse et de l'amélioration du bien-être des individus. Ces questions ont gagné en importance depuis le début des années 1980 en raison de la persistance de la pauvreté dans le monde et, en particulier, dans de nombreux pays en développement (Unicef 1989, PNUD 1990 à 1997, Banque mondiale 1990, 1992, 1996, 2000).

En effet, les économistes proposent un cadre d'analyse de la pauvreté et des conditions de vie des ménages qui permet d'approcher de manière rigoureuse et structurée cette question. Malgré son caractère réductionniste, l'analyse économique permet d'identifier certains facteurs déterminants de la pauvreté et de déboucher sur des recommandations de vie des individus.

Le concept de pauvreté a évolué considérablement dans la pensée économique depuis le XVIIIe siècle. Selon Lipton et Ravallion, on peut identifier deux périodes qui ont marqué la théorie économique en matière d'analyse de la pauvreté et des conditions de vie[39]. *La première coïncide avec la période d'industrialisation en Europe entre 1750–1850*, au cours de laquelle les effets du progrès technique ont dominé la pensée économique. *La seconde période débute à la fin des années 1940 dans les pays en développement d'Asie, d'Afrique et d'Amérique latine*. Ces deux périodes présentent des similarités en termes d'accélération des investissements en capital physique et humain, de progrès technique, de transition démographique, de diversification de la production agricole et de choix des politiques de lutte contre la pauvreté.

La période postcoloniale est caractérisée par une volonté délibérée de transférer dans les pays du Sud des politiques similaires de lutte contre la pauvreté à celles qu'on avait développées dans les pays européens aux XIXe et XXe siècles.

Il existe des similarités entre la pensée de Smith, de Hegel et de leurs successeurs et les théories du développement de la période post-coloniale (Domar 1957, Lewis 1954, etc.). Au début des années 1960, la plupart des plans de développement prévoyaient que la croissance devait se réaliser à travers l'accumulation du capital et l'industrialisation. Les actions de lutte contre la pauvreté portaient sur la réforme foncière, l'éducation de masse, l'amélioration des soins de santé, le développement communautaire et l'accès au crédit rural ciblé. On accordait peu d'attention à la croissance agricole comme moyen de lutte contre la pauvreté, malgré l'existence de certaines études à partir de la fin des années 1950 qui démontraient que le surplus dégagé de l'agriculture avait plus contribué à la croissance que d'autres secteurs d'activités (Domar 1957). Malheureusement, l'industrialisation dans les pays en développement a privilégié des technologies intensives en capital qui nécessitaient de moins en moins de main-d'œuvre non qualifiée, alors que l'offre de celle-ci augmentait rapidement en raison de la croissance démographique.

Jusqu'au milieu des années 1970, les objectifs des programmes de lutte contre la pauvreté tournaient autour du concept de « croissance avec redistribution ». Cette vision encore parfois

[39] Lipton M. et Ravallion M., "Poverty and Policy," *Handbook of Development Economics*, in: Hollis Chenery & T.N. Srinivasan (eds), *Handbook of Development Economics*, edition 1, vol. 3, chap. 41, 1995, pp. 2551–2657, Elsevier.

véhiculée ne tient pas compte des limites des possibilités de redistribution des richesses face aux intérêts individuels et à ceux de groupe de pression et du manque de volonté des mieux nantis de partager leurs richesses. Certains avaient espéré que l'État jouerait un rôle actif dans le processus de redistribution, mais ils avaient sous-estimé le potentiel prédateur de ce dernier ainsi que les impacts fortement négatifs sur les incitations des agents économiques à produire et à commercialiser leur production sur les marchés.

Suite au discours de Nairobi du président McNamara de la Banque mondiale en 1973, les priorités des donateurs en matière d'aide au développement ont été revues. Le modèle de Lewis (1954), qui considérait que la main-d'œuvre agricole excédentaire et donc pauvre serait absorbée par la croissance du secteur industriel moderne, a été mis en cause. L'aide au développement qui avait donné la priorité aux infrastructures urbaines au cours des années 1960 devait s'orienter désormais vers les projets de développement rural pour aider les plus démunis du milieu rural, constitués essentiellement de petits paysans sans terre. On espérait que cette nouvelle orientation accélérerait la croissance tout en réduisant la pauvreté.

En effet, la révolution verte initiée au cours des années 1960, en Asie notamment, avait donné une lueur d'espoir aux petits producteurs, et certaines études indiquaient que la taille de l'exploitation était, dans bien de cas, inversement corrélée à l'emploi et au rendement à l'hectare[40]. Il fallait donc orienter l'aide vers les petits producteurs agricoles. Ces politiques devaient être appuyées par des actions dans les domaines des services sociaux tels que la santé, l'éducation et les infrastructures rurales. La prolifération des projets de développement rural intégré (DRI) est une émanation de cette orientation des années 1970. La conception des DRI a été orientée par l'approche dite des besoins de base *(basic needs)* qui suggère de satisfaire les besoins de base en santé, nourriture, état de pauvreté.

Selon Tembo Rachid Maburuki Bahati, une personne se trouve dans la pauvreté absolue si son revenu est en deçà d'un seuil de

---

[40] Binswanger H. P., Khandker S. R. et Rosenzweig M. R., "How Infrastructure and Financial Institutions Affect Agricultural Output and Investment in India", *Journal of Development Economics*, vol. 41, n° 2, 1993, pp. 337–366.

pauvreté défini à partir des revenus de la population, mais elle est relativement pauvre si elle appartient à un groupe à faible revenu[41].

Un ménage ou un individu est frappé d'ultra pauvreté lorsqu'il consacre plus de 80 % de ses revenus à l'achat de produits alimentaires pour sa consommation (PNUD, 1997)[42]. D'un point de vue économique, la pauvreté se traduit par une faible dotation en capital physique, humain et financier, l'exclusion d'une frange importante des forces de travail de la nation, une productivité réduite du travail, une déperdition des capacités de production. Elle est perceptible aussi à travers l'inégalité ou l'absence d'accès aux connaissances technologiques nécessaires à l'utilisation de ce capital du choix individuel des gens, quant à l'allocation du temps entre le travail et le loisir, entre la consommation et l'épargne et enfin l'inégalité des chances de s'en sortir.

Le combat de la pauvreté s'est engagé depuis longtemps avec d'illustres économistes et des institutions internationales. Des plans et stratégies de lutte ont été créés, certains des points convergent, tandis que d'autres se contredisent. Selon Robert Thomas Malthus, secourir les pauvres, c'est multiplier la pauvreté. En effet, pour lui, la réduction de la pauvreté est difficile puisque les hommes augmentent de façon géométrique tandis que la progression des ressources suit un rythme arithmétique. Par conséquent, les lois sur les pauvres et l'assistance sont condamnées à un échec, car elles favorisent la multiplication des plus pauvres[43]. Il reconnaîtra plus tard que le progrès technique s'accompagne de revenus élevés. Sa stratégie de lutte est la limitation des naissances. Toutefois, il défend l'idée de l'école gratuite et obligatoire dans la mesure où les lumières apportées au peuple constituent la meilleure façon de lutter contre la pauvreté.

Adam Smith a fait une importante contribution en expliquant la relation entre croissance et pauvreté. Il prétend que celle-ci pourrait se résorber en adoptant des politiques appropriées et en favorisant la

---

[41] Bahati, T. R. M., « Politique de réduction de la pauvreté en situation post-conflit. Économies et finances ». Mémoire soutenu à l'Université d'Auvergne - Clermont-Ferrand I, 2006, p. 17.

[42] *« PNUD. 1997. Rapport sur le développement humain 1997 : Le développement humain pour éradiquer la pauvreté.* http://www.hdr.undp.org/en/content/human-development-report-1997 consulté le novembre 2018.

[43] Faciléco, « Robert Thomas Malthus », economie.gouv.fr. Url : https://www.economie.gouv.fr/facileco/robert-thomas-malthus, consulté le 18 novembre 2018.

croissance économique. Il pense que l'économie moderne a besoin de division de travail, mais qu'elle risque de diminuer les opportunités d'emploi des travailleurs pauvres et d'aggraver la pauvreté. Pour éviter cela, il a suggéré à l'État de fournir des moyens permettant d'adapter la main-d'œuvre au marché du travail[44].

Riccardo Faini a soutenu, pour sa part, que le progrès technique s'accompagne de salaires élevés et d'un déplacement de la main-d'œuvre de l'agriculture vers d'autres secteurs de l'économie, permettant de ce fait l'amélioration des conditions de vie des populations pauvres[45]. Pour Samuelson, les politiques de lutte contre la pauvreté s'articulent autour de deux points : l'État-providence (pour assurer un niveau de vie minimum) et les programmes de garantie des revenus[46].

Elisee Borid Barnard Gnamoy soutient que la plupart des débats sur la lutte contre la pauvreté mettaient l'accent sur le capital humain. Des meilleures initiatives permettent d'élever la capacité de travail et le niveau des salaires, toute chose qui améliore la condition de vie des travailleurs. Les classiques préconisent des subventions à l'éducation de base qui permettent une meilleure formation et qui font croître la productivité et les initiatives privées. À partir des années 1940, les stratégies de lutte contre la pauvreté ont pris une nouvelle tournure tout en ayant des similarités avec les anciennes. Ces politiques préconisaient nécessairement de faire jouer à l'État un rôle dans la redistribution des richesses entre les agents économiques. Cette fonction de l'État s'est traduite par l'apparition du concept d'État-providence.

Dans les années 1960, les actions de lutte contre la pauvreté portaient entre autres sur les réformes financières, l'éducation de masse, l'amélioration des soins de santé. À cette époque, on accordait peu d'attention à la croissance agricole comme moyen de lutte contre la pauvreté. Jusqu'au milieu des années 1970, les objectifs des

---

44 Voir Lallement J. « Les économistes et les pauvres : de Smith à Walras », *Alternatives économiques | L'Économie politique*, 2012/3, n° 55, pp. 44–48.

45 Riccardo F., « Développement, commerce international et migrations », De Boeck Supérieur | *Revue d'économie du développement*, 2002/1, vol. 10, p. 85.

46 Gnamoy E. B. B., « La politique budgétaire et la lutte contre la pauvreté en Côte d'Ivoire », Université d'Abomey Calavi - Maîtrise en sciences économiques, 2004. Url : https://www.memoireonline.com/02/10/3184/m_La-politique-budgetaire-et-la-lutte-contre-la-pauvrete-en-Cte-dIvoire4.html, consulté le 18 novembre 2018.

programmes de lutte contre la pauvreté tournaient autour du concept de redistribution des richesses.

À Nairobi, en 1973, il a été demandé de tourner l'aide au développement vers les projets de développement rural pour soutenir les plus démunis. Ces interventions doivent cibler l'éducation, la santé, etc. Cette orientation stratégique opérée par les institutions dites de Bretton Woods est le fruit d'une réflexion résultant de l'aggravation de la pauvreté dans de nombreux pays en développement dans un contexte marqué par l'échec des programmes d'ajustement structurel remettant en cause la légitimité de ces institutions. Face aux critiques, un saut qualitatif a été fait pour mieux lutter contre la pauvreté. De cette réorientation découlent deux courants de pensée qui ont leurs forces et faiblesses.

Le premier – émanant de la Banque mondiale – est l'approche de la croissance du revenu. Cette approche suggère de se concentrer sur l'augmentation des revenus et de laisser les individus choisir librement l'allocation optimale des ressources selon leurs préférences. Elle est fondée sur le développement humain (DH), la promotion de la croissance et la mise en place de filets de sécurité. L'investissement et le filet de sécurité sont au centre de la lutte puisqu'ils permettent d'atténuer les conséquences les plus graves de la pauvreté. La croissance est la clé de voûte d'une politique de lutte contre la pauvreté. Elle passe par l'accès des pauvres aux facteurs de production à des conditions simples, l'accroissement des facteurs de l'agriculture et du secteur informel. La limite de cette approche est que l'augmentation du revenu des ménages ne se traduit pas nécessairement par une amélioration des conditions de vie et par un meilleur accès aux services de base.

Le second – émis par le PNUD – est une approche en termes de besoins essentiels, qui privilégie la fourniture des services sociaux de base. Ce courant se fonde sur le développement humain qui est un processus qui conduit à élargir la gamme des possibilités d'épanouissement qui s'offrent à chacun dans la société. Trois possibilités revêtent une importance capitale pour la réalisation de nombreuses autres, à savoir : vivre longtemps et en bonne santé, acquérir un savoir et avoir accès aux services nécessaires pour jouir d'un niveau de vie convenable[47].

---

[47] *Ibid.*

1.4 Facteurs de la réduction de la pauvreté via la politique budgétaire

Différents arguments théoriques permettent de soutenir dans quelle mesure les politiques publiques (via la politique budgétaire, par exemple) sont favorables à l'amélioration des conditions de vie, plus précisément à la réduction de la pauvreté. Les auteurs évoquent différentes notions, dont celles des « dépenses sociales » et de « l'investissement social ».

1.4.1 Dépenses sociales

La réduction de la pauvreté constitue aujourd'hui une des principales priorités des pouvoirs publics des pays d'Afrique au sud du Sahara et des partenaires au développement qui apportent leur soutien à cette région du monde. Le Mali ne déroge pas à la règle. La volonté de faire reculer la pauvreté apparaît à travers la structure des dépenses publiques qui est caractérisée par un arbitrage en faveur des secteurs sociaux, notamment l'éducation. En effet, les dépenses d'éducation représentent le premier poste du budget de l'État, alors que les dépenses sociales représentent près du tiers des dépenses totales. Ce choix budgétaire peut être justifié par le fait que, dans les pays en développement, les dépenses publiques (éducation, santé, agriculture et infrastructures sociales) constituent le principal instrument de la politique de redistribution et de réduction des inégalités dans la mesure où la prépondérance des impôts indirects dans les recettes de l'État n'autorise pas une redistribution des revenus à travers la progressivité de l'impôt, selon Bourguignon, cité par Niang[48].

Pour Niang, si les dépenses publiques profitent à l'ensemble de la population, les avantages liés à ces dépenses ne sont pas uniformément répartis entre les différentes catégories sociales. Dès lors, la part reçue par la population pauvre revêt une importance capitale dans le contexte d'une stratégie de réduction de la pauvreté. Dans le cas particulier du Mali, l'on peut s'interroger sur le caractère

---

[48] Niang B. B., « Les dépenses publiques d'éducation sont-elles pro pauvres ? Analyse et application au cas du Sénégal », CORNELL/CREA/Ministère de l'éducation du Sénégal, Conférence régionale sur l'éducation en Afrique de l'Ouest, 01 – 02 novembre 2005 à Dakar, Laboratoire de « Politiques économiques et Modélisation ».

plus ou moins efficace des dépenses publiques d'éducation dans une perspective de lutte contre la pauvreté.

En général, le secteur social regroupe ceux de l'éducation, de la santé et de la protection sociale. La somme des dépenses desdits secteurs constitue les dépenses sociales. Mais d'un auteur à un autre, on retrouve différentes définitions des dépenses sociales.

Au plan méthodologique, l'analyse d'incidence des dépenses publiques a été appliquée à plusieurs pays en développement (Meerman 1979, Selowsky 1979, Demery 2000, Devaradjan and Hossain 1995). Elle indique la mesure dans laquelle les dépenses publiques agissent sur le bien-être des différents groupes ou des ménages individuels. Ce résultat est obtenu à travers la conjugaison d'une information sur les coûts unitaires des services fournis et l'information sur l'utilisation de ces services (obtenue auprès des ménages ou d'une enquête). La démarche consiste à imputer aux ménages utilisateurs d'un service particulier le coût de fourniture de ce service. Le service imputé correspond au montant auquel le revenu du ménage devrait augmenter s'il devait payer le service dont il bénéficie (Niang, 2005).

Selon l'OCDE, les dépenses sociales couvrent les prestations en espèces, les biens et services fournis directement et les allègements fiscaux à visées sociales. Les prestations peuvent être ciblées sur les ménages à faible revenu, les personnes âgées, les handicapés, les personnes malades, les chômeurs ou les jeunes[49]. Un programme social se caractérise par une redistribution des ressources entre les ménages ou une participation obligatoire. Les prestations sociales sont qualifiées de publiques lorsque les administrations publiques (administrations centrale et locales, administrations d'États fédérés et de sécurité sociale) contrôlent les flux financiers correspondants.

Toutes les prestations sociales non fournies par les administrations publiques sont considérées comme privées. Les transferts privés entre ménages ne sont pas considérés comme sociaux et ne sont pas inclus ici. Les dépenses sociales nettes totales englobent les dépenses publiques et privées, et prennent en compte les effets de la fiscalité directe et indirecte et des allègements fiscaux à visées

[49] Dépenses sociales. Url : https://data.oecd.org/fr/socialexp/depenses-sociales.htm, consulté le 17 septembre 2018.

sociales. Cet indicateur est mesuré en pourcentage du PIB ou en Dollars US par habitant[50]. Selon Henri Sterdyniak,

> *« Le niveau de dépenses sociales publiques représente la part des dépenses des ménages qui sont prises en compte de manière sociale et non privée. Quand il y a un grand niveau de dépenses, ça veut dire qu'il y a des prestations familiales et de chômage généreuses, que les enfants sont gardés, les retraites assurées publiquement, qu'il y a une assurance maladie universelle, etc. »*[51]

Les dépenses sociales peuvent se présenter sous différentes formes. Elles peuvent prendre la forme de contributions financières en espèces, comme des dons, des subventions, ou d'autres sortes de transferts d'argent. Elles peuvent également prendre la forme de mise à disposition d'infrastructures, comme la construction de routes ou d'écoles. Enfin, elles peuvent consister en prestations de services, par exemple, en matière de formation ou de soins de santé. Dans certains cas, ces dépenses sociales résultent d'obligations légales ou contractuelles. Dans d'autres cas, ce sont des contributions librement consenties par les entreprises. Plusieurs pays mettant en œuvre l'ITIE, comme le Kazakhstan, le Kirghizistan, le Libéria, la Mongolie, le Mozambique, le Pérou, la République du Congo, le Togo, le Yémen et la Zambie, divulguent ou réconcilient déjà, dans leurs rapports ITIE, les dépenses sociales obligatoires et/ou volontaires[52].

Emanuele Baldacci, Benedict Clements, Qiang Cui et Sanjeev Gupta (2005), face aux lacunes des analyses antérieures, ont décidé d'étudier, à l'aide d'un ensemble de données de panel sur 120 pays en développement pour la période 1975–2000, la corrélation pouvant exister entre les dépenses sociales, les indicateurs sociaux et la croissance. Ils ont établi à cet effet un modèle économique simple à trois équations. Dans la première, la hausse de la production est une fonction des apports de capital physique et humain ainsi que de la main-d'œuvre : on peut supposer que la technologie influe sur la

---

[50] *Ibid.*

[51] « La France championne des dépenses sociales : c'est grave, docteur ? » Url : http://www.liberation.fr/futurs/2013/07/29/la-france-championne-des-depenses-sociales-c-est-grave-docteur_921516, consulté le 17 septembre 2018.

[52] Note d'orientation 17 – avril 2014, EITI (Extractive, Industries, Transparancy Initiative).

productivité de cette dernière. La deuxième définit l'accumulation du stock de capital physique, et la troisième décrit la dynamique de la formation de capital humain.

La résolution de ces équations donne une équation dans laquelle la croissance de la production par habitant est exprimée en fonction du revenu initial, du stock de capital humain et des nouveaux investissements dans ce capital (séparément pour l'éducation et la santé), et du stock de capital physique et des nouveaux investissements dans ce capital. S'il faut intégrer à cette équation de croissance les équations de l'accumulation du stock de capital physique et de la formation de capital humain, il y aurait une formule dans laquelle les dépenses sociales sont reliées à l'accumulation de capital physique et humain et à la croissance.

Ils ont employé différentes techniques pour résoudre les problèmes associés à l'endogénéité, aux erreurs d'évaluation et aux biais de variables omises, et sont parvenus à un ensemble cohérent de résultats, que sont :

- *i) le capital éducation comme le capital santé favorise la croissance de la production*, mais par des moyens légèrement différents. Si le stock et les flux de capital éducation ont un effet d'ampleur similaire sur la croissance, ce sont seulement les flux de capital santé qui agissent directement sur la croissance. Le stock de capital santé influe toutefois indirectement sur la croissance par son effet positif sur les investissements matériels ;
- *ii) les dépenses d'éducation ont à la fois un effet immédiat et un effet retardé sur le capital éducation.* Deux tiers environ des effets directs se concrétisent au cours des cinq premières années, les autres dans les cinq années suivantes. Par exemple, une hausse de 1 point du PIB des dépenses éducatives a pour effet direct d'accroître de 6 points le taux de scolarisation composite dans les cinq années qui suivent, et de 3 autres points dans les cinq années suivantes ;
- *iii) les dépenses de santé ont un effet immédiat positif et important sur le capital santé.* Par exemple, une augmentation de 1 point du PIB des dépenses de santé s'accompagne d'une hausse du taux de survie des enfants de moins de 5 ans de 0,2 point, en moyenne, dans les pays en développement. Les dépenses de santé passées n'ont plus d'effet sur les indicateurs de santé. Une explication intuitive de ce résultat est le suivant : d'abord, une hausse des

dépenses de santé se traduit immédiatement par de meilleurs résultats dans ce secteur, tandis que, dans le domaine de l'éducation, les gains se manifesteront pleinement au bout d'une période de gestation plus longue, une fois que les étudiants auront achevé leurs études. Ensuite, contrairement aux résultats éducatifs, l'état de santé ne peut être cumulé et doit être entretenu par des soins réguliers, ce qui limite au court terme les effets des dépenses de santé ;

- *iv) le capital éducation et le capital santé sont étroitement liés.* Le capital santé contribue à l'accumulation du capital éducation, avec une élasticité de 1,3 environ. Ainsi, une hausse de 10 % du capital santé entraînerait une augmentation de 13 % du capital éducation. Dans les pays en développement, un bon état de santé améliore sensiblement les résultats éducatifs[53].

Niang a cherché à expliquer le caractère pro-pauvres des dépenses publiques d'éducation. Il pense que le développement du secteur de l'éducation constitue une des principales priorités des pouvoirs publics sénégalais. Cela s'est traduit par un arbitrage budgétaire favorable à l'éducation. Si un tel choix politique est pleinement justifié, l'analyse des dépenses publiques affectées à l'éducation met en évidence un problème de ciblage de la population la plus défavorisée et de régressivité des dépenses de l'État. Cette impression est confirmée par la comparaison de la situation du Mali à celle d'autres pays en développement.

Il a trouvé que les dépenses publiques affectées à l'enseignement technique et professionnel et à l'enseignement supérieur sont les plus inéquitables. Or, la réduction durable et significative de la pauvreté passe nécessairement par l'amélioration du capital humain des couches sociales défavorisées. L'accès de cette catégorie de la population aux différents ordres d'enseignement, notamment l'enseignement technique et professionnel qui facilite l'insertion dans le marché du travail est capital. Dès lors, il importe de corriger les biais de ciblage et de régressivité des dépenses publiques d'éducation. Ainsi, une attention particulière devrait être accordée à l'accès de la population défavorisée à l'enseignement technique et professionnel à travers l'augmentation de l'offre de ce secteur et la

---

[53] Baldacci E., Clements B., Cui Q. et Gupta S., « Que faire pour aider les pauvres ? » *Finances & Développement*, juin 2005.

mise en œuvre de mesures d'accompagnement (transferts de l'État) en faveur des ménages les plus modestes[54].

Atkinson Anthony B., Cazes Sandrine, Milano S., Assemat J., Jeandidier B., Teekens R., Zaïdi M. A. (1990)[55] ont effectué une comparaison de la pauvreté dans différents pays européens à partir des différences de niveau pouvant servir à évaluer la capacité des politiques à lutter contre la pauvreté et à identifier les priorités dans l'allocation des fonds. Procéder à une telle comparaison nécessite un examen attentif des concepts sous-jacents à l'analyse statistique. Plusieurs points méthodologiques déterminants ont été évoqués : le choix des sources statistiques, le choix d'un indicateur de pauvreté et de ses caractéristiques, l'unité d'analyse employée, le choix d'une échelle d'équivalence et la détermination d'une ligne de pauvreté. Une sélection d'études nationales sur la pauvreté en France, en RFA et au Royaume-Uni ont permis de montrer comment les choix effectués affectent les conclusions tirées, tant sur l'étendue que sur la composition des populations pauvres. Les aspects conceptuels des études sur la pauvreté rendent ainsi délicate la comparaison de l'efficacité des politiques sociales de chaque pays. Pour eux, l'existence même de ces politiques affecte également la mesure de la pauvreté, les choix méthodologiques reflétant les choix sociaux : l'utilisation, dans les travaux allemands et anglais, de l'allocation universelle d'assistance comme seuil de pauvreté en constitue un exemple[56].

1.4.2 Notion d'investissement social

L'approche des politiques publiques dites d'investissement social vise explicitement à améliorer l'insertion sociale, à éviter que la pauvreté ne se transmette pas d'une génération à l'autre et à favoriser l'adaptation des populations aux exigences du marché du travail contemporain. Si ces objectifs étaient atteints, les individus et les familles deviendraient pleinement responsables de leur bien-être puisque celui-ci reposerait sur un socle solide des revenus de l'activité

---

54 Niang B. B., 2005, *op. cit.*

55 Atkinson A. B., Cazes S., Milano S., Assemat J., Jeandidier B., Teekens R., Zaïdi M.A., « Mesures de la pauvreté et politiques sociales : une étude comparative de la France, de la RFA et du Royaume-Uni » in *Observations et diagnostics économiques : revue de l'OFCE*, n° 33, 1990, pp. 105–130.

56 *Ibid.*

professionnelle et des échanges intrafamiliaux. Elle vise également à faire face aux menaces pesant sur les régimes de protection sociale en raison du vieillissement de la population et de l'accroissement du taux de dépendance. Dans cette perspective, le rôle de l'État est, dès lors, de concevoir des interventions et des pratiques pour y parvenir. En termes de politiques publiques, cela signifie d'accorder une attention croissante aux enfants, au capital humain et à l'activation par l'emploi[57].

Pour Jenson et Saint Martin[58], l'investissement social est composé de trois éléments : la formation tout au long de la vie ; la priorité donnée aux générations futures (avec l'idée que les enfants d'aujourd'hui sont déjà en train de créer le monde à venir) ; la conviction que la réussite individuelle enrichit notre avenir commun et qu'ainsi assurer le succès de l'individu bénéficie à la communauté dans son ensemble, pour aujourd'hui comme pour demain. L'intégration de ces trois principes dans les politiques sociales a des conséquences sur les orientations politiques et l'action de l'État.

En effet, dans les États d'inspiration keynésienne d'après-guerre, les dirigeants considéraient que les dépenses gouvernementales en matière sociale devraient à la fois permettre d'assurer la sécurité et la protection sociales et stimuler la croissance économique en période de récession et de chômage. En d'autres termes, les dépenses sociales devraient soutenir autant l'économie que les individus et les familles. Contrairement à cette perspective, les politiques d'inspiration néolibérale, qui se sont développées dans les années 1980, supposaient que le marché pouvait et devrait générer seul le bien-être général, tandis que les dépenses sociales et l'intervention étatique étaient en contradiction avec la prospérité économique. De telles visions néolibérales ont contribué à mettre l'accent sur la responsabilité individuelle, et donc à restreindre le rôle de l'État en le cantonnant à la réalisation des « *ajustements structurels* ». Les familles étaient ainsi invitées à « *se responsabiliser davantage* ».

---

57 Jenson J., « Politiques publiques et investissement social : quelles conséquences pour la citoyenneté sociale des femmes ? », Cahiers du Genre 2011/3 (HS n° 2), 2011, pp. 21–43.
58 Jenson J., Saint-Martin D., "Building Blocks for a New Social Architecture: the LEGOTM Paradigm of an Active Society", *Policy & Politics*, vol. 34, n° 3, 2006.

La dimension macroéconomique des analyses valorisant l'investissement social les amène à privilégier, à l'instar du néolibéralisme, les politiques de l'offre. Dès lors, il est logique que le discours valorise l'investissement (plutôt que les dépenses). En effet, il est naturel que les ardents défenseurs du marché raisonnent en termes d'investissements. Par ailleurs, comme de plus en plus d'activités sont régies aujourd'hui par des logiques de marché, il paraît normal que les individus et les familles soient, eux aussi, davantage invités à « *investir dans leur propre capital humain* » pour accéder à la réussite professionnelle. Il leur faut aussi investir pour leur propre avenir, notamment pour financer leurs retraites et l'éducation de leurs enfants. Mais, contrairement aux perspectives néolibérales, l'État partage une partie de cette responsabilité en assurant le financement de certains services nécessaires (comme les services de garde des enfants) ou en octroyant des prestations sociales, en complément des revenus salariaux inadéquats, pour subvenir aux besoins des familles. Il ne s'agit pas non plus d'une simple mesure anti-pauvreté, puisque ces politiques publiques ciblent aussi les classes moyennes. En d'autres termes, ce type d'intervention satisfait à la fois ceux qui désirent que la politique sociale se concentre sur la scolarisation de la petite enfance, sur la formation et sur les incitations en faveur de l'emploi, et ceux qui luttent contre la pauvreté infantile[59].

L'investissement social est considéré comme un facteur de création de richesse au même titre que le capital physique. En effet, partageant le point de vue de l'OCDE, développé au milieu des années 1990, selon lequel la dépense sociale n'est pas un fardeau, mais bien un investissement générant la croissance et le développement, l'Union européenne pourrait rapidement être amenée à développer sa propre interprétation des politiques sociales perçues désormais comme un facteur de production (Hemerijck 2007, p. 2)[60].

Pour Jenson (2011), la perspective d'investissement social n'a jamais fait l'objet d'un consensus. Elle est le plus souvent utilisée pour caractériser les modèles d'intervention publique des régimes de

---

[59] Jenson J., *op. cit.*, 2011, pp. 24–25.

[60] Hemerijck A., "Joining Forces for Social Europe. Reasserting the Lisbon Imperative of Double Engagement' and More". Lecture to the Conference "Joining Forces for a Social Europe", organised under the German Presidency of the European Union, Nuremburg, February 2007, 8–9.

protection sociale nordiques (Gosta Esping-Andersen, Palier 2008)[61] ou libéraux. Les modèles européens bismarckiens ont d'ailleurs tardé à y souscrire alors qu'en Amérique latine des pays l'adoptent avec enthousiasme avec le retour à la démocratie (Jenson, 2010). De leur côté, les organisations internationales telles que l'OCDE, les Nations unies ou les organismes qui leur sont liés, ont joué un rôle important dans son développement et sa diffusion.

Quoi qu'il en soit, il existe des signes d'une popularité croissante de cette perspective politique et d'une convergence de plus en plus forte des conceptions européennes et latino-américaines de la citoyenneté sociale. Pour preuve, certains instruments politiques sont quasiment similaires sur les deux continents, comme ceux promouvant l'acquisition de capital humain, les programmes d'acquisition d'un patrimoine *(asset building)* et d'accès au crédit, les partenariats avec les organisations non gouvernementales (ONG) et les charges locales et collectives.

Les origines communes des *idées* visant à modifier l'offre en matière de main-d'œuvre sont évidentes, alors que le choix d'*instruments* varie davantage[62].

1.4.3 Dépenses publiques pro-pauvres : filets sociaux de sécurité

La Banque mondiale est le grand artisan des filets sociaux de sécurité en Afrique. Mais les filets sociaux sont mis en œuvre sous

---

[61] Esping-Andersen G. et Palier B., *Trois leçons sur l'État-providence*, Seuil, coll. « La république des idées », 2008, 134 p.

[62] L'Europe a pris l'option de lutter contre la pauvreté infantile en versant des prestations comme complément aux bas salaires et en mettant en place des services destinés à faciliter l'emploi des parents. Au contraire, l'Amérique latine a innové en instituant des prestations sociales conditionnées *(conditionnal cash transfers)* qui visent à inciter les mères à faire scolariser leurs enfants et à s'assurer de leur suivi sanitaire. Cependant, malgré ces différences quant aux choix des instruments, deux objectifs politiques informent sur l'action menée dans les deux continents : utiliser les « investissements » afin que la pauvreté ne se transmette pas d'une génération à l'autre et améliorer les perspectives d'avenir ; élaborer des programmes visant à lutter contre l'exclusion sociale (et en particulier contre l'exclusion du marché du travail) pour combattre les conséquences actuelles et à long terme de la pauvreté infantile. Compte tenu de ces convergences et de la popularité croissante de la perspective d'investissement social, il apparaît logique de s'interroger sur les conséquences de cette focalisation sur les enfants, sur le social care, sur la conciliation de la vie professionnelle et de la vie de famille (Jenson, pp. 27–28).

diverses formes : programmes conditionnels et programmes non conditionnels[63].

Les *filets* sociaux sont des programmes de transferts non contributifs axés d'une manière ou d'une autre sur les populations pauvres ou vulnérables (Grosh *et al.*, 2008)[64]. Ils visent à stimuler – directement ou par le biais d'un effet de substitution – la consommation de produits de base et de services essentiels par les ménages. Les populations pauvres et vulnérables auxquelles ils s'adressent sont des groupes de personnes incapables de satisfaire à leurs propres besoins essentiels ou qui risquent de basculer dans la pauvreté sous l'effet de chocs exogènes ou de problèmes socioéconomiques, tels que l'âge, la maladie ou un handicap. Les *filets* sociaux sont des dispositifs non financés par des cotisations qui forment, avec les régimes d'assurance sociale et les législations sociales, un ensemble global de programmes contributifs ou non contributifs de protection sociale[65].

Pour la Banque mondiale, les filets sociaux sont des outils de réduction de la pauvreté et d'investissement destiné aux pauvres. En effet, au cours des deux dernières décennies, la solide croissance économique de l'Afrique a ouvert la voie à la réduction de la pauvreté. De 1995 à 2008, le pourcentage de la population africaine vivant dans la pauvreté est passé de 58 à 48 % (Banque mondiale, 2011)[66]. De hauts niveaux de pauvreté persistent néanmoins, en particulier dans les zones rurales, et l'écart entre les catégories de revenus, mesuré à l'aune du capital humain et de l'accès aux services sociaux de base, ne cesse de se creuser. Outre le problème de la pauvreté chronique

---

[63] La stratégie de protection sociale de la Banque mondiale pour l'Afrique de 2012 à 2022 met en lumière la nécessité d'établir une base factuelle solide pour étayer la préparation et la mise en œuvre de programmes de protection sociale sur ce continent (Banque mondiale, 2012a).

[64] Grosh M., del Ninno C., Tesliuc E. et Ouerghi A., "For Protection & Promotion: the Design and Implementation of Effective Safety Nets", Washington DC, The International Bank for Reconstruction and Development/The World Bank, 2008.

[65] Banque mondiale, « Réduire la pauvreté et investir dans le capital humain : le nouveau rôle des filets sociaux en Afrique : Études de cas dans 22 pays », Washington, D.C., février 2014, p. 1.

[66] Banque mondiale, « Rapport sur le développement dans le monde 2011 : Conflits, sécurité et développement – Abrégé », *Conflict, Security, and Development*, World Bank. © World Bank. https://openknowledge.worldbank.org/handle/10986/4389 License: CC BY 3.0 IGO.

(situation où se retrouvent les ménages qui n'arrivent pas à améliorer leurs conditions de vie et à sortir de la pauvreté), on déplore une grande vulnérabilité due aux chocs environnementaux et économiques, aux difficultés personnelles et aux problèmes de gouvernance qui frappent souvent de nombreux ménages.

Les filets sociaux représentent un élément crucial des stratégies de développement conçues par les pays afin de réduire durablement la pauvreté. Au vu des niveaux élevés de pauvreté chronique et de l'aggravation des inégalités, on estime que ces dispositifs, grâce à leurs interventions ciblées qui procurent une aide régulière et fiable aux ménages pauvres et aident les pauvres à s'engager dans des activités productives et rémunératrices, pourraient contribuer à accélérer la réduction de la pauvreté. Les filets sociaux peuvent également faire œuvre utile, en périodes de crise, auprès de ceux qui ont basculé dans la pauvreté. Ils peuvent les aider à élaborer des stratégies qui leur permettront de renforcer leur résistance aux chocs et à éviter ainsi d'épuiser leurs ressources pendant les périodes difficiles. Les filets sociaux sont ainsi essentiels pour atteindre les nouveaux objectifs de la Banque mondiale à savoir mettre fin à la pauvreté extrême et promouvoir une prospérité partagée[67].

Au cours des dernières années, la crise économique mondiale et les chocs des prix des combustibles et des produits alimentaires ont poussé un certain nombre de pays à entreprendre la coordination de leurs programmes disparates de protection sociale pour en faire des systèmes nationaux intégrés. Ce contexte particulier a aussi incité les pays à rationaliser les dépenses publiques afin de pouvoir offrir une aide plus adéquate et mieux ciblée à leurs populations les plus pauvres. Les autorités publiques réagissaient ainsi aux preuves de plus en plus abondantes, montrant que les filets sociaux réduisent la pauvreté chronique et la vulnérabilité des populations et aident à promouvoir une croissance inclusive. Les évaluations des incidences des programmes de protection sociale en Afrique montrent que les filets sociaux aident les ménages à satisfaire à leurs besoins essentiels, à protéger leurs actifs et à investir dans le capital humain. Des recherches effectuées récemment sur les aspects productifs des programmes de transferts monétaires en Afrique donnent en outre à penser que ces programmes, en favorisant les investissements

---

[67] *Ibid.*, p. 2.

productifs, peuvent à long terme avoir un effet positif sur le bien-être des populations[68].

1.5 Études empiriques

1.5.1 Effets temporels de la politique budgétaire

La politique budgétaire est financée par l'emprunt effectué par l'émission de bons et obligations du Trésor. La demande de bons étant importante, le prix de la monnaie augmente à cause de l'accroissement des taux d'intérêts. Les entreprises limitent alors leurs investissements, car les taux d'intérêt sont trop élevés ; et cela conduirait à la réduction de l'impact de la relance.

Les évolutions automatiques de l'activité économique forment des cycles. Les recettes fiscales augmentent en période de croissance (grâce à la TVA) et diminuent en période de récession. L'État tente donc d'atténuer ces fluctuations en prélevant plus d'impôts en période de prospérité et en accordant des aides lors des périodes de ralentissement. Le budget a donc un rôle contracyclique sur l'activité économique.

L'augmentation des dépenses publiques peut également entraîner un effet d'éviction. En effet, l'accroissement de la demande par l'augmentation des dépenses publiques peut conduire à écarter les investisseurs privés, substitués à l'État. Aussi, l'émission de titre de dette publique concurrence les entreprises sur le marché des capitaux, ce qui conduit à augmenter les taux d'intérêt et à écarter les investisseurs. Ces effets d'éviction peuvent résulter de l'évolution des taux d'intérêt ou de l'inflation. Dans le premier cas, la hausse des taux d'intérêt va avoir pour effet de limiter les achats des consommateurs, qui recourent plutôt à l'emprunt (notamment pour les biens d'équipement durables). De même, les entreprises vont limiter leurs investissements, ce qui contribue à les évincer. Dans le second cas, la relance budgétaire entraîne l'inflation.

À long terme, les investissements publics sont également bénéfiques pour la croissance nationale. Au-delà du modèle de croissance exogène de Solow, les théories de la croissance endogène montrent que des facteurs autres que le capital et le travail influent sur la croissance. Il s'agit entre autres de la qualité de la main-d'œuvre reposant sur l'éducation et sur les infrastructures, etc. Dans ce sens,

---

[68] *Idem.*

les dépenses publiques peuvent constituer un investissement intéressant pour l'État à long terme[69].

Le caractère temporaire de la politique budgétaire de relance va à l'encontre de l'identification des chocs budgétaires promue par Romer et Romer (2010)[70]. Toutefois, il sied parfaitement à l'utilisation de modèles VAR. De nombreuses études ont été réalisées sur des données issues de pays européens et sud-américains. Excepté certains pays comme le Royaume-Uni, la France et l'Espagne, toutes les études répertoriées concluent à un effet positif de la politique budgétaire sur le PIB (Perotti [2004], Marcellino [2006]). Quelques-unes concluent, à l'instar de Blanchard et Perotti (2002), à un effet multiplicateur keynésien, pour le Royaume-Uni, l'Espagne, la France et l'Italie.

La dimension temporelle de la politique budgétaire mise en œuvre « à temps » est particulièrement importante : une politique macroéconomique efficace se doit d'être contracyclique. L'estimation d'effets multiplicateurs par la méthode VAR n'est pas adaptée à cette condition d'efficacité de la politique budgétaire. Les chocs sur les résidus structurels interviennent sur une économie parvenue à une position historique moyenne, donc pas forcément soumise à une situation défavorable justifiant le recours à une politique budgétaire.

Sous cet angle, l'approche narrative est potentiellement plus adaptée. En effet, il doit être possible d'identifier, parmi toutes les modifications intervenues dans la politique fiscale ou budgétaire d'un pays, celles qui ont eu lieu en phase de basse conjoncture et d'évaluer leurs effets sur le PIB, en comparaison avec les mêmes modifications intervenues en phase plus haute de conjoncture. Mais des études similaires sont rares ou n'existent pas encore.

L'étude récente du FMI (2010b) généralise, certes, l'approche de Romer et Romer (2010) à un panel de quinze pays, mais ne répertorie que les contractions budgétaires délibérées des autorités

---

[69] Politique budgétaire, in Le monde politique. Url : https://www.lemondepolitique.fr/cours/introduction-economie/politiques-economiques/politique-budgetaire.html#:~:text=La%20politique%20budg%C3%A9taire%20est%20financ%C3%A9e,accroissement%20des%20taux%20d'int%C3%A9r%C3%AAts, consulté le 17 novembre 2018.

[70] Romer C. et Romer D., "The Macroeconomic Effects of Tax Changes: Estimates Based on a New Measure of Fiscal Shocks", In *American Economic Review* (100), June 2010, pp. 763–801.

gouvernementales pour réduire leurs déficits. Après deux ans, une contraction budgétaire de l'ordre de 1 % du PIB réduirait le PIB en volume de 0,5 %.

De leur côté, les modèles macroéconométriques de type DSGE ne sont pas adaptés à l'estimation des effets d'une politique budgétaire mise en œuvre « à temps » : ils présupposent l'équilibre général. Les chocs estimés interviennent donc à l'état stationnaire, selon Jérôme Creel, Éric Heyer et Mathieu Plane[71].

1.5.2 Approches d'identification des chocs de politique budgétaire

Dans leur étude, Jérôme Creel, Éric Heyer et Mathieu Plane distinguent trois approches d'identification des chocs de politique budgétaire permettant de calculer des multiplicateurs : les deux premières sont quasi empiriques, tandis que la troisième repose sur un modèle macroéconométrique, incorporant donc l'approche empirique dans un cadre théorique[72].

Selon leurs conclusions, la question de l'identification des chocs de politique budgétaire est centrale, dans la mesure où les dépenses, les recettes et, par conséquent, les déficits publics sont soumis à de nombreuses influences qui ne permettent pas d'attribuer leurs modifications exclusivement à des décisions du gouvernement. Outre les stabilisateurs automatiques, qui lient solde public et conjoncture, les déficits présents dépendent également du montant de la dette publique – donc des déficits passés – pour le calcul du service de la dette, mais aussi du niveau des taux d'intérêt, donc à la fois de la politique monétaire, passée, présente, voire future anticipée, et des forces de marché intervenant sur les marchés obligataires. Le report des opérateurs de marché – banques, assurances, fonds d'investissement, etc. – vers les obligations publiques, dans une phase aiguë de crise de financement des entreprises privées, produit un surcroît de demande d'obligations publiques qui aboutit à une baisse des rendements de ces titres. Le coût de financement présent des dépenses publiques en est réduit d'autant. En revanche, une défiance

[71] Creel J., Heyer É. et Plane M., « Petit précis de politique budgétaire par tous les temps : Les multiplicateurs budgétaires au cours du cycle », *Revue de l'OFCE*, 116, 2011, pp. 68–70.
[72] *Ibid.*, p. 64.

vis-à-vis de la dette publique d'un État, même si elle est limitée aux seuls marchés secondaires, peut engendrer une montée des taux de rendement des émissions obligataires nouvelles qui pèse à terme sur les capacités de financement des dépenses publiques, et grève ces dépenses de charges d'intérêt supplémentaires[73].

La première méthode empirique d'identification des chocs de politique budgétaire permettant de calculer des effets multiplicateurs due à Ramey et Shapiro (1998)[74], puis à Romer et Romer (2009, 2010)[75], repose sur la méthode d'identification des changements de politique monétaire des seconds, méthode qualifiée d'approche narrative (Romer et Romer, 1989)[76]. Dans le cas de la politique budgétaire, cette approche consiste à répertorier les changements de législation fiscale qui apparaissent dans les lois de finances successives. Romer et Romer (2009, 2010) distinguent ces changements selon quatre grandes motivations :

1. financer un nouveau programme de dépenses ;
2. réduire les déficits publics passés ;
3. mener une politique contra-cyclique ou ;
4. accroître la croissance économique à long terme.

Il faut dire que seuls les changements de fiscalité répondant à cette dernière motivation sont exogènes de toute autre variable macroéconomique selon les auteurs. Ils constituent donc des chocs non anticipés et discrétionnaires de politique budgétaire. La méthode de Romer et Romer (2009, 2010) vise à mesurer l'impact sur le PIB d'un changement discrétionnaire de politique fiscale en mesurant l'effet d'une politique structurelle, et non pas l'effet d'une politique conjoncturelle.

---

[73] *Idem.*

[74] Ramey A. et Matthew D. Shapiro, "Costly Capital Reallocation and the Effects of Government Spending", Carnegie-Rochester Conference Series on Public Policy 48, 1998, 145-194 North-Holland.

[75] Romer, C. et Romer, D., "The Macroeconomic Effects of Tax Changes: Estimates Based on a New Measure of Fiscal Shocks", In American Economic Review (100), June 2010, p. 763 – 801.

[76] Romer, Christina D., and David H. Rome, "Does Monetary Policy Matter? A New Test in the Spirit of Friedman and Schwartz" in NBER Macroeconomics Annual, 1989, ed.

La deuxième méthode empirique – due à Blanchard et Perotti (2002) – repose sur l'estimation[77] d'un modèle vectoriel autorégressif structurel (SVAR) réduit à trois variables : dépenses publiques, recettes fiscales et PIB. Conceptuellement non théorique, le modèle suppose que le PIB réagit graduellement aux chocs de politique budgétaire. Ces derniers sont identifiés comme les résidus structurels du modèle SVAR initial. Les résidus canoniques du SVAR initial sont corrigés des élasticités instantanées entre variables budgétaires (dépenses, recettes) et PIB, mais aussi des relations instantanées entre dépenses et recettes discrétionnaires. Soumis à la contrainte d'équilibre budgétaire inter-temporel, les gouvernements choisissent de façon discrétionnaire leurs montants de dépenses (ou bien de recettes) et ajustent en conséquence les montants de recettes (ou bien de dépenses). Enfin, les auteurs estiment, par la méthode des variables instrumentales, les effets systématiques, mais non automatiques, des dépenses et des recettes sur le PIB, de même que les effets déduits des résidus canoniques. Les résidus structurels ainsi calculés sont interprétés comme la part discrétionnaire des dépenses, d'une part, et des recettes, d'autre part.

À l'instar de Romer et Romer (2009, 2010), Blanchard et Perotti (2002) examinent, au moyen de calculs d'impulsion, les effets sur le PIB d'une politique budgétaire structurelle, et non pas d'une politique conjoncturelle. Le calcul du multiplicateur budgétaire devrait permettre de calculer l'impact d'une politique budgétaire conjoncturelle sur le PIB. En effet, lorsque la croissance économique ralentit, la mise en œuvre d'une politique contracyclique peut relancer l'économie. La question est alors de savoir de combien ? Pour cela, le recours à un modèle macroéconométrique peut s'avérer utile. Dans un tel cadre, les modifications de politique budgétaire peuvent être introduites en variantes. Ainsi, il n'est pas nécessaire de procéder à une identification préalable de la part autonome de cette politique budgétaire qui aboutit forcément à des calculs d'effets multiplicateurs de la seule part discrétionnaire ou structurelle de la politique budgétaire.

La dernière méthode employée pour procéder à des calculs d'effets multiplicateurs utilise des modèles macroéconométriques, qui

[77] Blanchard O. et Perotti N., "An Empirical Characterization of the Dynamic Effects of Changes in Government Spending and Taxes Output", *Quarterly Journal of Economics*, vol. 117(4), 2002.

mêlent concepts théoriques et estimations empiriques, dans un cadre bouclé macroéconomiquement. Le développement récent des modèles dynamiques stochastiques en équilibre général (DSGE en anglais, pour Dynamic Stochastic General Equilibrium) au FMI, à la Commission européenne, dans les banques centrales, etc., qui ont remplacé les modèles macroéconométriques keynésiens, permet d'évaluer les répercussions des chocs, réels, monétaires, financiers et de politique économique sur les grands comportements économiques (consommation, investissement, balance courante, etc.). Les effets ainsi calculés des chocs sont évalués à partir d'une situation économique préalable d'équilibre général. Les chocs introduits sont exogènes, par définition, et bien souvent autorégressifs.

La diversité des approches utilisées pour calculer des effets multiplicateurs a donné évidemment lieu à une diversité de résultats. Dans le cas des États-Unis, les approches statistiques ont donné des valeurs maximales des multiplicateurs budgétaires comprises entre 1,2 (Blanchard et Perotti, 2002) et 3,0 (Romer et Romer, 2010). Ces mêmes valeurs sont comprises entre 0,5 (Cogan *et al.*, 2010) et 2,2 (IMF, 2010a) si l'on adopte une approche macroéconométrique. En dépit de cette diversité de choix différents de modélisation des comportements, la majorité des études recensées permet de conclure que le multiplicateur budgétaire américain peut bel et bien être qualifié de keynésien.

Étant supérieur à l'unité (dans le meilleur des cas, certes), le choc budgétaire concourt donc largement à son financement. En effet, la hausse de dépenses (ou la baisse de fiscalité) induit une hausse plus que proportionnelle du PIB qui engendre une hausse suffisamment importante des rentrées fiscales pour résorber considérablement le déficit public. Les différences d'effets multiplicateurs parmi les études fondées sur des modèles macroéconométriques dépendent des hypothèses de modélisation sur les éléments jugés défavorables de la politique budgétaire : effet d'éviction par le taux d'intérêt, effet d'éviction par le taux de change (ou par l'extérieur), effet du fardeau de la dette (ou équivalence ricardienne), ou effet distorsif de la fiscalité.

Plus précisément, parmi les raisons qui peuvent expliquer la faiblesse des effets multiplicateurs dans les études de Smets et Wouters (2007) et Cogan *et al.* (2010), deux éléments importants peuvent être rappelés. D'une part, dans les études de Smets et Wouters

(2007), les ménages sont supposés ne pas faire face à une contrainte de liquidité (principe d'équivalence ricardienne), ils optimisent leur consommation sur une durée de vie infinie et peuvent avoir recours à des marchés financiers et de crédits parfaits pour faire face à des dépenses de consommation supérieures à leurs revenus présents. En levant cette hypothèse et en estimant une proportion de ménages contraints par la liquidité (27 % de l'ensemble des ménages), Cogan *et al.* (2010), dont le modèle reproduit sensiblement celui de Smets et Wouters (2007) après introduction de *scenarii* d'évolution des taux d'intérêt, montrent que l'effet multiplicateur passe de 0,5 à 0,56 et reste donc bien loin de l'unité. D'autre part, les deux études font l'hypothèse que les chocs budgétaires sont permanents, mais ne visent pas à améliorer la croissance de long terme, contrairement à la procédure d'identification des chocs budgétaires par Romer et Romer (2010). Ces chocs permanents pèsent alors lourdement sur l'endettement public et sur les politiques fiscales futures, nécessairement restrictives pour stabiliser la dette. Ces politiques, supposées être anticipées par des ménages non contraints par la liquidité, ont des effets négatifs sur les décisions de consommation et d'investissement de ces agents et limitent la production future, donc l'effet multiplicateur.

Le choix de l'instrument budgétaire est donc un élément clé dans l'évaluation de l'efficacité des politiques budgétaires. Spilimbergo *et al.* (2009) ne s'y sont pas trompés. Après avoir précisé les défauts que l'on attribue bien souvent aux politiques budgétaires en général et aux plans de relance en particulier, les auteurs évoquent les longs délais de prise de décision budgétaire, les baisses d'impôts qui interviennent trop tardivement ou sont pérennisées au-delà de la période de crise. Ils insistent sur le fait que, pour être efficace, un plan de relance, *i.e.* une politique budgétaire discrétionnaire de soutien à la demande, doit s'appuyer sur des mesures prises à temps, temporaires et ciblées, la désormais fameuse trilogie (en anglais) des 3T : *timely*, *temporary*, *targeted*. La référence à des mesures ciblées est justement liée au choix de l'instrument budgétaire. À titre d'exemple, en phase de chute de demande, les politiques de transferts sociaux peuvent se révéler très efficaces pour relancer la consommation à court terme[78].

[78] Creel J., Heyer É. et Plane M., *op. cit.*, 2011, p. 66–68.

1.5.3 Effets de la politique budgétaire sur l'activité

Depuis l'article fondateur de Giavazzi et Pagano (1990)[79] mettant en évidence les effets anti-keynésiens de la politique budgétaire sur le niveau d'activité, de nombreux articles y ont fait suite et arrivant à des conclusions opposées[80].

La première approche présentée dans ce travail inspiré de l'article de Phaneuf et Wasmer (2005) concerne l'étude de Barro (1981), qui se limite à des équations de forme réduites du PIB sur les composantes transitoires et permanentes des dépenses publiques. À cet effet, l'objectif est de percevoir les réactions de l'activité économique dans un pays après l'apparition d'événements accidentels (guerres, catastrophes). Cette approche est également incluse dans les travaux de Rotemberg et Woodford (1992)[81]. Contrairement à Barro, ces derniers estiment l'effet des politiques budgétaires par des systèmes vecteurs-autorégressifs univariés du PIB.

La deuxième approche présentée est celle de Phaneuf et Wasner. Celle-ci dans le cas de l'économie québécoise utilise une approche de type vecteur autorégressif qualifiée de « semi-structurelle ». Ces approches ont une motivation fondamentale commune, soit de produire des mesures de variations des dépenses publiques et des taxes qui ne sont pas sujettes au problème de rétroaction simultanée entre les variables fiscales et l'activité économique, soit d'évaluer les effets des mesures fiscales[82].

D'autres travaux montrent que les effets des politiques budgétaires ne sont pas toujours linéaires. Ainsi, Tanimoune, Combe et Plane (2005) dans leurs travaux sur l'Union économique et monétaire ouest-africaine présentent la non-linéarité des effets de la politique budgétaire[83]. Pour Fatou Diane et Alsim Fall (2007), dans la

---

[79] Giavazzi F. et M. Pagano, "Can Severe Fiscal Contractions Be Expansionary? Tales of Two Small European Countries" in O. J. Blanchard and S. Fischer, (Eds.), NBER Macroeconomics Annual, 1990, pp. 75–111, Cambridge, Mass. and London, MIT Press.

[80] Creel J., B. Ducoudré, Mathieu C. et Sterdyniak H., « Doit-on oublier la politique budgétaire ? Une analyse critique de la nouvelle théorie anti-keynésienne des finances publiques », *Revue de l'OFCE*, n° 92, 2005, p. 59

[81] Rotemberg J. J., and M. Woodford, "Oligopolistic Pricing and the Effects of Aggregate Demand on Economic Activity", *Journal of Political Economy* 100, 1992, 1153–1207.

[82] Les effets des politiques budgétaires de la zone CEMAC, *op cit.*

[83] *Ibid.*

théorie économique, divers arguments ont été avancés concernant l'efficacité de la politique budgétaire dans une optique de stabilisation conjoncturelle.

Certains auteurs suggèrent que les décisions d'un gouvernement en matière d'imposition et de dépenses peuvent modifier et même affecter l'économie tout entière. D'autres postulent que l'économie est toujours dans une situation d'équilibre global et donc la politique budgétaire serait inutile, voire nuisible pour l'économie. Cette présente étude tente d'apprécier la nature de la relation entre la politique budgétaire et la croissance économique au Mali. Cette relation est supposée non linéaire et aboutit à une méthode robuste de détermination de seuils optimums du déficit budgétaire et de ses financements extérieur et intérieur à partir desquels la croissance réagit différemment à la politique budgétaire. Ces seuils optimums sont respectivement de 1 %, 2,5 % et –1,5 %. Enfin, l'étude évalue l'impact de la politique budgétaire sur la croissance conditionnelle à l'évolution du stock de la dette publique. Il apparaît que la politique budgétaire est de nature keynésienne, lorsque l'endettement extérieur est inférieur à 69 % du PIB, ce qui n'est pas le cas lorsque l'endettement est supérieur à ce seuil[84].

1.5.4 Dépenses publiques et réduction de la pauvreté

Plusieurs travaux ont été réalisés pour apprécier l'impact des dépenses publiques sur la pauvreté. Sont présentés ici quelques-uns qui sont à même d'orienter et de situer les résultats de cette étude. Globalement, ces travaux mettent en exergue le rôle crucial que jouent la recherche agricole, l'éducation et les infrastructures dans la réduction de la pauvreté en particulier rurale. Ainsi, Fan, Hazzel et Thorat (2000)[85] ont examiné les effets de différents types de dépenses publiques sur la pauvreté et la productivité en Inde. Les résultats montrent que pour réduire significativement la pauvreté, le

[84] Diane F. et Fall A., « Quelle a été la contribution de la politique budgétaire a la croissance économique du Sénégal ? » Document d'Étude n° 05, Direction de la prévision et des études économiques (DPEE), 2007. Url : http://invenio.unidep.org/invenio//record/15821/files/53_etude_dpee_n_5.pdf, consulté le 14 octobre 2018.

[85] Fan Shenggen, Peter Hazell et Sukhadeo Thorat, « Government Spending, Growth and Poverty in Rural India », 2000, First published: 01 November, disponible sur : https://doi.org/10.1111/0002-9092.00101, et consulté le 12 juillet 2018.

Gouvernement indien devrait donner la priorité à la construction de routes rurales et à la recherche agricole. L'impact positif des dépenses d'éducation se classe en troisième position. Les autres dépenses telles que celles liées à l'irrigation, à la conservation de l'eau, à la santé et au développement rural n'ont eu que des effets modestes sur la pauvreté rurale[86].

Victora (2013) montre dans un rapport de la Banque mondiale que les filets sociaux ont évolué d'une manière différente d'un pays africain à un autre sous l'effet de contextes politico-économiques et socioculturels différents. En outre, les politiques, l'approche et les dispositifs institutionnels qui régissent l'application des systèmes de protection sociale varient d'une région à l'autre du continent. Les pays à revenu intermédiaire d'Afrique australe possèdent de systèmes publics forts basés sur « l'équité horizontale », tandis que les programmes en vigueur dans les États fragiles et les pays à faible revenu comme ceux d'Afrique de l'Ouest tendent davantage à subir l'influence des partenaires techniques et financiers. Les mesures de renforcement des filets sociaux doivent être conçues de manière à tenir compte de ces facteurs contextuels. Nonobstant l'hétérogénéité qu'ils affichent d'un pays africain à l'autre, le rôle central que peuvent jouer les filets sociaux dans les efforts de réduction de la pauvreté est de plus en plus reconnu[87].

Ils sont de plus en plus nombreux (les pays africains) à se doter de stratégies pour la mise en place de systèmes efficaces de protection sociale, et à faire de cet enjeu un élément prioritaire du programme de l'État. Les résultats de cette étude montrent que les trois quarts environ des pays examinés (sur 22 pays au total, dont le Mali) ont fait du filet social une composante de leur stratégie globale de réduction de la pauvreté, et que plus de la moitié d'entre eux ont déjà préparé ou s'emploient à préparer une stratégie de protection sociale. L'expérience de certains pays africains comme le Rwanda montre qu'il est crucial, pour assurer la bonne application d'une telle stratégie, de se doter d'un plan d'action concret dont les coûts seront soigneusement déterminés[88].

---

[86] *Ibid.*

[87] Voir Banque mondiale, *Réduire la pauvreté et investir dans le capital humain*, *op. cit.*, 2014, p. 4.

[88] *Ibid.*

En Ouganda, Fan, Zhang et Rao (2004) ont estimé les effets des dépenses publiques sur la croissance agricole et la réduction de la pauvreté rurale. Se basant sur des estimations économétriques d'équations simultanées avec des données des préfectures, l'étude montre que les dépenses publiques dans la recherche et l'extension agricoles ont significativement et positivement affecté la production agricole du pays. Ce type de dépenses a aussi le plus important effet sur la réduction de la pauvreté. L'étude révèle également que les dépenses d'infrastructures, notamment les routes, ont un effet important sur la réduction de la pauvreté.

S'agissant de l'éducation et de la santé, l'effet des dépenses dans l'éducation sur la pauvreté rurale est positif, tandis que les dépenses dans la santé ne semblent pas avoir un effet significatif sur la pauvreté rurale, certainement en raison des erreurs de mesure liées à cette variable.

La relation entre les investissements publics et la pauvreté a été également analysée pour le cas de la Thaïlande (Fan, Jitsuchon et Methakunnavut (2004)[89] de la Chine et de l'Inde. Ces différentes études sont parvenues aux mêmes conclusions, en particulier sur le rôle crucial que jouent la recherche agricole, l'éducation et les infrastructures dans la réduction de la pauvreté. Elles ont également mis en exergue l'effet différencié des différents types d'investissements publics sur la pauvreté.

Ngandu, Garcia et Arndt (2010) ont analysé les effets des dépenses d'infrastructures en Afrique du Sud à l'aide de la méthode SPA (Structural Path Analysis). Cette étude visait l'analyse des effets économiques d'un important programme de construction d'infrastructures que le Gouvernement sud-africain s'apprêtait à mettre en œuvre. Il s'agissait aussi pour les auteurs de mettre en lumière les canaux par lesquels les dépenses d'infrastructures affecteraient l'économie. L'étude montre que le secteur de la construction est un bon choix pour une injection de liquidité du fait de ses effets simultanés sur les autres branches d'activité et les ménages.

Arndt, Garcia, Tarp et Thurlow (2011) ont analysé la relation entre la structure de l'économie et la réduction de la pauvreté en comparant les économies du Mozambique et du Vietnam. Partant du

---

[89] Fan S., Zhang X. et Rao N.,"Public Expenditure, Growth, and Poverty Reduction in Rural Uganda" DSGD Discussion Paper 4, International Food Policy Research Institute, Washington, D. C., 2004.

constat que les performances économiques de ces deux pays sont similaires en termes de croissance économique et de sa composition, les auteurs, sur la base des résultats de l'analyse SPA, montrent que la structure de l'économie vietnamienne conduit naturellement à une réduction de la pauvreté. Pour une croissance donnée de l'économie, l'effet ressenti sur les ménages vietnamiens est supérieur à celui des ménages mozambicains. Le niveau d'éducation, le commerce extérieur et le système de transport sont ressortis comme les contraintes majeures à la croissance au Mozambique.

Savard et Adjovi (1998) ont démontré à l'aide d'un modèle d'équilibre général calculable (MEGC) pour le Bénin que la réduction des dépenses de santé et d'éducation contribue non seulement à la contraction de la croissance économique mais aussi à une réduction du revenu des ménages. En conséquence, la pauvreté augmente. Au contraire, la réduction des dépenses autres que celles de la santé et de l'éducation ainsi que la baisse des salaires affectent faiblement la croissance économique.

Une étude d'évaluation de la pauvreté au Bénin (2013), réalisée avec l'appui de la Banque mondiale, confirme les externalités positives des dépenses publiques en éducation, en santé, en agriculture et en infrastructures d'assainissement sur les salaires, la consommation des ménages, notamment des ménages ruraux pauvres et l'atteinte des OMD 2, 4 et 5. En outre, ils montrent que les dépenses publiques en agriculture et en infrastructures d'assainissement concourent dans une certaine mesure à la réduction de la pauvreté. Par contre, la hausse de ces dépenses publiques en éducation et en santé conduit à une accélération de la pauvreté à court et moyen termes. En conséquence, la politique du gouvernement ne doit pas viser uniquement les secteurs sociaux, mais doit rechercher l'équilibre entre les dépenses sociales et les investissements en infrastructures[90].

1.5.5 Incidence des dépenses sociales sur la pauvreté

L'incidence des dépenses sociales dépend de leur niveau, mais aussi de celui des inégalités entre les différents types de ménages de la population. Les études conditionnent la capacité des dépenses sociales à la réduction des inégalités, de la pauvreté et surtout au ciblage des

---

[90] République du Bénin, « Une évaluation de la pauvreté au Bénin », draft provisoire, 2013, 218 p.

dépenses sociales au profit des ménages plus pauvres via les politiques publiques, en particulier la politique budgétaire. Intuitivement, toute politique budgétaire, visant la réduction de la pauvreté, devrait prioritairement cibler les zones les plus pauvres à travers les secteurs dits prioritaires de réduction de la pauvreté, que sont l'éducation, la santé et la protection sociale.

Jane Jenson a utilisé une approche d'investissement social dans sa recherche. En effet, lancée au milieu des années 1990, cette approche s'est étendue dans les pays de l'OCDE et en Amérique latine. Si depuis les années 1960, les régimes de protection sociale avaient laissé, au nom de l'égalité, une certaine place aux revendications des mouvements des femmes, les politiques publiques valorisant l'investissement social en réduisent aujourd'hui l'importance, et cela malgré le fait qu'une « sensibilité au genre » fasse partie de l'approche. Il démontre combien et comment les politiques sociales valorisant l'investissement social, même pénétrées par une certaine « sensibilité au genre », constituent une menace pour le projet féministe d'égalité dans la citoyenneté sociale.

Randall S. Jones (2007) a trouvé que l'inégalité des revenus et la pauvreté relative dans la population en âge de travailler au Japon ont atteint des niveaux supérieurs à la moyenne de l'OCDE. Cette tendance s'explique en partie par le dualisme du marché du travail, avec une proportion croissante de travailleurs non réguliers qui sont payés beaucoup moins que les travailleurs réguliers ainsi que par d'autres facteurs, y compris le vieillissement de la main-d'œuvre. En effet, les dépenses sociales en pourcentage du PIB se sont développées dans un contexte de vieillissement de la population, bien qu'il reste inférieur à la moyenne de l'OCDE, la proportion reçue par les ménages à faible revenu est faible. Par conséquent, l'impact des dépenses sociales sur les inégalités et la pauvreté est faible par rapport aux autres pays de l'OCDE et insuffisant pour compenser la détérioration des revenus du marché. La marge d'augmentation des dépenses sociales est entravée par la situation financière. Au lieu de cela, inverser la tendance à la hausse de l'inégalité et de la pauvreté nécessite des réformes pour réduire le dualisme du marché du travail et mieux cibler les dépenses sociales dans les ménages à faible revenu, en particulier les parents célibataires. Dans son étude, Morrisson[91] a

---

[91] Morrisson C., « Santé, éducation et réduction de la pauvreté », *Cahier de politique économique n° 19* du Centre de développement de l'OCDE, 2002.

expliqué que les estimations effectuées pour l'Indonésie, le Madagascar et le Pérou montrent que plus on s'élève dans l'ordre d'enseignement, moins les dépenses sont redistributives. Il en va de même pour la santé lorsque l'on passe des centres de santé dans les villages aux hôpitaux dans les villes. Ainsi, l'enseignement primaire est toujours « progressif » (ce terme signifie que la part des pauvres est égale ou supérieure à leur part dans la population), la part des deux premiers quintiles (ou des trois premiers) est égale ou supérieure à 40 pour cent (à 60 pour cent). Ce résultat est possible même si le taux de scolarisation dans l'enseignement public est inférieur pour les ménages à bas revenus pour deux raisons : ces ménages ont plus d'enfants que les autres et les écoles privées accueillent davantage les enfants de familles riches.

À l'opposé, la part des ménages à bas revenus dans le second cycle de l'enseignement secondaire ou dans le supérieur peut être comparable à leur part dans la consommation, voire plus faible, ce qui correspond dans le second cas à une incidence « régressive » (ce terme signifie que la part des pauvres est inférieure à leur part dans la consommation ou le revenu). On retrouve la même hiérarchie pour les services de santé. Ainsi, en Indonésie, le bénéfice moyen pour les services de santé de base est le même quel que soit le revenu, tandis que celui correspondant aux soins à l'hôpital public est quatre fois plus élevé pour le cinquième quintile que pour le premier. Mais l'écart réel entre riches et pauvres est plus grand parce que les premiers recourent plus à l'hôpital privé que les seconds.

Si l'on fait la somme de toutes les dépenses publiques d'éducation et de santé en Indonésie et à Madagascar, on constate que la part des deux (ou trois) premiers quintiles est inférieure à leur part dans la population, mais dépasse nettement leur part dans la consommation, ce qui signifie que l'incidence est « relativement progressive ». Les optimistes en concluront que ces dépenses publiques réduisent les inégalités. Mais les pessimistes feront cette juste critique : les ménages plus pauvres reçoivent moins, par personne, que les autres ménages. De plus, il faut rappeler que la qualité des services d'éducation et de santé auxquels les pauvres ont accès est inférieure à la moyenne, un biais qui n'est pas pris en compte par les estimations de coût moyen national pour chaque service. L'écart réel de bénéfice entre les pauvres et les autres personnes est donc plus grand que celui calculé d'après la somme des dépenses publiques d'éducation et de santé[92].

Les études sur l'Indonésie et le Pérou estiment l'incidence marginale des dépenses sociales (alors que l'on ne se souciait que de l'incidence moyenne jusqu'aux années 1990), une information très utile pour les responsables politiques. Il existe dans tous les pays de nombreux services d'éducation et de santé, même si une partie de la population en est exclue. Les choix des décideurs se font donc à la marge : de combien sera augmenté le budget de chaque service qui bénéficiera de cette hausse ? Or, les informations sur la répartition des services en une année (soit l'incidence moyenne) ne constituent pas une référence valable pour prendre ces décisions, car l'analyse de l'incidence marginale montre que les bénéficiaires de cette hausse ne sont pas les mêmes que les bénéficiaires des services dans le passé.

Morrisson indique qu'au Pérou quatre enquêtes réalisées de 1985 à 1997 ont permis de comparer l'incidence de chaque dépense d'éducation et de santé. Pour tous les services, la part des 40 (ou 60 pour cent) les plus pauvres a augmenté entre 1985 et 1997. En Indonésie, il en va de même pour l'enseignement primaire et le 1er cycle de l'enseignement secondaire. Il y a eu de fortes hausses des taux de scolarisation entre 1978 et 1997, et les ménages classés dans les 40 pour cent les plus pauvres en ont été les principaux bénéficiaires. La distribution des services procurés par les hôpitaux n'a pas changé, mais les services des centres de santé de base ont bénéficié davantage à ces ménages. Ces résultats confirment le bien-fondé de l'hypothèse de Lanjouw et Ravallion (1999). Ces auteurs pensent qu'il existe une relation positive entre taux de couverture et progressivité d'un service public. Lorsque ce service est offert en quantité limitée (seul un quart ou la moitié de la population en bénéficiant), ce sont les ménages riches et à revenu intermédiaire qui y accèdent les premiers, mais rarement les pauvres. Par contre, lorsque le taux de couverture s'élève de 50 pour cent à 80 ou 100 pour cent, ce sont les pauvres qui bénéficient le plus de cet effort budgétaire.

Ces résultats indiquent que la décision même d'accroître le budget d'un service modifie la distribution de ce budget entre les ménages, et toujours au bénéfice des ménages pauvres lorsque le taux de couverture est inférieur à 90/100 pour cent. Par exemple, faire passer le taux de scolarisation primaire de 60 à 90 pour cent bénéficie

---

[92] *Ibid.*, p. 11.

aux pauvres, tandis que les ménages à revenu intermédiaire seront les premiers bénéficiaires des progrès de l'enseignement secondaire si le taux de scolarisation s'élève de 20 à 40 pour cent. Toutes ces analyses se réfèrent à la pauvreté relative. Si un gouvernement veut cibler ses dépenses sociales en se référant à un seuil de pauvreté absolue, il peut utiliser soit une définition nationale, soit une définition internationale[93].

1.6 Analyse critique de la littérature

La plupart des auteurs sont d'accord sur le principe qui consiste à faire de la politique budgétaire un moyen de réduction de la pauvreté à travers précisément les dépenses publiques dites sociales. Mais cela est conditionné par un ensemble de facteurs.

1.6.1 Coordination de la stratégie de réduction de la pauvreté

Si un gouvernement annonce des crédits supplémentaires pour lutter contre la pauvreté, il suscite une concurrence entre les ministères pour le partage de ce bonus budgétaire. Il s'ensuit un véritable problème de ciblage des pauvres pour que les dépenses supplémentaires puissent les atteindre. Par exemple, si l'on considère une famille monoparentale, avec une mère de famille analphabète, qui a plusieurs enfants, et vivant dans la misère, il est clair qu'il faudrait qu'une seule personne, par exemple, un employé d'un centre de protection maternelle et infantile, suive régulièrement cette famille pour l'aider dans tous les domaines : santé, éducation, emploi et logement. Plus les familles sont marginalisées, moins elles sont capables de s'adresser successivement à plusieurs organismes pour obtenir les services dont elles ont besoin. La nécessité d'une coordination locale entre les acteurs résulte des interactions entre facteurs de pauvreté et des interactions entre éducation et soins. Pour prendre en compte ces interactions, il faut des structures horizontales (par exemple, un centre de protection ou une commune qui ont des services polyvalents), alors que les structures administratives sont verticales.

La cohérence des interventions concerne aussi les donateurs (organisations internationales ou aide bilatérale). Ceux-ci sont souvent

[93] *Ibid.*, pp. 11–12.

prêts à financer des mesures de lutte contre la pauvreté. Chaque opération devrait s'intégrer dans l'ensemble des financements (extérieurs et nationaux) pour l'éducation et la santé.

Dès lors, il serait irrationnel de recommander la cohérence entre les interventions nationales et de ne pas avoir la même exigence pour les financements extérieurs. En effet, les donateurs peuvent améliorer l'impact des dépenses d'éducation et de santé de plusieurs manières.

1.6.2 Collecte des statistiques de résultats sur les conditions de vie des pauvres

Une stratégie visant à financer la collecte de statistiques de résultats sur des dons est souhaitable. Il est paradoxal que des donateurs soient prêts à accorder des financements très importants à l'éducation et à la santé pour lutter contre la pauvreté, alors qu'on ignore les résultats des dépenses déjà réalisées. Ces statistiques sur les résultats sont indispensables pour que les administrations locales raisonnent à l'avenir en termes de résultats et non de moyens.

Le mieux est de collecter à intervalles réguliers (par exemple, une année sur cinq) des statistiques à partir d'un échantillon représentatif, sur les connaissances des élèves à la fin de l'enseignement primaire et à la fin du premier cycle de l'enseignement secondaire, avec des informations sur les parents pour qu'on puisse mesurer les connaissances acquises par les enfants de familles pauvres. Aussi, il faudrait être à mesure de collecter des données sur l'état de santé des enfants et des adultes à partir d'échantillons, avec les mêmes informations sur les parents.

La collecte devrait permettre de prendre en compte la question de la qualité des services publics à l'endroit des pauvres, en particulier celle des soins et de l'enseignement. Par ailleurs, comme la qualité des soins et de l'enseignement varie beaucoup selon les établissements, il faudrait demander aux ministères qui bénéficient de l'aide, des statistiques désagrégées sur les manuels, le nombre d'enseignants, le nombre d'élèves par classe, les équipements médicaux par centre de santé, etc.[94].

Pouvoir collecter des statistiques selon les quartiers dans les villes, selon les régions en zone rurale, sur des services offerts aux pauvres est également nécessaire pour connaître la qualité.

---

[94] Morrisson C., *op. cit.*, 2002, p. 33.

Par ailleurs, il serait avantageux que les donateurs posent des conditions aux dons et aux remises de dette pour que les dépenses d'éducation et de santé bénéficient davantage aux pauvres. Ces conditions peuvent concerner soit la structure des dépenses, soit des actions ciblées. Dans le premier cas, il s'agit d'accroître la part des dépenses d'enseignement primaire et des dépenses pour l'alphabétisation des adultes dans le budget de l'éducation nationale. On est assuré d'atteindre les pauvres en élevant le taux de couverture du primaire de 50 à 80 pour cent ou en faisant des campagnes d'alphabétisation. En se référant à une répartition donnée du budget total, on évite des transferts budgétaires comme une réduction du financement national de l'équipement des écoles primaires parce que celles-ci reçoivent une aide extérieure. D'autre part, les donateurs peuvent demander des actions ciblées, comme les programmes « *food for school* », la gratuité des manuels ou des médicaments pour les familles pauvres. Ce genre d'actions est nécessaire pour augmenter la demande d'éducation, ou de soins, de ces familles, cette demande étant très sensible au prix. Par ces actions, on accroît à la fois la progressivité du service et son taux de couverture au bénéfice des pauvres.

Morrisson soutient que les donateurs pourraient conseiller l'amélioration des statistiques sur les pauvres, en utilisant plusieurs approches convergentes. Tout en conservant l'approche standard de la Banque mondiale avec les seuils de 1 et 2 dollars, il faut aussi utiliser un seuil de pauvreté d'après les enquêtes de consommation dans le pays, après avoir estimé sa pertinence par des comparaisons avec les seuils dans les pays voisins et sa cohérence avec les statistiques sur la malnutrition (taille par exemple) et sur l'accès aux infrastructures (eau potable, etc.)[95].

La revue de la littérature économique indique que la politique budgétaire est un facteur essentiel de la réduction de la pauvreté. Pour les keynésiens, la **politique budgétaire** a surtout été pratiquée pour dynamiser une économie dépressive. D'autres doutent des capacités de la politique budgétaire à engendrer une augmentation plus que proportionnelle du PIB. Il faut alors distinguer, de ce fait, ceux qui concluent en faveur d'un multiplicateur budgétaire positif (quoiqu'inférieur à l'unité) de ceux qui concluent en faveur d'un multiplicateur budgétaire négatif.

---

[95] *Ibid.*

En ce qui concerne la pauvreté, il n'existe pas de définition unanime reconnue du concept de pauvreté. La pauvreté est généralement considérée comme relative. Elle est toujours abordée en fonction d'autres concepts, comme ceux de la croissance, du bien-être, de l'exclusion ou encore de l'équité.

Sous la conduite des institutions internationales, des plans et stratégies de lutte contre la pauvreté ont été créés, avec des effets budgétaires certains. La réduction de la pauvreté apparaît ainsi au cœur des actions publiques à travers une allocation budgétaire conséquente. D'ailleurs, la prise en compte de la réduction de la pauvreté a généré ses propres instruments budgétaires. On parle précisément d'investissement social, de dépenses sociales, de politiques budgétaires pro-pauvres et de filets sociaux de sécurité. La politique budgétaire demeure un instrument privilégié de réduction de la pauvreté.

Le défi permanent des stratégies de réduction de la pauvreté est d'assurer la coordination sectorielle et la cohérence des interventions multiformes. Ainsi, en permanence, il y a une nécessite d'avoir des statistiques sur les conditions de vie des populations pour mieux apprécier la qualité des interventions publiques.

Chapitre II : Faits stylisés de la politique budgétaire du Mali

Le Mali est un pays d'Afrique de l'Ouest caractérisé par une économie qui demeure peu diversifiée, peu créatrice de valeur ajoutée, et très dépendante du coton, de l'agriculture en général et de la production d'or. Son économie, très ouverte, est bien aussi exposée à des facteurs exogènes, relatifs aux termes de l'échange et à l'environnement international, notamment : la volatilité des prix des matières premières, les cours de l'euro et du dollar, le prix du pétrole et le changement climatique.

Historiquement, les diverses politiques économiques menées par les pouvoirs publics ont considérablement affecté les finances publiques. Aux premières années de l'indépendance, le système d'organisation économique et social de l'époque était le socialisme, marqué par la prépondérance de l'État dans l'activité économique à travers les entreprises publiques. La faillite de ce secteur, surtout son incapacité à aider l'État dans le financement des investissements publics et du service de la dette publique extérieure, a entraîné d'importants déséquilibres macroéconomiques.

Le 10 janvier 1994, le Mali, avec sept autres États, amorce un processus d'intégration économique au sein de l'Union économique et monétaire ouest-africaine (UEMOA). Des objectifs de convergence économique ont été fixés. À terme, l'ensemble des pays devront satisfaire aux critères édictés en vue de conférer à leur économie une situation de stabilité macroéconomique.

La politique économique est donc orientée vers le cadre de convergence et de surveillance multilatérale mise en place en 1994, avec des critères de convergence basés sur le respect d'un ensemble de ratios. La politique budgétaire est désormais placée dans le cadre de la mise en œuvre du pacte de convergence ainsi élaboré et validé par les pays de l'UEMOA.

L'objectif de ce chapitre est de faire l'état des lieux de la situation économique et sociale ayant prévalu ces vingt dernières années dans la mise en œuvre de la politique budgétaire du Mali. Un accent particulier est mis sur le contexte de la lutte contre la pauvreté, avec la formulation de différentes générations de documents de stratégie de réduction de la pauvreté entre 2002 et 2012. En effet, pour sortir de la crise de 2012 et prendre en compte l'agenda post-OMD de 2015, le Mali a élaboré le Cadre stratégique pour la relance économique et le développement durable (CREDD) dont la deuxième génération couvre la période 2019–2023, après une première de 2016–2018.

La première section porte sur les documents de politiques économiques, en mettant un accent particulier sur les régimes politiques et leurs politiques économiques ainsi que sur les politiques économiques actuelles. La deuxième section porte sur la situation de la politique budgétaire de l'indépendance à nos jours. La troisième passe en revue les principaux indicateurs sociaux. La quatrième section met l'accent sur les contraintes structurelles de la politique économique.

2.1 Documents de politiques économiques

2.1.1 Régimes politiques et politiques économiques

Le Mali a connu différentes politiques économiques de son indépendance à nos jours. Ces politiques ont été marquées par les formes des régimes politiques. Selon Chambas *et al.* (2000), la période débutant en 1960, qui correspond à l'accession du Mali à l'indépendance, s'est effectuée dans des circonstances politiques difficiles, largement imputables au Gouvernement malien (éclatement du projet de fédération avec le Sénégal, sortie de la zone franc, refroidissement des liens de coopération avec la France). Cela a entraîné une régression du produit par tête en 1962, date de la sortie de la zone franc, puis une stagnation économique consécutive à l'installation d'une économie réglementée et à d'importantes sorties de devises.

Cette période s'est achevée avec la chute de Modibo Keïta (1968) qui a installé une économie socialisée et excessivement réglementée[96]. Azam et Morrisson (1999) soulignent que la politique économique était inspirée du modèle marxiste-léniniste, avec comme mesures, notamment : la création des entreprises publiques avec des effectifs pléthoriques, l'instauration du contrôle des prix dans de nombreux

---

[96] Selon Azam et Morrisson, la principale caractéristique du régime était une contradiction fondamentale entre les discours et les faits. Sur le plan idéologique, le régime prétendait être au service de tous. Dans la réalité, il ne bénéficiait qu'à une petite minorité de cadres politiques et administratifs. Ceux-ci s'étaient accaparés le surplus agricole prélevé sur les paysans, en théorie destiné à financer les investissements. Voir Azam J. P. et C. Morrisson, « Conflits et croissance dans les pays du Sahel », Centre de développement, OCDE, Paris, 1999 ; et Chambas G., *et al.*, « Mali : les facteurs de croissance à long terme », Programme de recherche sur l'Afrique émergente, OCDE février 2000. Url : http://www.oecd.org/dataoecd/40/29/2674881.pdf, consulté le 15 février 2018, p. 20.

domaines. Ce qui a conduit à un échec lié à plusieurs facteurs, dont le manque de cadres compétents, l'absence d'incitations ainsi que l'augmentation des déficits budgétaires[97].

Le Mali a connu cinq régimes correspondant à quatre phases de politiques économiques : (i) la période socialiste (1960–1968) ; (ii) la période d'économie mixte étatiste (1968–1982) ; (iii) la période de libéralisation avec le PAS (1982–1992) ; (iv) depuis 1992, le régime démocratique et l'économie libéralisée[98].

Comme l'a indiqué Chambas *et al.* (2000), différents éléments peuvent agir sur la croissance. Il s'agit, tout d'abord, de l'instabilité politique. Si le Mali a connu moins de coups d'État que d'autres pays voisins comme le Burkina Faso, l'instabilité politique n'en a pas été moindre, comme en témoigne l'importance des grèves et des procès politiques. Or, l'agitation politique augmente la probabilité d'une menace sur les droits de propriété et par conséquent incite les agents à moins investir selon Barro, Alesina, Perotti, Azam, Berthélemy et Calipel[99].

Sans nul doute, l'instabilité politique constitue un facteur de contre-performance économique, en particulier de moindre croissance économique. S'il apparaît naturel d'établir une relation entre l'instabilité politique et la croissance, on ne saurait, sans précaution, en déduire une relation de causalité univoque. En effet, il est tout aussi vraisemblable que la faible croissance du Mali a engendré une instabilité politique accrue (Londregan et Poole, 1990). Il s'agit ensuite des règles juridiques et de la qualité des institutions politiques qui déterminent la sécurité des investissements, d'après Barro et Sala-I-Martin[100].

Un autre élément, plus difficile à saisir, est la conséquence sur la croissance du degré de démocratie du régime. La rationalité des

---

[97] « Mali : les facteurs de croissance à long terme », février 2000, p. 10. Url : http://www.oecd.org/fr/pays/mali/2674881.pdf, consulté le 15 février 2018.

[98] *Ibid.*, p. 19.

[99] Barro, Robert J., « Economic Growth in a Cross Section of Countries », *Quarterly Journal of Economics*, vol. 106, n° 2, 1991, pp. 407–443 ; Alesina, Roberto Perotti, "Income Distribution, Political Instability, and Investment" *NBER Working Paper n° 4486*, Issued in October, 1993 ; et Azam J.-P., J.-C. Berthelemy et Calipel S., « Risque politique et croissance en Afrique », *Revue économique*, vol. 3, n° 47, 1996, pp. 819–829.

[100] Voir "Economic Growth: Robert J. Barro and Xavier Sala-i-Martin", McGraw-Hill, 1995.

hommes politiques les pousse à exercer une mainmise sur le système économique dans la mesure où la perturbation du fonctionnement du marché par l'instrument fiscal ou réglementaire est un bon moyen d'entretenir des relations de type patron–clients en engendrant des rentes de situation au bénéfice de quelques-uns (Bates, 1990). Ainsi semble s'expliquer la politique de forte protection et de réglementation intensive pratiquée au Mali jusqu'aux mesures de libéralisation du début des années 1990. Ces interventions sont inéquitables mais également défavorables à la croissance puisqu'elles engendrent des distorsions de marché qui ne permettent pas une allocation efficace des ressources. Or, l'exercice des droits démocratiques constitue un frein relativement efficace aux pratiques clientélistes de l'État. Il en existe certes un autre, à savoir l'intégration régionale, qui constitue un point d'appui supplémentaire et fondamental à la libéralisation, puisqu'il permet de soustraire en partie la politique commerciale de l'influence des groupes de pression locaux.

Pour Azam et Morrisson (1999), la démocratie agit aussi sur la croissance en réduisant l'instabilité politique. Dans un régime démocratique, les conflits se résolvent à moindre coût que dans un régime autoritaire. Le pays vit sous un régime démocratique seulement depuis 1992, et les autorités peinent à rétablir sur l'ensemble du territoire, et pour l'ensemble des différentes couches sociales, l'autorité d'un État largement compromise par les dysfonctionnements passés. Le Mali a donc souffert de l'absence de démocratie durant de longues années et des séquelles affectant l'autorité d'un État désormais démocratique[101].

Dans le domaine des financements publics, Chambas *et al.* (2000) constatent qu'ils ont suivi une tendance croissante pour représenter aujourd'hui près de 25 % du PIB et qu'ils sont caractérisés par trois afflux exceptionnels sur la période d'analyse. Le premier afflux remarquable (1973–1975) est survenu à l'occasion de la grande sécheresse du début des années 1970. Le second est relatif à la sécheresse de 1985, tandis que le dernier marque plutôt une reprise des financements publics externes à la suite du changement de parité du franc CFA. Les déficits élevés des comptes courants n'entraînent pas une crise de solvabilité en raison de l'importance des apports publics à des conditions de faveur. Mais, la forte dépendance vis-à-vis

[101] Chambas *et al.*, *op. cit.*, 2000, pp. 23–24.

des apports publics extérieurs soulève cependant un problème de vulnérabilité, notamment des finances publiques. Ils font remarquer que les apports financiers externes particulièrement importants ne peuvent qu'affecter l'évolution économique du Mali.

Toutefois, un accroissement de l'aide n'entraîne pas forcément une augmentation de même montant de l'investissement. D'une part, le pays peut choisir d'en consommer une partie puisque certains types de financements étrangers (aide programme) visent à la réalisation d'objectifs généraux en laissant au destinataire une marge de liberté importante. Il est vrai que certaines formes d'aide sont affectées (aide projet). Ainsi, dans le cas du Mali, la plus grande partie des investissements publics sont financés par l'APD. Mais, on peut imaginer que ces investissements auraient été réalisés même sans aide. Par conséquent, en raison du phénomène de fongibilité, l'aide peut libérer des ressources qui pourront être utilisées ailleurs, y compris à des fins de consommation.

Cependant, dans le cas du Mali, étant donné l'importance des montants en jeu, relativement aux ressources du pays, il est peu vraisemblable qu'en l'absence de l'aide les investissements aient été réalisés[102]. Ils font remarquer également le caractère contracyclique de l'aide, puisque les apports publics ont été les plus importants dans les phases de détérioration des termes de l'échange ainsi que lors de la survenance des sécheresses (et inversement, ils ont été généralement plus faibles lors des périodes d'amélioration des termes de l'échange). Cette séquence a contribué à réduire les risques de syndrome hollandais pour le Mali. On doit noter toutefois qu'en 1994–1995 l'accroissement des apports de capitaux publics ainsi que de capitaux privés vient renforcer l'effet de l'amélioration des termes de l'échange[103].

2.1.2 Politiques économiques de réduction de la pauvreté

Depuis la fin des années 1990, la lutte contre la pauvreté est devenue la principale référence en matière de politique de développement en Afrique subsaharienne. Le Mali n'est pas resté en marge de ce processus. Il a successivement élaboré et mis en œuvre sur la période 2002–2011, deux (2) documents de réduction de la

---

[102] *Ibid.*, pp. 29–30.
[103] Chambas *et al.*, *op. cit.*, 2000, p. 31.

pauvreté (CSLP I 2002–2006 et CSLP II 2007–2011). Ces documents ont servi de références en matière de politiques économiques et sociales. Par ailleurs, les objectifs du millénaire pour le développement (OMD) sont venus renforcer la vision en matière de lutte contre la pauvreté.

Le CSLP a constitué le cadre opérationnel de mise en œuvre des OMD. Le Cadre stratégique pour la croissance et la réduction de la pauvreté (CSCRP) 2012–2017, qui a constitué le troisième document de référence du Mali, intègre l'ensemble des politiques et stratégies sectorielles. Il a été le fruit d'une large concertation entre tous les acteurs : les services techniques, les élus, les partenaires techniques et financiers, le secteur privé et les organisations de la société civile dont les syndicats. La vision du CSCRP 2012–2017 est celle édictée dans l'Étude nationale prospective (ENP) Mali 2025. Dans la mise en œuvre du CSCRP 2012–2017, les valeurs de référence sont : la transparence, l'équité, la solidarité, l'efficience et l'impact. Les principes directeurs sont : la participation, l'engagement, l'appropriation, la cohérence et la recevabilité.

Après des décennies de contre-performances en tout genre, et pour placer la gestion du développement dans une perspective de long terme, le Gouvernement a entrepris la réalisation, de 1996 à 1999, d'une Étude nationale prospective (ENP) MALI 2025. Cette dernière était centrée autour de trois grands objectifs, à savoir :

i) construire une image réaliste des futurs possibles du Mali à l'horizon d'une génération et renforcer notre capacité d'anticipation des tendances et des événements futurs ;
ii) forger une image commune du futur et les stratégies appropriées pour la concrétiser ;
iii) mobiliser tous les acteurs autour de la réalisation des objectifs de développement.

Les principaux résultats sont les suivants :

a) le processus a permis de disposer des aspirations des populations maliennes par une série d'enquêtes auprès de cibles diversifiées ;

b) on a pu constater globalement les grandes questions de développement, notamment le recours au financement extérieur ;

c) trois domaines paraissent cristalliser les inquiétudes des Maliens : l'éducation, la culture et l'environnement. Différentes politiques et stratégies ont été mises en œuvre par le Mali depuis la fin des années 1990 à nos jours.

2.1.2.1 Stratégie nationale de lutte contre la pauvreté (SNLP)

La Stratégie nationale de lutte contre la pauvreté (SNLP) a été élaborée à partir de 1997 quand le Président de la République, Alpha Oumar KONARÉ, a placé son second mandat sous le signe de la réduction de la pauvreté. Elle a été bâtie autour des huit axes stratégiques, à savoir :

1. améliorer l'environnement économique, politique, juridique et social en faveur des pauvres ;
2. promouvoir les activités génératrices de revenus et l'auto-emploi à l'intention des pauvres ;
3. améliorer l'accès des pauvres aux services financiers et aux autres facteurs de production ;
4. promouvoir le développement et améliorer les performances des filières agroalimentaires où exercent les pauvres en majorité ;
5. améliorer l'accès des pauvres à l'éducation et à la formation ;
6. promouvoir l'accès des pauvres à la santé, à la nutrition, à l'eau potable et à l'assainissement ;
7. améliorer les conditions d'habitat des pauvres ;
8. assurer la coordination efficace de la SNLP.

La SNLP était donc centrée sur l'amélioration de l'accès de la population malienne, en l'occurrence les plus démunis aux services sociaux de base.

2.1.2.2 Cadre stratégique de lutte contre la pauvreté (CSLP) 2002–2006

La SNLP était donc déjà formulée et avait avancé dans sa phase de planification opérationnelle, lorsque l'initiative PPTE (Pays pauvres très endettés) fut lancée par le FMI et la Banque mondiale, exigeant des pays très pauvres et endettés l'élaboration d'un Cadre stratégique de lutte contre la pauvreté (CSLP), afin de bénéficier des mesures de réduction de la pauvreté. Le processus SNLP a donc été interrompu, mais les travaux réalisés ont servi de base à l'élaboration du CSLP, lequel était basé sur un ensemble d'éléments et d'approches aptes à assurer :

i) la participation des populations à la définition, à la mise en œuvre et à l'évaluation de la stratégie ;

ii) un lien étroit entre la croissance et la réduction de la pauvreté ;
iii) un lien étroit entre allègement de la dette et la réduction de la pauvreté.

L'adhésion du pays à la stratégie de lutte contre la pauvreté est primordiale. Afin de formuler une stratégie efficace, il importe de comprendre la nature et les facteurs déterminants de la pauvreté, ainsi que les actions des pouvoirs publics susceptibles de faire reculer la pauvreté[104].

En effet, le document est parti du constat qu'il ne sera pas possible de faire reculer la pauvreté de manière durable sans une croissance économique rapide. La pauvreté a de multiples dimensions. Le CSLP a mis l'accent sur le renforcement du cadre partenarial. De fait, l'élaboration d'une stratégie de développement par le gouvernement peut créer un cadre propice à l'amélioration de la coordination des activités de la Banque et du FMI ainsi que celles des banques régionales de développement et d'autres organismes multilatéraux, agences d'aide bilatérales, ONG, institutions universitaires, centres de réflexion et organisations du secteur privé.

À long terme, étant donné que, pour faire reculer la pauvreté, il faudra réaliser des changements institutionnels et renforcer les capacités, le premier CSLP (I) a été construit autour de trois axes prioritaires, à savoir :

- le développement institutionnel, l'amélioration de la gouvernance et de la participation ;
- le développement humain durable et le renforcement de l'accès aux services sociaux de base ;
- le développement des infrastructures et les appuis aux secteurs productifs.

Les points forts du CSLP sont :

(i) son caractère participatif : pour la première fois au Mali, l'ensemble des acteurs étaient présents (gouvernement, société civile, partenaires au développement, etc.) ;

(ii) sa mise en œuvre à travers le processus budgétaire : en effet, le budget de l'État devient l'instrument principal de mise en œuvre du

---

104 FMI et Banque mondiale, « Cadre stratégique de lutte contre la pauvreté – Questions d'ordre opérationnel » 1999. Url : https://www.imf.org/external/np/pdr/prsp/fre/poverty1.htm, consulté le 16 mars 2018.

CSLP, compte tenu de son statut de cadre unique de référence des politiques et stratégies de développement. Aussi, la stratégie a permis au Mali d'atteindre le point d'achèvement de l'initiative PPTE d'allègement de la dette extérieure. Ainsi, les ressources issues de cet allègement sont investies directement dans la lutte contre la pauvreté, notamment dans les secteurs sociaux.

Les principaux points faibles du CSLP étaient :

(i) la forte vulnérabilité de l'économie malienne face aux aléas climatiques et de l'environnement international ;

(ii) l'absence de programmations pluriannuelles des appuis extérieurs ;

(iii) la faible qualité du système éducatif malien, la quasi-stagnation du taux de fréquentation des soins curatifs, les problèmes liés à l'insuffisance (quantitative et qualitative) et à la faible motivation du personnel socio-sanitaire ;

(iv) le problème de renforcement des capacités des ressources humaines (notamment la cellule technique de mise en œuvre du CSLP et le secrétariat technique du CSLP) ;

(v) la faible maîtrise de la croissance démographique.

2.1.2.3 Cadre stratégique pour la croissance et de réduction de la pauvreté (CSCRP) 2007–2011

La 2e génération 2007–2011 du CSLP est dénommée « Cadre stratégique pour la croissance et de réduction de la pauvreté (CSCRP) ». Au cours du CSLP I, l'accent avait été mis sur les allocations de ressources budgétaires aux secteurs sociaux en général.

Dans le CSLP II, tout en préservant ces secteurs, la priorité est l'exécution des réformes structurelles et le Budget spécial d'investissement (BSI) pour soutenir les secteurs porteurs de croissance comme les productions rurales, les mines et les infrastructures.

En outre, la 2e génération s'est donné pour objectif global la réduction significative de la pauvreté à travers l'impulsion d'une croissance forte et soutenue (environ 7 % par an). La pauvreté monétaire devrait aussi baisser de 6 points pendant la période de cinq ans, ce qui n'a pas malheureusement été le cas.

2.1.2.4 Cadre stratégique pour la relance économique et le développement durable (CREDD)

Suite à la crise de 2012, un nouveau document unique de référence des politiques et stratégies de développement a été élaboré et adopté par le Gouvernement malien. Ce document est issu du processus de relecture du Cadre stratégique pour la croissance et la réduction de la pauvreté (CSCRP 2012–2017). Une nouvelle dénomination a été donnée, permettant d'assurer, d'une part, la continuité avec le Plan pour la relance durable du Mali (PRED 2013–2014) et, d'autre part, le lien avec la Conférence de Paris du 22 octobre 2015 sur la « Relance économique et le développement durable du Mali » et les objectifs de développement durable (ODD) adoptés en septembre 2015 par la communauté internationale. L'appellation retenue pour ce nouveau document unique de référence est le Cadre stratégique pour la relance économique et le développement durable (CREDD). C'est le cadre de référence pour la conception, la mise en œuvre et le suivi des différentes politiques et stratégies de développement, tant au niveau national que sectoriel.

L'objectif global du CREDD 2016–2018 était de promouvoir un développement inclusif et durable en faveur de la réduction de la pauvreté et des inégalités dans un Mali uni et apaisé, en se fondant sur les potentialités et les capacités de résilience en vue d'atteindre les objectifs de développement durable (ODD) à l'horizon 2030. Le gouvernement du Mali a inscrit résolument ses efforts dans le cadre de la Vision panafricaine du développement à long terme du continent adoptée en janvier 2015 par la Conférence des chefs d'État et de gouvernement de l'Union africaine dans le document-cadre de l'Agenda 2063, à savoir : « Une Afrique intégrée, prospère et pacifique, dirigée par ses propres citoyens et représentant une force dynamique sur la scène mondiale »[105]. La stratégie se décline dirigée par ses propres citoyens en deux (02) axes préalables, trois (03) axes stratégiques, treize (13) domaines prioritaires et trente-huit (38)

[105] Bience Gawanas, conseillère spéciale pour l'Afrique, s'exprime lors de la Journée de l'Afrique 2018 autour du thème « Vaincre la corruption : une voie durable vers la transformation de l'Afrique », le 25 mai 2018 à New York. © UPF International. Url : https://www.un.org/fr/chronicle/article/lafrique-que-nous-voulons-faciliter-la-coordination-du-soutien-international-pour-assurer-le, consulté le 15 mars 2018.

objectifs spécifiques. Chaque objectif spécifique s'articule autour de trois (03) volets :

(i) performance budgétaire en lien avec les budgets-programmes ;

(ii) mesures de modernisation institutionnelle ;

(iii) activités à impact rapide.

Le CREDD 2016–2018 a capitalisé une série de consultations avec l'ensemble des parties prenantes, à l'issue desquelles la cellule technique de mise en œuvre du CSLP a finalisé le rapport provisoire du document à la suite d'un atelier de consultation nationale tenu au CICB les 17 et 18 décembre 2015. Par la suite, le document a été validé au niveau politique le 26 février 2016, lors de la réunion du groupe de réflexion ayant regroupé onze (11) membres du Gouvernement, les partenaires techniques et financiers, les représentants de la société civile, du secteur privé et des collectivités territoriales. Le processus a été parachevé par l'adoption du document en Conseil des ministres le 27 avril 2016, après sa présentation en Conseil de cabinet à la Primature, en présence de vingt-deux (22) ministres le 29 mars 2016. Il constitue la nouvelle Stratégie nationale de développement qui intègre l'ensemble des orientations stratégiques du Gouvernement et permet de concrétiser l'ambition affichée par le Gouvernement et les partenaires techniques et financiers de disposer d'un document unique de référence reflétant les priorités de développement sur la période 2016–2018.

L'articulation du CREDD avec les budgets-programmes, les objectifs de développement durable, les mesures de modernisation institutionnelle, les activités à impact rapide et la volonté de concrétiser la gestion axée sur les résultats ont constitué des avancées importantes pour ce nouveau document de planification stratégique. Des lignes directrices transversales pour sa mise en œuvre ont été édictées afin de faciliter la poursuite des objectifs recherchés. La responsabilité dans sa mise en œuvre incombe aux départements ministériels à travers leur programmation sectorielle qui doit concrétiser son plan d'action. Le CREDD a été doté d'un dispositif de suivi-évaluation qui a consisté à faire l'état d'avancement de la stratégie, notamment sur le niveau d'exécution des ressources budgétaires, le niveau de réalisation des mesures de modernisation institutionnelle et des activités à impact rapide, permettant ainsi d'améliorer la performance des politiques publiques[106].

Le CREDD 2 couvrant la période 2019–2023 s'inscrit dans le cadre des objectifs internationaux de développement notamment des objectifs de développement durable (ODD) à l'horizon 2030, dont l'une des missions est la promotion d'une croissance économique soutenue, inclusive et durable. C'est un programme très ambitieux avec 17 ODD.

2.2 Politique budgétaire

Au Mali, l'État joue un rôle important dans le développement. En effet, après une phase d'intervention particulièrement active dans le cadre d'un modèle de développement socialiste, puis de moindre intervention dans le cadre d'un régime militaire, l'État malien a cherché, dans les années 1990, à se désengager des activités productives et à se recentrer sur ses missions traditionnelles, notamment en créant des infrastructures collectives et en favorisant l'accumulation de capital humain. Comme d'autres États sahéliens, le Mali présente la particularité, en raison des dons externes qu'il reçoit, de mobiliser des ressources nationales d'un montant modéré tout en finançant une dépense publique substantielle.

L'État agit sur la croissance d'abord à travers sa politique de prélèvement, ensuite à travers ses dépenses publiques et enfin par l'intermédiaire du déficit budgétaire et de son mode de financement, selon Gérard CHAMBAS, Jean-Louis COMBES, Patrick GUILLAUMONT, Sylviane GUILLAUMONT JEANNENEY, Bertrand LAPORTE[107].

2.2.1 Politique fiscale

Dans la littérature, il est reconnu que la politique fiscale agit sur les performances économiques d'un pays. Chambas, Combes, Guillaumont Jeanneney et Laporte font remarquer que la fiscalité exerce des effets divers sur la croissance, notamment en introduisant certains facteurs d'incertitude supplémentaires pour l'ensemble des

[106] CREDD 2016–2018. Url : https://www.maliapd.org/wp-content/uploads/2018/08/CREDD-2016-2018.pdf, consulté le 15 février 2018.

[107] Chambas G., *et al.*, « Mali : les facteurs de croissance à long terme », *op. cit.*, 2000, p. 54.

agents économiques. Ainsi, l'instabilité des législations fiscales et douanières imputables aux réformes successives constitue un facteur défavorable à la croissance.

Les pratiques variables et arbitraires, qui conduisent à une application incertaine de ces législations, contribuent à renforcer le climat d'incertitude. Cependant, en dépit de leur importance, il est difficile de quantifier l'impact de tels phénomènes. Ainsi, en raison de la disponibilité de données statistiques, l'analyse est-elle concentrée sur deux questions essentielles. La première concerne l'effet du niveau de prélèvement public sur la croissance. La seconde question porte sur l'évaluation des conséquences sur la croissance des distorsions créées par la structure du prélèvement public[108].

2.2.2 Recettes publiques en % du PIB

Les recettes publiques ont connu une évolution instable de l'indépendance en 1960 à nos jours. Chambas *et al.* (2000) font remarquer que les incertitudes statistiques entachent les séries de recettes publiques (recettes fiscales et non fiscales). En dépit de fluctuations relativement importantes, consécutives à une forte sensibilité vis-à-vis de la conjoncture économique, le prélèvement public malien évolue relativement peu en longue période.

Le niveau de prélèvement public actuel d'environ 15 % du PIB correspond sensiblement au taux moyen de prélèvement public constaté pour le Mali depuis 1960.

En parlant de la mesure du potentiel et de l'effort fiscal du Mali, Chambas, Combes, Guillaumont Jeanneney et Laporte ont indiqué, dans leur travail, qu'une littérature abondante et déjà ancienne a mis en évidence les facteurs structurels (ne dépendant pas en courte période de la politique économique) qui déterminent le potentiel fiscal (ou la capacité contributive) des PVD. Ainsi, un niveau de développement élevé renforce le potentiel fiscal. De même, à niveau de développement égal, une économie plus fortement monétarisée présente une capacité contributive plus grande. Une activité minière importante permet aux États de prélever des recettes fiscales généralement plus substantielles. Une situation enclavée paraît a priori

[108] Le terme prélèvement public recouvre l'ensemble des recettes fiscales et non fiscales. Dans ce qui suit, ce terme est équivalent à ressources ou recettes publiques (Chambas *et al.*, *op. cit.*, 2000, p. 54).

défavorable à une bonne capacité contributive. De même, sans que le sens de la causalité soit évident, le recours à l'aide devrait être associé à une faible capacité contributive.

Dans la littérature économique, certains auteurs considèrent que la fiscalité pénalise la croissance économique. Le niveau de prélèvement public modéré du Mali, qui correspond sensiblement à son potentiel fiscal évalué à partir de ses caractéristiques structurelles, ne semble donc pas susceptible d'entraîner des effets particulièrement néfastes pour la croissance. Comme il paraît probable que les taux marginaux d'imposition évoluent en fonction du taux de prélèvement global et donc qu'ils soient également modérés, le niveau global du prélèvement public malien ne devrait pas, en lui-même, affecter de manière excessive sa croissance économique. De plus, le handicap pour la croissance, et tout particulièrement pour son caractère durable, qui pourrait provenir de l'insuffisance des ressources de l'État par rapport aux besoins en infrastructures et biens publics est en partie pallié par une offre d'aide extérieure importante sous forme de dons et d'apports à des conditions de faveur. Cela est une caractéristique importante de la politique fiscale du Mali, étant donné l'importance des chocs conjoncturels qui affectent régulièrement le niveau des recettes fiscales.

2.2.2.1 Structure des recettes publiques

Les recettes publiques du Mali provenaient essentiellement de la fiscalité de porte (taxes sur les importations et exportations). Les taxes sur les exportations ont été progressivement supprimées, l'étape la plus importante ayant été l'exonération à partir de 1981 des exportations de coton fibre. La mise en œuvre à partir de 1991 de la TVA a constitué une étape supplémentaire sur la voie de la neutralité fiscale : elle a permis aux exportateurs assujettis de ne plus supporter, dans l'hypothèse d'une application effective du régime de cet impôt, de rémanence de fiscalité indirecte interne sur les exportations comme cela était le cas avec l'ancienne taxe sur le chiffre d'affaires (IAS)[109]. La suppression des taxes sur les exportations et la mise en œuvre de la TVA ont constitué un ensemble de mesures fiscales favorables à une

---

109 L'IAS était un impôt sur le chiffre d'affaires en cascade et l'exonération d'IAS au stade de l'exportation ne pouvait empêcher des effets de rémanence fiscale en amont dans la chaîne de production (Chambas *et al.*, 2000, p. 60).

plus grande compétitivité et donc à un plus grand développement des exportations et tout particulièrement des exportations de coton[110].

Prenant en compte la période 1967–2018, on remarque que les recettes fiscales ont augmenté de façon exponentielle, surtout à partir de 1995 (fiscalité intérieure). Quant aux recettes non fiscales, elles ont connu une évolution moins stable. La dynamique la plus importante est enregistrée entre 2013 et 2017, du fait de la relance avec l'appui de la communauté internationale. La figure ci-dessous donne l'évolution des recettes fiscales du Mali de 1967 à 2018.

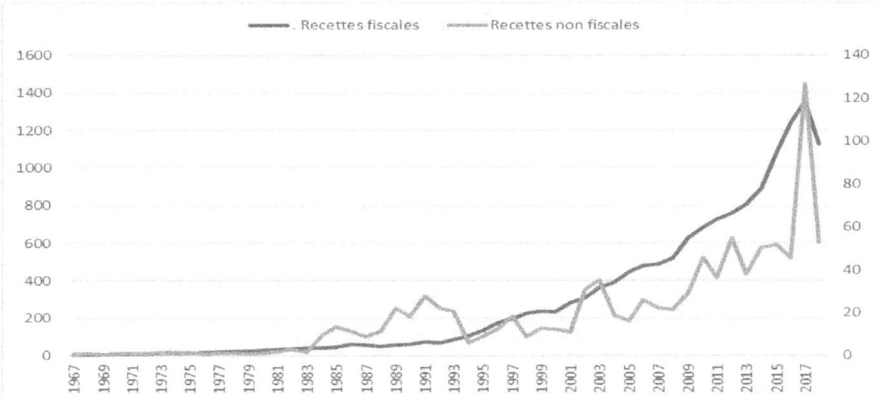

***Figure 2** : Évolution des recettes fiscales de 1967 à 2018 (milliard de FCFA)*

Source : Base de données de la BCEAO

2.2.2.2 Contraintes de la politique fiscale : fraude fiscale

La politique fiscale est confrontée à un ensemble de distorsions. En effet, une distorsion d'origine fiscale, particulièrement importante dans le cas du Mali, est créée par une fraude de grande ampleur qui tend à reporter la charge de l'impôt sur le secteur structuré, ce qui handicape le développement de ce dernier. Outre les efforts pour améliorer l'efficacité de l'administration des différents impôts, les autorités maliennes ont mis en application à partir de 1993 un acompte sur divers impôts et taxes (ADIT), dont l'objectif est de permettre une meilleure fiscalisation d'un secteur informel particulièrement important et ainsi de réduire la distorsion fiscale handicapant le développement du secteur structuré.

[110] Chambas *et al.*, *op. cit.*, 2000, p. 59.

Cependant, les résultats obtenus dans ce domaine restent très limités, et des distorsions très importantes nuisent toujours au développement du secteur structuré. D'ailleurs, l'ADIT a été supprimé en 2012.

Parmi les contraintes de la politique budgétaire, en particulier de la politique fiscale, la fraude fiscale du secteur informel constitue certainement un facteur important de vulnérabilité des ressources budgétaires et donc de l'équilibre des finances publiques, car cette fraude menace directement la survie des entreprises du secteur structuré ; entreprises qui jouent le rôle de collecteur des principaux impôts de l'État, qu'il s'agisse des impôts sur les salaires ou de recettes indirectes comme la TVA[111].

2.2.3 Politique de dépenses publiques

L'objectif de la politique budgétaire demeure le renforcement de la soutenabilité budgétaire en cohérence avec les critères de convergence de l'UEMOA et de la CEDEAO et les contraintes de viabilité de la dette publique. Le prélèvement public permet de financer des dépenses publiques qui agissent aussi sur la croissance. Ainsi, l'État malien a une influence directe sur la productivité de l'investissement privé par l'intermédiaire des dépenses publiques, qui permet de financer notamment des infrastructures collectives et des dépenses favorables à l'accumulation de capital humain (dépenses d'éducation et de santé).

Barro (1990) présente un modèle de croissance endogène qui permet d'appréhender le rôle central des dépenses publiques dans la croissance. Le principal résultat du modèle est l'existence d'un taux optimal de dépenses publiques maximisant le taux de croissance du produit. En effet, une augmentation du taux d'imposition correspondant à ce taux optimal de dépenses exerce deux effets contradictoires. D'une part, les prélèvements croissants découragent l'activité privée. D'autre part, ils permettent le financement de dépenses publiques supplémentaires qui augmentent l'efficacité du capital privé.

Par rapport à ce modèle théorique, le Mali comme d'autres pays sahéliens à faible revenu présente la particularité de financer une partie importante de sa dépense publique par des dons ou apports à des conditions de faveur, ce qui minimise l'effet défavorable du financement de la dépense publique à travers la fiscalité et autorise donc un taux optimal de dépenses publiques plus important. Bien évidemment, l'effet

111 *Ibid.*, p. 66.

de la dépense sur la croissance dépend non seulement du niveau de la dépense publique mais aussi de sa structure.

2.2.4 Structure des dépenses publiques

Lorsqu'on analyse l'évolution des dépenses publiques sur le long terme, on observe qu'elles ont augmenté de façon exponentielle à partir de la fin des années 1990 et au début des années 2000. Les politiques budgétaires qui ont accompagné les DSRP du Mali sont de type expansif. Actuellement, le budget du Mali évolue à plus de 2 000 milliards de F CFA.

En référence aux données de la BCEAO sur la période 1967–2018, les dépenses totales ont augmenté de façon exponentielle, surtout à partir de 2001. Les dépenses courantes et les dépenses en capital étaient dans une dynamique d'équilibre jusqu'en 2001. À partir de cette dernière année jusqu'en 2018, les dépenses courantes ont été plus importantes que les dépenses en capital. La figure ci-dessous donne l'évolution des dépenses totales ainsi que les dépenses courantes et celles en capital sur la période 1967–2019.

Figure 3 : *Évolution de la composition des dépenses publiques totales de 1967 à 2018*

Source : Base de données de la BCEAO

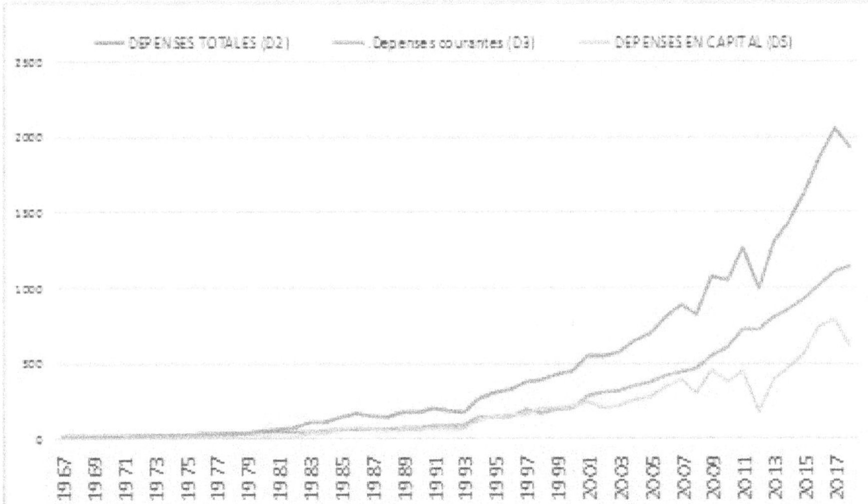

2.2.4.1 Dépenses sociales dans le budget total de l'État

L'avènement des DSRP, faut-il le rappeler, a permis de définir de nouvelles orientations en matière de gestion budgétaire. Selon la nomenclature budgétaire de 2004, il est possible de distinguer, dans le budget de l'État, les dépenses de réduction de la pauvreté des autres dépenses publiques. La même nomenclature permet de classer les dépenses publiques selon leurs fonctions économiques. Ainsi, il est clairement possible de savoir pour chaque secteur les dépenses pro-pauvres et les autres dépenses.

La figure 3 ci-dessous permet de constater que les dépenses pro-pauvres ont constitué plus de la moitié des dépenses publiques totales entre 2004 et 2012. Cette évolution est cohérente avec les objectifs des CSLP 2002–2006 et du CSCRP 2007–2011. C'est à partir de 2012, année de début de la crise, que leur part a commencé à diminuer jusqu'en 2017. Il est donc important de faire remarquer que la crise a créé une modification dans la dynamique d'allocation globale des dépenses publiques.

Figure 4 : *Évolution de la part des dépenses publiques selon leur caractère (pauvre et non pauvre)*

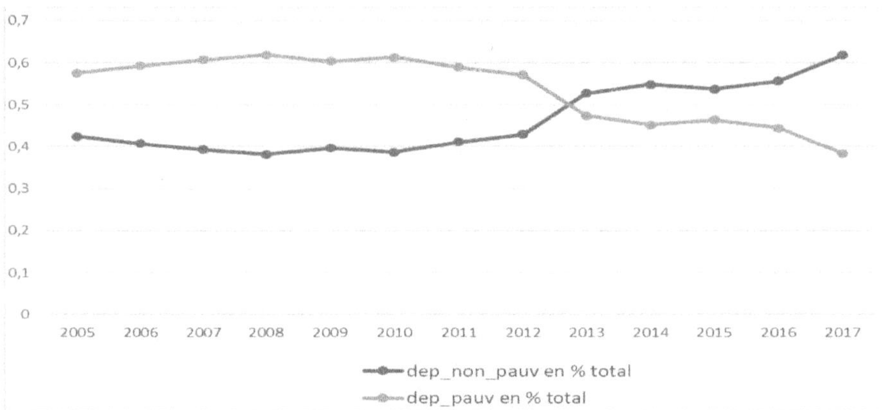

Source : BOOST Mali[112]

[112] http://boost.worldbank.org/fr/country/mali, consulté le 13 novembre 2018. Les données du BOOST Mali sont présentées selon la nomenclature du budget national qui compte une classification administrative, économique, géographique et fonctionnelle. Par ailleurs, les données sont présentées tout au long du cycle budgétaire national qui comprend les montants alloués et dépensés par les agences diverses du gouvernement central et local.

Lorsqu'on s'intéresse à la composition des dépenses sociales (éducation, santé et secteurs sociaux) dans le budget de l'État malien, on remarque que celles-ci y occupent une part moins importante. En effet, elles représentent en moyenne 28 % sur la période 2004–2016. La figure ci-dessous montre que les parts des dépenses publiques d'éducation et de santé sont en baisse dans le budget de l'État sur la période indiquée.

Figure 5 : *Évolution de la part des dépenses d'éducation et de santé dans le Budget de l'État (%)*

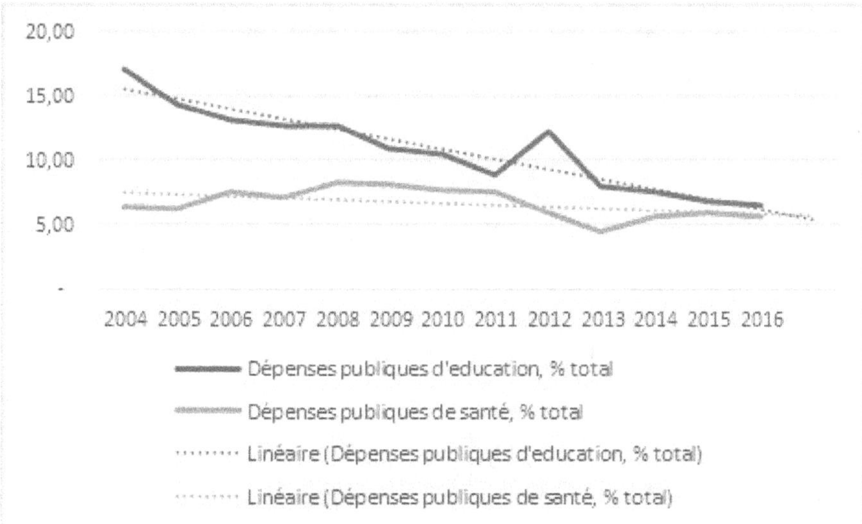

Lorsqu'on s'intéresse à la composition spécifique des dépenses sociales en fonction de leur caractère pro-pauvres, on observe qu'elles ont été de 93 % pour celles spécifiquement pro-pauvres, avec au moins 50 % de dépenses d'éducation. Cela confirme le caractère pro-pauvres des dépenses d'éducation, de santé et des secteurs sociaux. Le tableau ci-après donne la répartition des dépenses sociales en fonction de leur caractère pro-pauvres et autres.

***Tableau 1** : Répartition des dépenses sociales en fonction de leur caractère pro-pauvres et autres*

	2004	**2005**	**2006**	**2007**	**2008**	**2009**	**2010**	**2011**	**2012**	**2013**	**2014**	**2015**	**2016**	**2017**	**Moyenne 2004–2017**
Npauv	5 %	6 %	6 %	3 %	4 %	6 %	7 %	7 %	9 %	11 %	9 %	6 %	8 %	14 %	7 %
edu_npauv	5 %	5 %	6 %	3 %	3 %	2 %	3 %	2 %	2 %	6 %	5 %	4 %	6 %	13 %	5 %
sante_npauv	0 %	0 %	0 %	0 %	0 %	0 %	0 %	0 %	0 %	0 %	4 %	1 %	2 %	1 %	1 %
Pauv	95 %	94 %	94 %	97 %	96 %	94 %	93 %	93 %	91 %	89 %	91 %	94 %	92 %	86 %	93 %
edu_pauv	57%	54 %	56 %	61 %	59 %	59 %	58 %	61 %	67 %	62 %	63 %	66 %	56 %	30 %	58 %
sante_pauv	23%	25 %	27 %	23 %	26 %	25 %	25 %	24 %	16 %	17 %	17 %	20 %	22 %	10 %	22 %
ss_pauv	15%	16 %	11 %	13 %	11 %	10 %	10 %	8 %	8 %	9 %	10 %	8 %	14 %	46 %	14 %
dep_sociales	28%	25 %	28 %	30 %	31 %	32 %	31 %	32 %	35 %	25 %	26 %	28 %	23 %	15 %	28 %
dep_sociales_npauv	5 %	6 %	6 %	3 %	4 %	3 %	3 %	3 %	3 %	6 %	9 %	6 %	8 %	14 %	5 %
dep_sociales_pauv	95	94 %	94 %	97 %	96 %	94 %	93 %	93 %	91 %	89 %	91 %	94 %	92 %	86 %	93 %

Source : Calculs effectués à partir de BOOST Mali

N. B. : npau : non pauvre (autres) ; pauv : pauvres (pauvreté) : educ : éducation ; sante : santé ; ss : secteurs sociaux ; dep : dépenses

Lorsqu'on tient compte de la répartition des dépenses publiques de l'État du Mali, en prenant en compte la classification « titre », on remarque que pour les secteurs de l'éducation, de la santé et des secteurs sociaux, les transferts courants ont représenté un peu moins de 21 % sur la période 2004–2017. Les équipements et investissements ont représenté un peu plus de 19 % sur ladite période.

Il est important de préciser que dans la nomenclature budgétaire, la notion d'investissement social n'existe pas. Il est donc difficile d'évaluer son niveau à partir des données budgétaires disponibles[113].

Entre 2004 et 2017, selon les données de BOOST Mali, la part des dépenses sociales consacrée à l'investissement et aux équipements a connu une tendance à la baisse, surtout depuis 2011, même si la dynamique a commencé entre fin 2007 et 2008. Quant à la part des transferts courants, elle ne cesse d'augmenter.

La figure ci-après donne l'évolution de la part des dépenses sociales dans l'équipement et l'investissement et celle dans les transferts courants de 2004 à 2017, selon les données de BOOST-Mali.

113 Le grand intérêt de la logique d'investissement social est de souligner que la dépense sociale a un rendement et une efficacité. Au sens purement économique, la dépense sociale, principalement lorsqu'il s'agit de prestations et de fonctionnement des services et des équipements, n'est jamais véritablement un investissement, dans la mesure où elle ne peut que rarement s'amortir. Voir Mireille Elbaum, « La politique familiale : des "retours sur investissement" qui dépendant de choix économiques et sociaux », *Document de travail de l'OFCE*, n° 2010-2020, 2010. Url : www.ofce.sciences-po.fr/pdf/dtravail/WP2010-20.pdf, consulté le 13 novembre 2018.

***Figure 6** : Évolution de la part des dépenses d'équipement et d'investissement et celle des transferts courants dans les dépenses sociales dans de 2004 à 2017.*

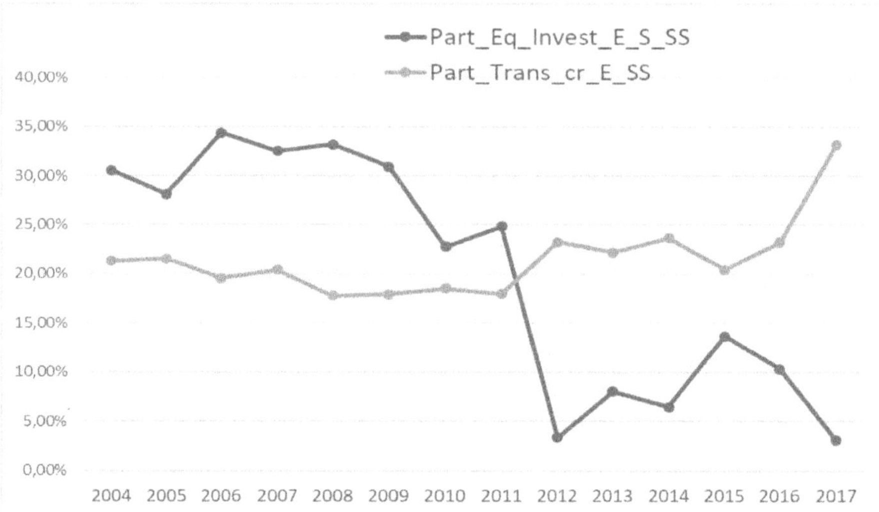

Source : Nos calculs à partir de BOOST Mali

2.2.5 Soutenabilité de la politique de solde budgétaire

2.2.5.1 Politique de solde budgétaire

Le déficit budgétaire dépend naturellement de l'évolution des recettes et dépenses examinée ci-dessus. Il est intimement lié aux chocs exogènes et aux aléas qu'a subis le Mali et aux orientations de politique économique des gouvernements successifs. La rupture dans le mode de comptabilisation budgétaire survenue en 1982 déjà signalée plus haut dans le cas des séries de dépenses publiques ne permet pas l'établissement de séries longues. Aussi, s'agira-t-il d'analyser l'évolution des soldes budgétaires et celle de leur financement depuis 1982.

À cause des règles de l'Union monétaire ouest-africaine, le déficit budgétaire ne peut être couvert de manière importante par le financement de la Banque centrale. Il doit donc être financé par des emprunts intérieurs ou extérieurs ou par des dons. Deux grandes questions seront traitées. On apprécie tout d'abord le caractère soutenable du financement du déficit budgétaire. On évalue ensuite son effet inflationniste.

2.2.5.2 Soutenabilité financière de la politique de solde budgétaire

Afin d'apprécier l'évolution de la solvabilité financière, il convient d'examiner l'évolution du solde budgétaire conventionnel, c'est-à-dire l'évolution du besoin d'emprunt net de l'État noté BIEN (recettes publiques augmentées des dons moins dépenses publiques) qui détermine l'évolution de l'encours global de la dette publique. On considère aussi de manière spécifique l'évolution des dépenses au titre des intérêts de la dette, car cette dernière catégorie de dépenses découle à la fois de l'importance des déficits budgétaires passés successifs et des conditions des emprunts contractés pour financer ces déficits.

Selon Chambas et ses collègues, le caractère modéré du besoin d'emprunt net maintenu depuis 1987 et la mobilisation de financements à des conditions de faveur pour couvrir ce besoin d'emprunt expliquent la faiblesse du service des intérêts de la dette publique relativement aux autres pays. Cependant, il convient de souligner que cette évolution favorable de la solvabilité financière de l'État malien a été obtenue pour l'essentiel grâce non pas à une réduction drastique du besoin global de financement de l'État mais, au contraire, grâce à la mobilisation de dons substantiels. Ainsi, depuis 1990, les dons reçus par l'État malien sont compris entre 9,5 % du PIB (1994) et 5,6 % du PIB (1993). Bien évidemment, en raison de l'importance du besoin de financement global, la pérennité de cet équilibre budgétaire précaire dépend étroitement de l'obtention de dons extérieurs qui jouent un rôle essentiel pour minorer le besoin d'emprunt en couvrant une grande partie du besoin de financement net.

La politique budgétaire adoptée par le Mali lui a permis de satisfaire en grande partie les critères de convergence de l'UEMOA. Ainsi, depuis 1994, tant en ce qui concerne la part des recettes fiscales consacrée aux salaires que le niveau du solde primaire, le Mali a amélioré ses performances et satisfait facilement les critères. En revanche, la part des recettes fiscales consacrée aux investissements n'a atteint la norme qu'en 1998.

2.2.5.3 Politique de financement du solde budgétaire

2.2.5.3.1 Financement à travers les arriérés publics

Les statuts de la zone franc limitent strictement les avances de la Banque centrale à un État. Aussi à plusieurs reprises, les autorités du Mali dans l'impossibilité de mobiliser des recettes publiques ou des moyens de financement du déficit budgétaire ont pratiqué des accumulations d'arriérés publics qui constituent des obstacles importants à la croissance et aux équilibres macroéconomiques : les arriérés compromettent la crédibilité de l'ensemble des relations économiques en raison de l'accumulation de créances douteuses, tout particulièrement dans le système financier et au niveau des entreprises. De plus, la mobilisation de l'impôt devient difficile, notamment à la suite de phénomènes de compensation sauvages, générateurs d'arriérés croisés.

Selon Chambas et ses collègues, le Mali dispose, depuis 1982, d'une évaluation partielle des flux d'arriérés publics. Malheureusement, cette évaluation est partielle et peu significative, puisque les arriérés correspondent à des dépenses non engagées selon les procédures budgétaires régulières. Les dépenses issues de procédures budgétaires irrégulières, qui ont été importantes au Mali, ne sont pas prises en compte. Il n'est donc pas possible de dégager les périodes de réduction ou d'accumulation d'arriérés publics. Il faut toutefois faire observer qu'après 1994, date du changement de parité du franc CFA, l'élargissement de l'offre de moyens de financement externes a permis d'engager une politique systématique d'apurement des arriérés publics intérieurs, laquelle est rendue obligatoire afin de respecter les critères de convergence de l'UEMOA. Cette réduction du stock des arriérés publics constitue certainement un facteur explicatif important de la reprise de la croissance après le changement de parité en 1994.

Depuis 1994, les dons s'élèvent en moyenne à environ 7% du PIB, c'est-à-dire à plus de la moitié du prélèvement public national. Les emprunts externes demeurent une catégorie de financement encore importante ces dernières années, mais en raison de conditions particulièrement favorables, leur niveau élevé n'est pas incompatible avec une baisse du poids du service des intérêts de la dette tout en étant à l'origine d'un encours de la dette important.

2.2.5.3.2 Financement interne du déficit budgétaire

Le financement interne monétaire du déficit budgétaire joue un rôle marginal depuis que le Mali a rejoint la zone du franc CFA. À partir de 1987, on constate une politique de désendettement de l'État vis-à-vis du secteur bancaire. L'accès difficile du secteur privé au crédit bancaire ne peut donc pas, dans les années récentes, s'expliquer par un effet d'éviction, mais paraît plutôt provenir d'une inadéquation de l'offre de crédit par rapport à la demande.

L'endettement extérieur est pour l'essentiel d'origine publique, il convient alors de le traiter dans le cadre de la gestion des finances publiques. Après avoir diminué au cours des années 1970 en raison d'une croissance soutenue, notamment sur la période 1974–1979, l'encours de la dette publique par rapport au produit a fortement progressé entre 1981 et 1986. Malgré différents accords de réaménagement de la dette conclus avec ses créanciers, notamment ceux du Club de Paris, de la Chine et de l'ex-URSS, le Mali est l'un des pays d'Afrique au sud du Sahara les plus endettés.

Le financement du déficit a été assuré essentiellement par le financement extérieur représentant en moyenne 55 % des financements contre 45 % pour le financement intérieur.

Figure 7 : *Part des sources de financement du déficit budgétaire*

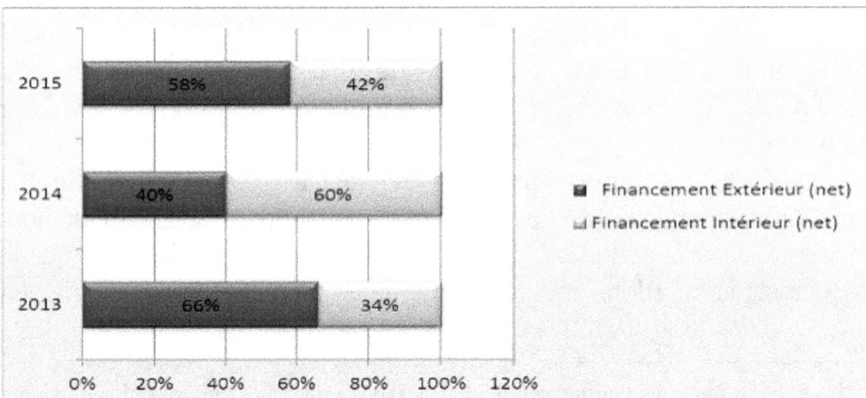

Source : Ministère de l'Économie et des Finances (2016)

2.2.5.3.3 Évolution de la structure de la dette publique

La dette a été essentiellement contractée auprès des bailleurs officiels. La dette d'origine privée n'a jamais dépassé 5 % de l'encours total à long terme et demeure nulle depuis 1996.

Le Mali a bénéficié de nombreux réaménagements de sa dette avec le Club de Paris, ou dans le cadre de relations bilatérales directes, notamment avec la Chine et l'ex-URSS. Ces réaménagements ont joué un rôle essentiel pour le maintien de la solvabilité du Mali.

Selon Chambas et ses collègues, dans le cadre du Club de Paris traitant uniquement de la dette bilatérale, le Mali a signé quatre accords permettant de consolider 221 millions de dollars, correspondant à un encours contracté avant le 1er janvier 1988 (date butoir). Lors de ses deux premiers passages, en 1988 et 1989, le Mali a bénéficié du traitement aux conditions dites de « Toronto », qui consistaient à annuler 33 % des échéances au titre de la dette éligible. Ce premier traitement représentait une diminution de 5 % de la valeur nette présente du service. En 1992, pour son troisième passage, la dette bilatérale du Mali a été réaménagée suivant les conditions de Toronto renforcées (ou de Londres), permettant un allégement de 50 % des échéances consolidées.

En septembre 1998, le Mali a été déclaré éligible aux nouveaux mécanismes de rééchelonnement de la dette multilatérale applicables aux pays pauvres très endettés (initiative PPTE ou HIPC). L'objectif de cette initiative[114] est de permettre aux pays pauvres lourdement endettés d'atteindre des niveaux d'endettement tels qu'ils puissent servir leur dette sans avoir à recourir à de nouveaux rééchelonnements.

Le stock de la dette publique du Mali en fin 2015 est estimé à 2 376 milliards de F CFA, soit 30,0 % du PIB, dont 1 754,4 milliards de F CFA de dette extérieure et 621,6 milliards de F CFA de dette intérieure[115].

Malgré les effets perceptibles de la crise sociopolitique, l'orientation générale de la politique budgétaire a été globalement satisfaisante sur la période. L'évolution des soldes budgétaires, tels que le solde budgétaire (dons inclus), a maintenu une trajectoire viable, en

---

[114] Pour bénéficier de l'initiative PPTE ou HIPC, un pays doit remplir plusieurs conditions. Premièrement, il doit être éligible aux seuls financements concessionnels de l'IDA. Deuxièmement, il doit avoir démontré son engagement dans la voie de l'ajustement structurel par la mise en œuvre de programme conclu avec la FMI. La décision d'éligibilité intervient théoriquement après une période de trois ans de politique d'ajustement soutenue par le FMI (« décision point ») et la mise en œuvre des mesures de soutien après une nouvelle période de trois ans (« complétion point »). Ce dernier délai peut être réduit pour les pays les plus performants. Enfin, il doit avoir un niveau de dette considéré comme insoutenable après la mise en œuvre des dispositifs d'allégement de dette existants dont le dernier en vigueur est celui dit de Lyon (réduction de la dette bilatérale jusqu'à 80 %). Deux critères sont utilisés pour déterminer le caractère soutenable de la dette : (i) le ratio dette en VAN (valeur actuelle) / exportations compris entre 200 et 250 % et (ii) le ratio du service de la dette / exportations compris entre 20 et 25 %. À côté de ces principaux critères, d'autres critères de vulnérabilité peuvent être pris en considération : la concentration ou la variabilité des exportations, la charge que le service de la dette fait peser sur le budget (Chambas *et al.*, 2000, p. 84).

[115] Ministère de l'Économie et des Finances, 2016, p. 10.

ressortant en moyenne à –2,7 % du PIB contre la norme minimale de –3,0 % préconisée par les critères de convergence de l'UEMOA. Quant au solde budgétaire global hors dons, il est ressorti en moyenne à –4,9% du PIB contre la norme de –4,0% prévue par les critères de convergence de la CEDEAO.

L'encours total de la dette du Mali a connu une évolution contrastée entre 1970 et 2018. La période des années 1980 a favorisé une explosion de la dette bilatérale et de celle multilatérale. En effet, les années 2000 ont été favorables à une baisse tendancielle de la dette, avec une baisse importante entre 2003 et 2006. Depuis 2007, la dette a repris sa dynamique exponentielle, avec une tendance au-dessus de celle d'avant 2006. En effet, la dette multilatérale est la plus importante depuis 2006. D'ailleurs, elle évolue de façon tendancielle avec la dette totale. La figure ci-dessous donne l'évolution de l'encours de la dette totale, de la dette multilatérale et de la dette bilatérale du Mali entre 1970 et 2018.

Figure 8 *: Évolution de l'encours de la dette du Mali et de ses composantes selon la nature des acteurs.*

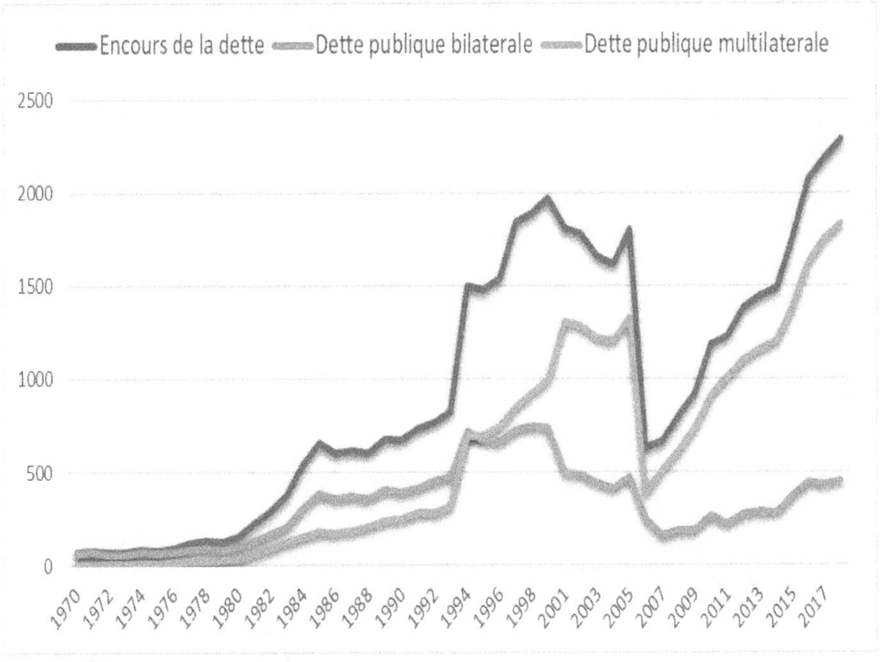

Source : Base de données de la BCEAO

2.3 Principaux indicateurs sociaux

2.3.1 Évaluation de la pauvreté : constats passés

Au Mali, le développement de la pauvreté depuis le début des années 1980 est un domaine d'échec des programmes d'ajustement structurel (PAS) en matière de promotion du développement humain. Les mécanismes de marché n'ont pas produit l'équité attendue dans les programmes. Les inégalités de revenus se sont renforcées, et le développement de la pauvreté a touché inégalement villes, campagnes, régions, catégories socioprofessionnelles.

L'ENP Mali 2025 a fait le constat d'une pauvreté généralisée de la population malienne. L'unité et la cohésion nationales dans la diversité et une meilleure gouvernance ont été les aspirations fondamentales des Maliens et les conditions nécessaires à tout progrès social.

Dans le domaine social, les aspirations portaient sur la baisse du chômage grâce à la politique de promotion du secteur privé et à l'adéquation entre la formation et l'emploi. Tous souhaitaient un recul significatif de la pauvreté grâce aux investissements soutenus dans le domaine de l'agriculture. Un système éducatif performant grâce notamment à des choix politiques résolus et à des réformes cohérentes était une des attentes fortes. Aussi, l'amélioration de la situation sanitaire grâce à la diminution du prix des médicaments et à la promotion de la politique des médicaments essentiels « DCI », à la vulgarisation du programme d'IEC dans le domaine de la santé publique, au développement de la médecine privée et à la collaboration entre médecines moderne et traditionnelle, à une meilleure répartition des structures socio-sanitaires, à une augmentation des structures et du personnel socio-sanitaire qualifié, à la lutte contre le paludisme ainsi qu'à l'amélioration de l'hygiène et de la prévention.

2.3.2 Pauvreté et services sociaux : résultats globaux CSLP à CREDD

Le Mali a connu une détérioration des indicateurs sociaux de 1980 à 1990. Ce qui a amené les différentes générations de CSLP à mettre l'accent sur l'amélioration de l'accès aux services sociaux de base. Cela a eu pour effet l'augmentation des dépenses sociales.

En termes de résultats, le taux de chômage urbain était de 8,1 % en 1976 et 16 % en 1988. Le tiers de la population active était à Bamako et était sous-employé ou en chômage au début des années 1980. Les deux tiers des chômeurs recensés en 1988 étaient des jeunes âgés de 15 à 29 ans, et le taux de chômage était de 30 % dans la catégorie des jeunes de 25 à 29 ans, 73 % des chômeurs ayant travaillé était en chômage depuis plus d'un an en 1988. Le secteur informel est donc devenu le refuge des demandeurs d'emploi, et l'emploi s'est de plus en plus précarisé.

Les PAS n'ont pas réussi à initier une politique efficace de l'emploi permettant de contrer cette explosion du chômage. En effet, la politique de promotion du secteur privé et de l'auto-emploi à travers l'appui à la création d'entreprises par les chômeurs n'ont pas été une réussite pour plusieurs raisons bien connues de tous, notamment, l'inadéquation entre formation et emploi[116].

Entre 2002 et 2006, au niveau des secteurs sociaux, des avancées ont été faites, même si certaines insuffisances persistent. Pour l'éducation, le taux brut de scolarisation (TBS) au 1er cycle est passé de 64,4 % en 2002 à 67 % en 2003 et 75 % en 2006. S'agissant des indicateurs de la santé, la proportion de la population située à moins de 5 km d'un centre de santé est passée de 44 % en 2002 à 46 % en 2003 et 51 % en 2006 (pour un objectif fixé à 50 % en 2006). Le niveau de la couverture sanitaire a graduellement augmenté sur la période.

Le secteur de l'éducation fait partie des secteurs prioritaires du Cadre stratégique pour la relance économique et le développement durable (CREDD 2016–2018). La vision du Gouvernement dans ce secteur est énoncée à travers le programme décennal de développement de l'éducation, dont la mise en œuvre pour la période 2015/2016 est traduite dans le programme intérimaire de relance du secteur de l'éducation et de la formation professionnelle. En 2016, les dépenses d'éducation ont représenté 18 % des dépenses budgétaires.

Des progrès significatifs ont été réalisés au cours de la période 2015/2016. D'abord, le taux brut de scolarisation dans le 1er cycle est, selon les estimations, de 82, % en 2016 contre 68,1 % en 2015, soit une hausse de 14,3 %. Ce bon résultat peut s'expliquer par la reprise de l'école dans certaines localités du nord et du centre. Ensuite, le taux brut de scolarisation des filles dans le 1er cycle est passé de 62,4 %

[116] Konaré, *op. cit.*, 2012, p. 54.

en 2015 à 77,1 % en 2016. Enfin, l'indice de parité filles-garçons s'est légèrement amélioré, passant de 0,85 en 2015 à 0,87 en 2016. En ce qui concerne le développement de la petite enfance, le taux brut de préscolarisation au niveau national reste faible, tout en présentant une tendance à la hausse (3,7 % en 2015, 3,61 % en 2014, 3,10 % en 2013). Selon l'enquête modulaire et permanente auprès des ménages (EMOP) de 2015, le taux d'alphabétisation s'est établi à 27,7 %, mais avec un taux d'alphabétisation des femmes très faible (2,2 %) par rapport à celui des hommes (45,1 %).

Le secteur de la santé constitue un autre secteur prioritaire pour le Gouvernement. Le Mali a développé le troisième Plan décennal de développement sanitaire et social pour la période 2014–2023. Il est mis en œuvre selon une approche sectorielle à travers des programmes quinquennaux, dont le programme de développement sanitaire et social 2014–2018. La part des dépenses de la santé représente 6,4 % du budget 2016.

En 2015, les indicateurs du secteur de la santé n'ont pas affiché d'évolution significative par rapport à 2014, à l'exception du nombre de centres de santé communautaires fonctionnels, passés de 1 207 en 2014 à 1 240 en 2015, et du nombre de cas de césarienne : ils étaient de 21 789 en 2014, mais de 22 413 en 2015, soit respectivement des hausses de 2,73 % et de 2,86 %. Le paquet minimum d'activités sanitaires (PMA) dans un rayon inférieur à 5 km s'est amélioré, avec une augmentation d'un point (58 % en 2015 contre 57 % en 2014). De son côté, le PMA inférieur à 15 km est resté stationnaire (87 %). La qualité des services, toutefois, reste faible. Elle explique en partie, avec les pesanteurs socioculturelles, la baisse du taux d'accouchement assisté et l'utilisation déclinante des services de planification familiale.

La politique nationale de nutrition mise en œuvre à travers le plan d'action multisectoriel 2014–2018 a l'ambition d'être systématiquement intégrée aux politiques et programmes de développement. Cependant, en dépit des progrès enregistrés, la situation du pays en matière d'alimentation reste préoccupante. Selon les résultats de l'Enquête nutritionnelle anthropométrique et de mortalité rétrospective de 2015, la prévalence nationale de la malnutrition aiguë globale était de 12,4 % contre 13,3 % en 2014, et la prévalence nationale de la malnutrition chronique de 29,3 % contre 28,1 % en 2014.

Selon les résultats de l'EMOP, l'incidence de la pauvreté au niveau national était estimée à 47,2 % en 2015 contre 46,9 % en 2014, soit une légère hausse de 0,3 % due principalement aux effets de la crise dans le Nord. La pauvreté avait diminué entre 2001 et 2009 de 12 points de pourcentage, passant de 55,6 % à 43,7 %. Ce bon score était surtout imputable à la baisse de la pauvreté en milieu rural (de 66,8 % à 51,2 %). Depuis 2009, le taux de pauvreté affiche une tendance à la hausse, attribuable cette fois à une augmentation en milieu urbain (32,0 % en 2009, mais 47,7 % en 2015) et aux effets de l'insécurité dans le Nord. Les plus fortes hausses entre 2014 et 2015 concernent les régions affectées par les troubles : Gao (+4,5 points), Mopti (+3,2 points), Ségou (+2,3 points).

Le suivi des dépenses de lutte contre la pauvreté est assuré par le mécanisme de suivi-évaluation du CREDD 2016–2018, qui intègre les données sectorielles de l'éducation, de la santé, de l'eau et du social. Ce suivi s'effectue jusqu'au niveau local, avec la participation des comités locaux d'orientation, de coordination et de suivi des actions de développement. Les ressources prévues pour l'axe 2 du CREDD, à savoir le développement social et l'accès aux services sociaux de base, représentent 35,5 % des allocations budgétaires. Cette classification est respectée dans le budget 2016, permettant de maintenir les dépenses des secteurs sociaux à un niveau prioritaire.

Les dépenses de lutte contre la pauvreté sont présentées et suivies dans le budget selon la classification fonctionnelle, à travers la production des états budgétaires indiquant l'exécution financière du CREDD.

En tout, 154 867 personnes vulnérables ont été enregistrées en 2015. Leur suivi est effectué par les structures du ministère de la Solidarité et de l'Action humanitaire à travers des fiches d'enquêtes. Les groupes d'individus vulnérables comprennent les personnes âgées, les handicapés, les déplacés, les filles, les femmes chefs de famille ou en situation difficile et les enfants mineurs. À cela se sont ajoutés, depuis la crise, les personnes déplacées de l'intérieur et les rapatriés, comme le préconise la Stratégie nationale de gestion des personnes déplacées internes et des rapatriées, adoptée en 2015.

Le Mali est en phase avec les principaux instruments internationaux et régionaux relatifs aux droits des femmes. La question du genre est largement prise en compte dans la conception des politiques de développement à tous les niveaux : national, sectoriel, régional et local. Aucune discrimination spécifique n'existe dans les lois et règlements du pays en termes de droits et d'obligations faites aux hommes et aux femmes. Toutefois, dans la pratique, la situation des femmes s'est beaucoup dégradée à partir de 2012 dans les régions du Nord, surtout avec la prolifération des groupes islamistes armés. Des actes graves de violence physique et morale (séquestrations, viols, restriction de tenues vestimentaires, interdiction de réjouissances populaires et de rassemblements mixtes) font toujours l'objet d'enquêtes de la part de la Commission vérité, justice et réconciliation (CVJR) mise en place en 2015, dans le cadre de la réconciliation nationale.

Le Gouvernement a approuvé la Stratégie nationale de planification et de budgétisation sensible à la question du genre et mis en place un Fonds d'autonomisation des femmes, dans le cadre de sa Politique nationale sur le genre (PNG).

Dans le domaine de l'éducation, des progrès significatifs ont été réalisés au cours de la période 2015/2016, alors que la couverture nationale avait régressé entre 2012 et 2014 à cause de l'insécurité. Le taux brut de scolarisation des filles au 1er cycle a enregistré une nette amélioration, avec un taux estimé à 77,1 % en 2016 contre 62,4 % en 2015. Grâce à la mise en œuvre des stratégies de scolarisation et de maintien des filles à l'école, l'indice de parité filles-garçons est en légère hausse, passant de 0,85 en 2015 à 0 87 en 2016. Dans le domaine de la santé, les progrès sont mitigés pour la période 2014/2015. Si les indicateurs sur le nombre de centres de santé communautaires fonctionnels, le nombre de cas de césarienne et le taux d'accès au PMA inférieur à 5 km se sont améliorés, les autres indicateurs de santé n'ont pas affiché d'évolution significative au cours de la période 2014/2015.

Le Mali s'est également doté d'une loi sur les quotas des femmes (30 %) afin de favoriser leur accession aux postes de responsabilité. La représentation des femmes dans les instances de décision augmente, même si la marge de progression est encore importante. À cette période, les femmes étaient à 44 % à la Cour constitutionnelle ; à 19 % à la direction des services centraux ; presque autant à la tête d'un ministère ; à 15 % à la Cour suprême ; à 14 % dans les représentations diplomatiques, et un peu plus de 9 % à l'Assemblée nationale.

La mise en œuvre de la PNG se heurte néanmoins à un certain nombre de contraintes : l'ensemble des acteurs ne s'est pas suffisamment approprié la PNG, qui par ailleurs bénéficie de très peu de communication. Il n'existe pas, en outre, de suivi rigoureux des indicateurs genre dans les budgets-programmes sectoriels, et les statistiques désagrégées manquent de fiabilité[117].

2.3.3 Indicateurs de la santé

2.3.3.1 Accès aux infrastructures de santé

Au Mali, les politiques nationales de santé ont permis d'augmenter significativement l'offre de soins de santé avec une inégale répartition en faveur de Bamako, la capitale. En dehors des établissements publics de premier et deuxième échelons (soins primaires), les autres établissements restent concentrés à Bamako. Avec seulement 12,5 % de la population nationale estimée à 18 millions en 2016, la capitale abrite un peu plus de 60 % des structures privées de santé et les cinq hôpitaux d'envergure nationale.

En considérant le nombre d'habitants par personnel médical, le même contraste est visible entre Bamako et les autres régions du Mali. En 2014, la capitale répondait à toutes les normes de l'OMS, avec par exemple 3 462 habitants seulement pour un médecin ; la norme étant de 10 000 habitants pour un médecin[118].

À la même période, dans la région de Gao, au nord du Mali, on comptait 38 000 habitants pour un médecin, alors que la moyenne nationale était d'un médecin pour 12 120 habitants. Sur le plan national, Bamako est incontestablement le lieu de concentration de l'offre de soins formelle dite « moderne », c'est-à-dire organisée suivant les logiques et le modèle de la médecine occidentale. Ceci étant, en dépit de tous les privilèges et commodités qu'on y trouve, la ville est aussi le lieu par excellence des extrêmes, des inégalités sociales qui ont, elles-mêmes, des répercussions sur la santé des populations.[119]

Les résultats présentés de l'Enquête modulaire et permanente auprès des ménages (EMOP) indiquent qu'en cas de maladie les centres

---

[117] BAD, OCDE, PNUD, « Perspectives économiques en Afrique/Mali », 2017, pp. 11–13.

[118] S. Rican et G. Salem apprennent que les inégalités de santé sont avant tout des inégalités sociales et territoriales, cité par Mamadou Keita (2018), 2009.

[119] Keïta M., « Typologie urbaine et accessibilité géographique potentielle des établissements de santé dits "modernes" dans le district de Bamako (Mali) », *Espace populations sociétés* [Online], 2018/1-2, Online since 22 June 2018, connection on 09 October 2019. Url : http://journals.openedition.org/eps/7707 ; DOI : 10.4000/eps.7707, consulté le 13 novembre 2018.

de santé communautaire (CSCOM) sont les infrastructures sanitaires les plus fréquentées par la population. Les CSCOM sont les centres les plus rapprochés et plus accessibles à la population, quel que soit le milieu de résidence. Elles sont les moins coûteuses pour la majorité de la population. En plus, l'automédication est une pratique fréquente chez la majorité des Maliens.

Les populations urbaines ont plus accès aux infrastructures de santé, en comparaison de celles du milieu rural. En effet, les pauvres utilisent les CSCOM, les guérisseurs et les CSREF. Les difficultés rencontrées lors des consultations sont relatives essentiellement aux coûts de consultation, au temps d'attente et à l'inefficacité des traitements.

Figure 9 : *Taux de fréquentation des infrastructures de santé de 2011 à 2018*

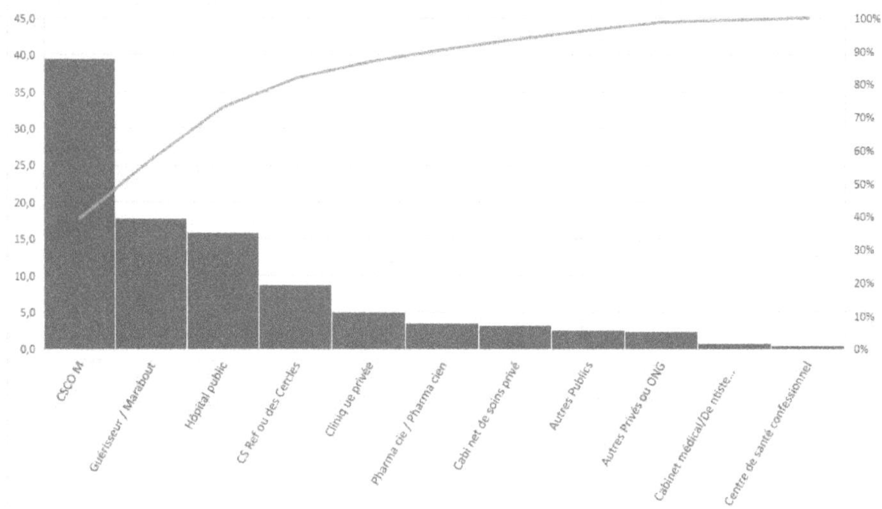

Source : INSTAT, différentes EMOP 2011 à 2018

2.3.3.2 Taux de mortalité infantile

Une des cibles de l'ODD 3 cerne la réduction de la mortalité infantile. Pour un pays, les indicateurs de mortalité infantile sont pertinents pour l'appréciation du niveau de développement socioéconomique d'un pays. Il traduit une certaine efficacité de ses politiques en matière de santé maternelle et infantile.

Les données de l'EDSM-VI ont permis d'estimer les niveaux et les tendances de la mortalité néonatale, post-néonatale, infantile, juvénile et infanto-juvénile. Ces indicateurs ont été estimés à partir d'informations sur l'historique des naissances recueillies à l'aide du questionnaire femme. Dans la section du questionnaire sont enregistrées des informations sur toutes les naissances. Dans la procédure de collecte, les questions permettent de distinguer le nombre total de fils et filles qui vivent avec la femme, le nombre de ceux qui vivent ailleurs et celui des personnes décédées. Ensuite, pour chacune des naissances sont obtenues des informations détaillées sur le sexe, le mois, l'année de naissance, l'état de survie, l'âge actuel (si l'enfant est vivant), la résidence ainsi que l'âge au décès pour les enfants décédés. Pour la période des 5 dernières années avant l'EDSM-VI (période 2014–2018), le risque de mortalité infantile est estimé à 54 décès pour 1 000 naissances vivantes et le risque de mortalité juvénile à 49 ‰. Quant aux composantes de la mortalité infantile, elles se situent à 33 ‰ pour la mortalité néonatale et à 22 ‰ pour la mortalité post-néonatale. Globalement, le risque de mortalité infanto-juvénile, c'est-à-dire le risque de décès avant l'âge de 5 ans, est de 101 ‰[120]. La figure ci-après donne l'évolution de la mortalité infantile et de la mortalité infanto-juvénile.

***Figure 10** : Évolution de la mortalité infantile et de la mortalité infanto-juvénile de 1987 à 2018 suivant différentes EDSM*

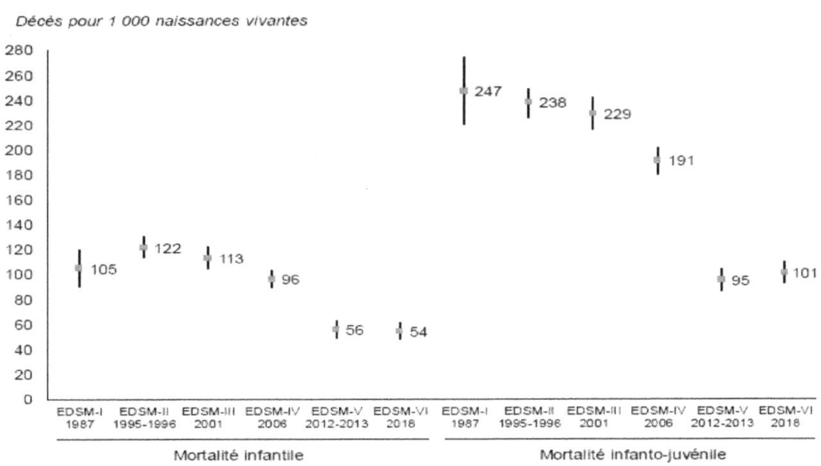

Source : Rapport EDSM-VI, 2018, p. 24

[120] Rapport EDSM-VI, 2018, pp. 22–23.

2.3.3.3 Taux de mortalité des femmes, des hommes et des enfants

Pour le Mali, il existe une inégalité devant la mort. Lorsqu'on compare les taux de mortalité des hommes et des femmes, on remarque que les hommes ont un taux plus élevé, avec des tendances à la baisse pour les deux variables. La différence entre les deux sexes se situe en moyenne autour de 20 % entre 1990 et 2016. Plusieurs facteurs pourront expliquer la forte mortalité des hommes par rapport aux femmes. Mais le taux d'activité, les pressions sociales ainsi que le stress sont des facteurs importants. La figure ci-dessous donne l'évolution des taux de mortalité selon le sexe.

Figure 11 *: Évolution des taux de mortalité selon le sexe*

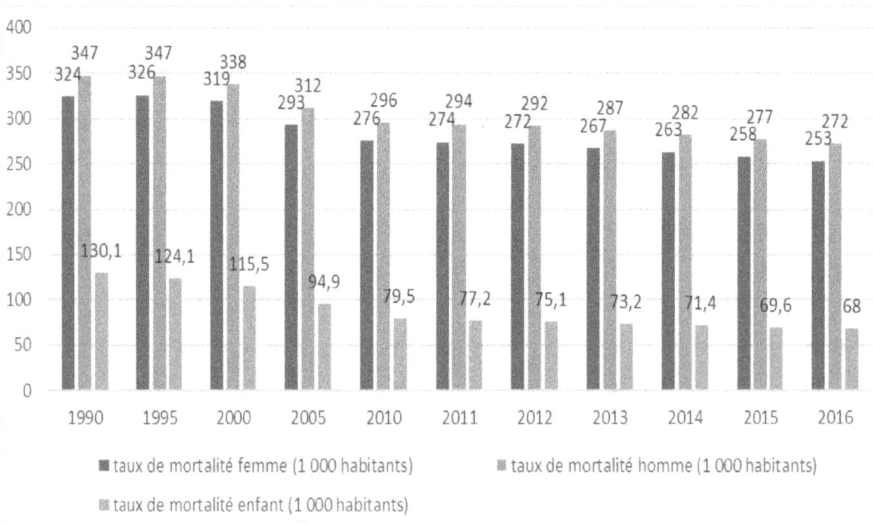

Source : Données du PNUD

2.3.4 Indicateurs d'éducation

2.3.4.1 Taux d'alphabétisation

Selon l'Unesco, une personne est considérée comme analphabète lorsqu'elle est incapable de lire, d'écrire et de comprendre *« un exposé bref et simple de faits qui ont trait à sa vie quotidienne »*[121]. Un

[121] Nétange H., « L'alphabétisation des adultes : le cadre international », *Revue internationale d'éducation de Sèvres*, n° 57, 2011, pp. 12.

analphabète peut aussi être considéré comme *« toute personne qui ne sait lire que des chiffres, son nom ou une expression courante apprise par cœur »*. Ce taux d'alphabétisation indique donc le pourcentage de femmes âgées de plus de 15 ans qui n'entrent pas dans cette définition.

Le taux d'alphabétisation n'est pas très élevé au Mali. Force est de constater qu'il a connu une croissance remarquable entre 2001 (21,3 %) et 2018 (35,5 %) ; soit une augmentation de 14 points de pourcentage entre les deux dates. L'alphabétisation est plus répandue chez les hommes, comparativement aux femmes, avec une forte diminution de l'écart entre les deux sexes en 2018. Cet écart a des implications importantes sur le pouvoir de décision des femmes, mais également sur les possibilités de participer à la vie socioéconomique.

Figure 12 *: Évolution du taux d'alphabétisation des personnes de 15 ans et plus par sexe* ***(%)***

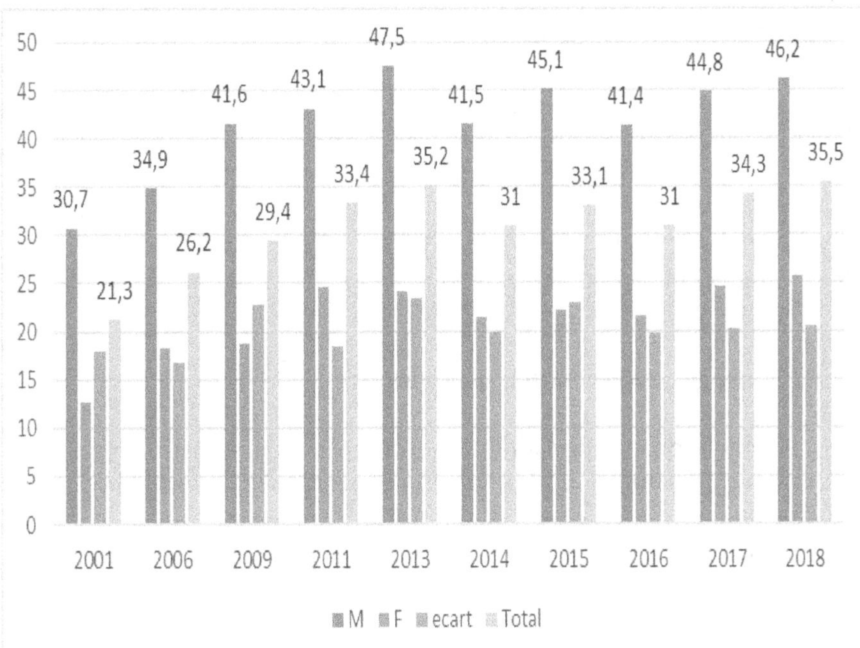

Source : INSTAT (EMEP 2001 ; ELIM 2006, 2009 ; EMOP 2011, 2013, 2014, 2015, 2016, 2017 et 2018)

L'analyse de l'évolution du taux de scolarisation par région montre que les régions du centre (Sikasso et Ségou) ont les taux d'alphabétisation les plus faibles ; le district de Bamako ayant le niveau le plus élevé. Cela s'explique par les fortes possibilités qu'offre Bamako en termes de services publics d'éducation par rapport aux autres régions. L'absence de Kidal s'explique par sa non-couverture par l'EMOP ces dernières années.

***Figure 13** : Évolution du taux d'alphabétisation des personnes de 15 ans et plus par région*

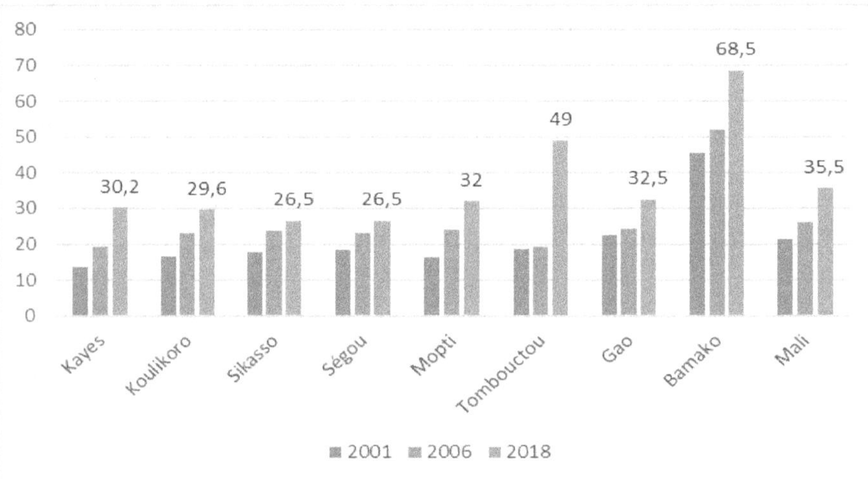

Source : INSTAT (EMEP 2001 ; ELIM 2006, 2009 ; EMOP 2011, 2013, 2014, 2015, 2016, 2017 et 2018)

2.3.4.2 Taux de scolarisation au primaire

L'éducation est considérée comme un des secteurs prioritaires du Mali depuis 1996. Le Mali s'est engagé dans la refondation de son système éducatif à travers l'élaboration du Programme décennal de développement de l'éducation (PRODEC) et du Programme d'investissement sectoriel de l'éducation (PISE). Jusqu'en 2015, l'objectif de la scolarisation au primaire était de 100 %. Au vu des résultats observés, cet objectif n'a pas été atteint, en raison des enjeux démographiques, aussi et surtout de la crise en cours depuis 2012. On peut observer à travers la figure ci-dessous que le taux de scolarisation au primaire 1 a une tendance à la hausse depuis 2001. L'écart entre filles et garçons reste visible (10,8 % en 2001), mais s'il s'est largement réduit ces trois dernières années (soit 2,3 % en 2018).

Figure 14 : *Taux brut de scolarisation au primaire 1 selon le sexe*

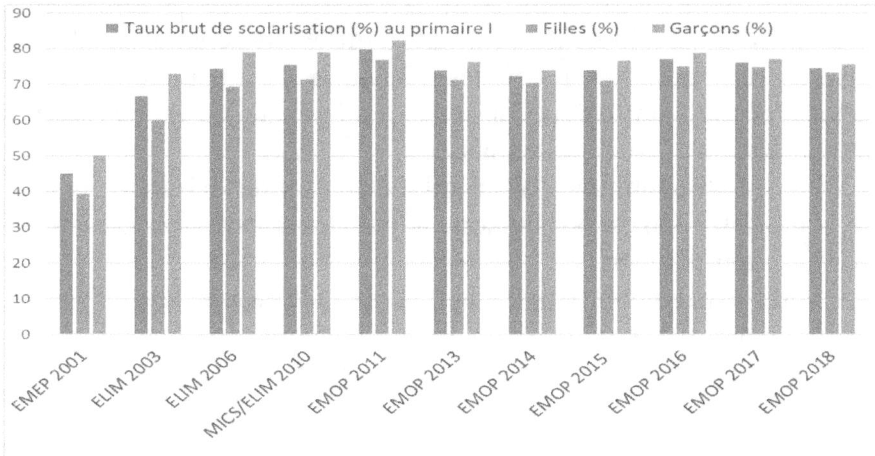

Source : INSTAT (EMEP 2001 ; ELIM 2006, 2009 ; EMOP 2011, 2013, 2014, 2015, 2016, 2017 et 2018)

L'évolution du taux net de scolarisation à partir de différentes enquêtes de l'INSTAT montre une tendance à la hausse, avec une réduction importante de l'écart entre garçons et filles. Ce qui constitue un résultat important en termes d'équité du genre à l'école.

La figure ci-dessous donne l'évolution du taux net de scolarisation global au primaire 1, de ceux des filles et des garçons ainsi que de l'écart entre les deux catégories.

Figure 15 : *Évolution des taux nets de scolarisation au primaire 1*

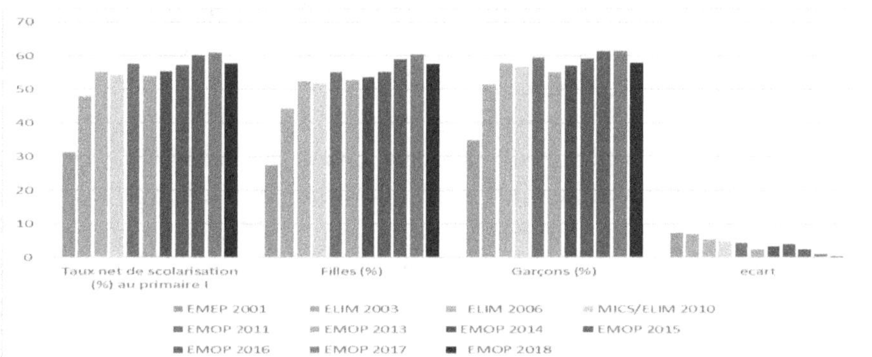

Source : INSTAT (EMEP 2001 ; ELIM 2006, 2009 ; EMOP 2011, 2013, 2014, 2015, 2016, 2017 et 2018)

2.4 Contraintes de la politique économique

Le Mali a toujours été confronté à différentes contraintes dans la mise en œuvre de ses politiques économiques. En effet, différents facteurs négatifs ont réduit l'effet des réformes d'ajustement. Au plan interne, Konaré (2012) fait remarquer :

i) la discontinuité dans la mise en œuvre des programmes ;
ii) les conditions climatiques peu favorables des campagnes agricoles ;
iii) le manque et le peu d'entretien des infrastructures physiques de base (routes, électricité, télécommunication) ;
iv) la faible compétitivité de l'économie malienne (coûts de production élevés) ;
v) les faiblesses des capacités humaines et institutionnelles pour gérer l'économie ;
vi) l'utilisation inefficace des ressources publiques y compris l'aide extérieure, notamment en ce qui concerne les dépenses de développement du fait des faiblesses dans la programmation et le suivi de l'exécution des projets d'investissement public ;
vii) les nombreuses revendications sociales et catégorielles à la suite des événements de mars 1991 et de la rébellion dans le Nord du pays ;
viii) la destruction d'une bonne partie du tissu industriel, administratif et commercial à la suite de l'insurrection populaire de mars 1991 ;
ix) et la fraude fiscale et la corruption dans différents domaines, notamment dans les services chargés du recouvrement des recettes fiscales.

En effet, la vulnérabilité face aux chocs exogènes et la prise en compte de la demande sociale sont les principales contraintes de la politique économique du Mali. Par ailleurs, l'incertitude est une variable aussi importante qui limite la capacité d'action des politiques économiques.

La nécessité de bien évaluer l'état actuel de l'économie, de comprendre la nature des chocs et leur propagation se heurte à des incertitudes majeures. Un des points critiques est celui de l'exactitude et de la pertinence des données, le plus souvent disponibles avec un décalage considérable dans le temps et sujettes à de nombreuses révisions (Koske et Pain, 2008). La position de l'économie dans le cycle et les délais quant à l'observation des effets des chocs sur l'économie peuvent se conjuguer et générer de fortes incertitudes. Par exemple, mesurer les écarts de production après un choc de grande ampleur relève d'un véritable défi, tel que cela a été le cas lors de la précédente crise financière et économique (2008).

Les décisions politiques sont nécessairement prises dans un environnement incertain. Dans la mesure du possible, elles devront être suffisamment robustes pour faire face à des informations erronées concernant le fonctionnement de l'économie, la nature des chocs économiques ou les conséquences des politiques. Des mesures d'évaluation des risques, telles que les mécanismes d'alerte précoce, devraient également être mises en place.

Le Mali a une économie peu diversifiée et très ouverte, mais dépendante de l'extérieur. Les contraintes endogènes et exogènes entrent en relation pour créer un ensemble de contraintes propres à l'économie. Par exemple, une baisse des prix du coton se répercute directement sur la balance commerciale et sur le niveau de la production (en valeur). La hausse des prix des hydrocarbures entraîne une augmentation souvent systémique du fait de l'augmentation des coûts de transport.

2.4.1 Forte croissance démographique et ruralité de l'économie

Depuis les résultats du RGPH 2009, la croissance démographique annuelle est estimée à 3,6 %. Ce taux peut peser sur l'équilibre entre populations et ressources et constitue l'un des principaux défis sociaux du pays. En effet, 3 Maliens sur 5 sont âgés de moins de 25 ans. Ces dynamiques dépassent les capacités de l'écosystème à produire de la biomasse et des revenus, et celles de l'économie à absorber les surplus de populations rurales et enfin, à long terme, celles de l'État à assurer précisément les dépenses en matière de santé, d'éducation au profit de tous.

L'économie malienne est de facto très sensible aux aléas climatiques, aux variations des prix des matières premières et aux événements politico-sécuritaires qui peuvent entraver la circulation des biens et réduire la confiance des investisseurs. Les différences entre le Nord et le Sud du Mali sont largement représentatives de la diversité qui existe dans le pays. En effet, le Mali s'étend des zones sahariennes situées tout au nord jusqu'aux milieux plus humides dits

« soudaniens et soudano-guinéens » au sud. Les zones sahélo-sahariennes et sahariennes se caractérisent, d'une part, par une très forte aridité et, d'autre part, par une importante hétérogénéité spatiale, temporelle et interannuelle des précipitations. La diversité des groupes ethniques, la complexité de leurs interactions économiques (foncières, pastorales, etc.), voire politiques (relations d'exploitation, de domination et de protection), et l'histoire des interrelations entre groupes demandent une attention importante.

2.4.2 Insécurité alimentaire et crise sociopolitique

Le Mali appartient à la bande sahélienne se caractérisant par une vulnérabilité chronique à l'insécurité alimentaire. En sept ans, pas moins de trois crises alimentaires (2005, 2010 et 2012–2013) ont fragilisé l'ensemble des communautés maliennes.

L'histoire des tensions politiques et des crises sécuritaires au Mali recoupe très fortement celles des crises nutritionnelles et des situations économiques, alimentaires et environnementales très dégradées. Les dynamiques structurelles (gouvernance défiée, croissance démographique, hausses générales des prix des produits alimentaires depuis 2005–2006, changements climatiques, etc.) et les phénomènes conjoncturels rendent les populations toujours plus vulnérables. D'ailleurs, la multiplication des déficits hydriques et des stress économiques sur les populations a contribué à accélérer la décapitalisation des économies rurales et l'exode vers les villes, à envenimer les conflits fonciers (terres irrigables, pâturages de saison sèche, etc.) et à accélérer le développement de stratégies de survie qui relèvent soit de l'économie prédatrice sur l'écosystème (bois et charbon), soit des économies illicites et informelles.

Les situations économiques, agricoles et alimentaires du Mali sont toujours marquées par le raccourcissement des périodes entre deux crises agro-climatiques, qui augmente les difficultés des populations dans une zone où les niveaux de malnutrition chronique sont de façon endémique très mauvais.

Les communautés du Nord Mali (Touaregs, Arabes, Bellahs, Songhoï, Peuhl, Bozos, etc.), comme du Nord de la Mauritanie ou du Niger, ont toujours connu des relations ambiguës, basées à la fois sur : (i) des complémentarités qui rendent les interrelations indispensables ; (ii) des systèmes de domination/protection/exploitation qui contribuent aux tensions et (iii) des conflits fonciers que l'histoire a souvent exacerbés. Ces différents éléments ont entraîné et continuent d'entraîner des mutations profondes des milieux naturel et humain : certains groupes ont connu à plusieurs reprises l'exil des camps de réfugiés, tandis que d'autres ont cherché la survie dans les villes. À la sédentarisation font souvent écho des modifications profondes des relations sociales, avec une redistribution des rôles entre hautes castes et anciens serviteurs, ainsi qu'une transformation de la position de la femme.

Cette succession de crises a permis aux habitants de la partie nord du Mali d'être exposés aux agences humanitaires, avec les aspects positifs et négatifs que cela suppose. Ces crises ont eu plusieurs conséquences importantes pour les populations locales longtemps coupées du monde. Elles ont entraîné l'exode vers les villes, la migration à l'étranger ou encore le déplacement massif vers les camps de réfugiés. Dans ces nouveaux lieux de vie, les nomades apprennent d'autres manières de vivre, font l'expérience de la dure réalité de l'emploi urbain et s'habituent au fonctionnement de l'aide humanitaire[122].

La crise actuelle, qui a débuté en 2012, est le prolongement logique de celle des années 1990. Elle se déroule dans un contexte de gouvernance contestée et soulève dans la société malienne de nombreuses questions liées à la maturité démocratique acquise depuis 1991 et aux jeux nouveaux des acteurs politiques et de la société civile. La gouvernance de la période 2000–2010 a vu l'installation, sur le sol malien, des mouvements radicaux extérieurs et des réseaux de l'économie illicite et informelle. Cela pose la question de la crédibilité de nombreux acteurs politiques qui étaient déjà en position de responsabilité.

Malgré les efforts réels, pas toujours couronnés de succès, les rancœurs et incompréhensions réciproques rendent le dialogue plus difficile, et son caractère non inclusif par le passé ne favorise pas une résolution immédiate de la crise. La radicalisation de segments entiers de la jeunesse des zones concernées et l'interconnexion croissante entre les mouvements de l'Islam radical au niveau sous-régional (Boko Haram, Al-Qaïda, El Sheebab, etc.) sont les conséquences en partie des difficultés économiques qui affectent toute la zone et du

---

[122] François Grünewald, Johanna Baché, Valérie Léon, Bonaventure Sokpoh, « La difficile gestion d'une crise complexe au Nord Mali : Leçons tirées », *Rapport d'évaluation, février*, 2015, 52 pages.

manque de perspectives politiques, morales et éthiques qui s'offrent à la jeunesse. Le dialogue politique semble plus difficile que lors de la crise précédente. Les espoirs nombreux qu'avait suscités la chute du Général Moussa Traoré ne sont plus là, et la confiance entre les acteurs du débat politique est tout sauf établie[123].

2.4.3 Défaillances stratégiques de l'État

Avec l'avènement de la lutte contre la pauvreté, la fin des années 1990 semblait être un renouveau de la planification au Mali. Mais les problèmes restent importants à plus d'un titre, à la fois au niveau de la planification stratégique et de la planification opérationnelle. À chaque fois, un décalage entre le niveau stratégique et le niveau opérationnel est observé. Cela a abouti à un ensemble de réformes dans les domaines de la planification et de la statistique. Le temps de ces réformes joue dans la mise en place d'une planification continue. Les problématiques importantes sont prises en compte avec un retard lié à plusieurs facteurs, notamment à la complexité des urgences.

L'échec de l'État dans l'offre de services publics de qualité provient des interventions institutionnelles inefficaces entravant la croissance économique nationale. Cela s'avère souvent plus coûteux à l'économie du point de vue de la recherche de rentes et de la corruption qu'il génère, que les défaillances du marché que les États tentaient de rectifier en premier lieu (Krueger 1974 ; voir Khan et Jomo 2000 pour une analyse critique). Le problème de beaucoup de pays moins développés comme le Mali ne se limite pas à la médiocrité de leur performance économique. Il est surtout lié à l'effondrement de la légitimité et de la viabilité politique de leurs États.

Plusieurs études mettent en valeur l'importance de la médiocrité de la performance économique pour expliquer l'effondrement de l'État et l'apparition de guerres civiles (Collier et Hoeffler 1998 ; Banque mondiale 2003). Mais beaucoup d'États à la performance médiocre en termes économiques, comme les États défaillants notamment, sont désormais perçus comme des lieux propices à l'épanouissement d'organisations terroristes et de réseaux criminels internationaux. Car, les États souverains sont censés réaliser un certain nombre de fonctions fondamentales pour assurer la sécurité et le bien-

[123] *Ibid.*, p. 17

être de leurs citoyens et veiller au bon fonctionnement des échanges internationaux. Les États qui ne parviennent pas à satisfaire à ces critères minimaux y sont décrits comme « faibles », « fragiles » ou « fonctionnant mal »[124].

Dans le cas du Mali, il faut faire remarquer que dans certaines zones du Nord et du Centre, l'absence de l'État est comblée par l'appui des ONG et de la Mission multidimensionnelle intégrée des Nations unies pour la stabilisation au Mali (MINUSMA) à travers l'offre de services publics minimums aux populations restées sur place et à celles se trouvant dans les camps de réfugiés. En effet, l'existence d'États clientélistes, corrompus et patrimoniaux est perçue comme nuisible au développement dans le meilleur des cas, et comme un terrain propice à un comportement prédateur et à de violentes ripostes de la part de factions étatiques et non étatiques dans le pire des cas.

La situation actuelle indique dans une certaine mesure l'échec de l'État, surtout dans les domaines de la sécurité (insécurité grandissante), du développement économique (défaillance des infrastructures publiques ou des routes), de la représentation politique (défaillance de la majorité), voire de la distribution des revenus. À ce titre, pour Rotberg, les États-nations échouent d'autant plus qu'ils ne sont plus en mesure d'offrir des biens politiques positifs à leurs peuples. Leurs gouvernements perdent leur légitimité, et l'État-nation devient lui-même illégitime aux yeux d'une majorité croissante de citoyens[125].

Le Mali au regard de la situation actuelle pourrait être qualifié d'État défaillant. Dans la mesure où un « État défaillant » se définit par la réunion de conditions « d'effondrement étatique ». Il s'agit, par exemple, d'un État qui n'est plus capable d'assurer ses fonctions sécuritaires et de développement et n'exerçant plus un contrôle efficace sur son territoire et ses frontières. Enfin, un État défaillant est un État qui n'est plus à même de reproduire les conditions nécessaires à sa propre existence[126].

---

[124] Moreno-Torres M., Anderson M., "Fragile States: Defining Difficult Environments for Poverty Reduction", *PRDE Working Paper*, 1, 2004, p. 5.

[125] Rotberg R. I., "The New Nature of Nation-State Failure", the Center for Strategic and International Studies and the Massachusetts Institute of Technology, the Washington Quarterly, 25:3, 2002, p. 85.

[126] Jonthan D., « Conceptualisation des causes et des conséquences des États défaillants : analyse critique de la documentation », *Working Paper n° 25, Crisis*

2.4.4 Contraintes spécifiques de la politique budgétaire

En observant les données de l'économie malienne sur une longue période, on remarque que le Mali a beaucoup plus fait un arbitrage entre politiques de stabilisation et politiques de relance économique.

La capacité de réaction de la politique budgétaire face à une récession est contrainte, au départ, par les niveaux des déficits budgétaires et de l'endettement. Plus la situation budgétaire est défavorable, plus faible est la réactivité effective et potentielle des pouvoirs publics face à des chocs négatifs. Des règles budgétaires peuvent aider à prévenir la prochaine récession en permettant une consolidation plus rapide durant la phase de reprise. Mais des règles inadaptées peuvent avoir un effet déstabilisateur et induire des comportements qui tendent à respecter la règle à la lettre, mais non son esprit.

La politique budgétaire amortit les chocs par le jeu des stabilisateurs automatiques. Par exemple, au cours d'une récession, les indemnités de chômage augmentent et les recettes fiscales diminuent. Par conséquent, l'ampleur des stabilisateurs automatiques dépend d'un certain nombre de caractéristiques du système d'impôts et de transferts, cette dernière étant positivement corrélée à la taille du secteur public. Si les stabilisateurs automatiques ont une place importante dans l'arsenal des mesures politiques, ils sont difficiles à optimiser. Les instruments de la politique budgétaire sur lesquels reposent les stabilisateurs automatiques sont généralement conçus pour répondre en premier lieu à des objectifs d'équité ou d'efficience, la stabilisation automatique étant un résultat secondaire. L'ajustement de ces instruments à des fins de stabilisation devrait tenir dûment compte des coûts qui y sont associés.

Dans les pays confrontés à des situations budgétaires difficiles comme le Mali, les mesures discrétionnaires se trouvent contrariées. Ainsi, la politique budgétaire est généralement moins réactive en période de récession dans les pays qui accusent de lourds déficits que dans ceux qui enregistrent des déficits faibles ou des excédents (Égert, 2010). À cet égard, dans de nombreux pays, les marges de sécurité de la politique budgétaire étaient trop faibles pendant la période

---

States Working Papers Series n° 2, Crisis States Research Centre Janvier, 2008, p. 67.

précédant la crise de 2008. En conséquence, certains pays, dont la situation budgétaire était déjà très compromise, ont été contraints d'opérer un durcissement procyclique pendant la crise, tandis que les pays bénéficiant d'un excédent budgétaire confortable ont pu pratiquer une relance budgétaire plus large. Ces expériences conduisent à se demander si des marges de sécurité plus larges ne seraient pas nécessaires[127].

Au Mali, la politique budgétaire observe la même dynamique lorsque l'on analyse l'évolution des dépenses publiques et des recettes publiques. Ces deux variables respectent dans une certaine mesure le rôle de stabilisateur automatique. En effet, suite à la crise de 2012, le pays a dû observer une baisse de ses recettes publiques et a opéré une baisse conséquente de ses dépenses publiques. Sans nul doute, au-delà des effets inflationnistes possibles, la politique budgétaire de relance au Mali fait face à des effets de fuite. En effet, le financement du déficit via l'emprunt extérieur, comme c'est le cas récurrent au Mali, relance le débat sur l'efficacité d'une politique fiscale tournée vers l'aide extérieure et rend probables les effets de fuite d'une relance économique. Chambas et ses collègues ont parlé de syndrome hollandais en période de hausse des exportations ; mais en période d'ajustement, l'État a dû s'endetter à l'extérieur pour financer son déficit.

Le cadre de la politique budgétaire peut être renforcé de diverses manières. Premièrement, des règles budgétaires bien conçues peuvent faciliter l'orientation contracyclique de la politique fiscale pendant la phase d'expansion du cycle économique. Elles peuvent ainsi permettre une réponse plus vigoureuse face à des chocs négatifs de grande ampleur. À titre d'exemple, des études empiriques montrent que les règles d'équilibre budgétaire associées à des règles de dépenses s'avèrent plus efficaces pour assurer l'assainissement des finances publiques (Guichard *et al.*, 2007). Mais des règles budgétaires

---

[127] La question des marges de sécurité appropriées en matière de politique budgétaire a été analysée dans le contexte du Pacte de stabilité et de croissance de l'Union européenne. Dalsgaard et de Serres (1999), par exemple, ont estimé que les pays ayant un budget proche de l'équilibre avaient 90 % de chances de pouvoir laisser les stabilisateurs automatiques jouer librement sans franchir la limite de déficit de 3 % en cas de chocs de même ampleur que ceux connus par le passé. Codogno et Nucci (2008) ont réévalué les marges des sécurités nécessaires et constaté que, dans les pays où les écarts de production sont très instables, des marges de sécurité plus importantes sont requises.

inadaptées peuvent avoir un effet déstabilisateur, comme le cas des règles d'équilibre budgétaire qui contraignent les gouvernements à comprimer les dépenses lorsque les recettes baissent pendant une récession. En outre, les règles budgétaires peuvent induire des comportements qui tendent à respecter la règle à la lettre, mais non son esprit[128].

Concrètement, l'efficacité de la politique budgétaire est limitée, en particulier parce qu'une partie des effets de relance s'exporte à l'étranger par le biais d'une hausse des importations. Dans ces conditions, les marges de sécurité doivent être sensiblement plus larges que d'ordinaire pour faciliter la stabilisation dans une petite économie ouverte. Ainsi, la relance souhaitée, à travers le CREDD 2016–2018, risque d'être compromise du fait des effets de fuite possibles ; dès lors, les emprunts pourraient se traduire par plus d'achats à l'extérieur du fait des actions en jeu.

En résumé, il faut retenir que la politique économique du Mali n'a pas connu une trajectoire stable. La politique budgétaire a suivi la même dynamique. Ainsi, les principaux résultats montrent que le Mali est clairement dans la voie de la réduction de la pauvreté après plus d'une décennie de formulation et de mise en œuvre de document-cadre de réduction de la pauvreté à travers la croissance et l'amélioration de l'accès aux services sociaux de base.

La dynamique actuelle de la politique budgétaire indique des objectifs en faveur d'une relance économique vers le développement durable à l'horizon 2030. La principale interrogation se pose sur l'efficacité de cette politique à atteindre ses résultats, eu égard à différentes contraintes (vulnérabilité, défaillance de l'État, dépendance de l'extérieur, environnement politique, insécurité, etc.).

Ainsi, le Mali pourra réussir à mettre en œuvre une politique budgétaire pro-pauvres s'il respecte les conditions de la convergence et met en place les règles budgétaires assurant l'efficacité économique à tous les niveaux, précisément celle de la dépense publique.

En résumé, le Mali a connu cinq régimes correspondant à quatre phases de politique économique : (i) la période socialiste (1960–1968) ; (ii) la période d'économie mixte étatiste (1968–1982) ; (iii) la période de libéralisation avec les PAS (1982–1992) ; (iv) depuis 1992,

---

[128] Voir Koen V. et van den Noord P., « Fiscal Gimmickry in Europe: One-Off Measures and Creative Accounting », *OECD Economics Department Working Papers*, n° 417, 2005.

le régime démocratique et l'économie libéralisée et à l'avènement des CSLP/CSCRP/CREDD.

La lutte contre la pauvreté est devenue la principale référence en matière de politique de développement. Le pays a donc successivement élaboré et mis en œuvre sur la période 2002–2011 deux (2) documents de réduction de la pauvreté (CSLP I 2002–2006, CSLP II 2007–2011). Ces documents ont servi de références en matière de politiques économiques et sociales. Par ailleurs, les objectifs du millénaire pour le développement (OMD) sont venus renforcer la vision en matière de lutte contre la pauvreté. Le CREDD I 2016–2018, ensuite le CREDD II 2019–2023, en intégrant les ODD, ont renforcé la vision de la lutte contre la pauvreté élargie à d'autres objectifs.

Les résultats macroéconomiques, qui en résultent, indiquent une trajectoire instable en termes d'indicateurs économiques et sociaux. En termes de politiques budgétaires, les deux dernières décennies ont été plus marquées par des politiques expansives, avec un choix dans la voie de la réduction de la pauvreté.

En observant les données de l'économie malienne sur une longue période, on remarque que le pays a beaucoup plus fait un arbitrage entre politiques de stabilisation et politiques de relance économique. La dynamique actuelle de la politique budgétaire indique des objectifs en faveur d'une relance économique vers le développement durable à l'horizon 2030.

La politique budgétaire adoptée par le Mali lui a permis de satisfaire en grande partie les critères de convergence de l'UEMOA. Ainsi, depuis 1994, tant en ce qui concerne la part des recettes fiscales consacrée aux salaires que le niveau du solde primaire, le Mali a amélioré ses performances et satisfait facilement les critères. Le déficit budgétaire exerce dans le cas du Mali un effet expansionniste sur la demande de type keynésien qui aurait été susceptible de déboucher sur un phénomène d'inflation. Or, on a vu plus haut qu'à l'exception de la période où le Mali est sorti de la zone franc l'inflation a été en moyenne faible au Mali, ce qui incite à penser encore une fois que l'effet expansionniste du budget s'est avant tout traduit par une demande de biens échangeables.

La pauvreté du pays est un domaine d'échec des programmes d'ajustement structurel (PAS) dans la promotion du développement humain. Les mécanismes de marché n'ont pas produit l'équité attendue dans lesdits programmes. Les inégalités de revenus se sont renforcées, et le développement de la pauvreté a touché inégalement villes, campagnes, régions, catégories socioprofessionnelles. Au niveau des secteurs sociaux, des avancées ont été faites en termes d'offres de services. Certaines insuffisances sont encore persistantes, surtout au niveau de la qualité. Par exemple, le taux brut de scolarisation (TBS) au 1er cycle s'est amélioré. Aussi, la proportion de la population située à moins de 5 km d'un centre de santé est largement au-dessus de la moyenne. Le niveau de la couverture sanitaire a graduellement augmenté.

Toutefois, la crise de 2012 a renforcé la nécessité pour l'État de faire face à la pauvreté à travers la politique budgétaire, en faisant face aux vulnérabilités socioéconomiques. Beaucoup d'enfants n'ont pas fréquenté l'école depuis le début de cette crise. L'État a failli dans l'offre de services, surtout dans les zones de guerre.

La politique budgétaire consiste à utiliser le budget de l'État comme un instrument de régulation conjoncturelle. Elle peut servir à freiner l'activité en cas de déséquilibre des échanges extérieurs et d'inflation. Mais elle a surtout été pratiquée, selon les prescriptions de Keynes, pour redynamiser une économie dépressive. De nombreux économistes doutent des capacités de la politique budgétaire à engendrer une augmentation plus que proportionnelle du PIB. Dans cette école, il faut alors distinguer ceux qui concluent en faveur d'un multiplicateur budgétaire positif (quoiqu'inférieur à l'unité) de ceux qui concluent en faveur d'un multiplicateur budgétaire négatif.

En ce qui concerne la pauvreté, la littérature économique contemporaine est généralement peu prolixe sur sa conceptualisation. Elle s'est en effet attachée principalement aux dimensions monétaires et/ou d'accessibilité aux ressources productives et aux besoins essentiels. En principe, il n'existe pas de définition unanime reconnue du concept de pauvreté. La pauvreté est généralement considérée comme relative. Elle n'est généralement jamais définie par elle-même, mais elle est toujours abordée en fonction d'autres concepts, comme ceux de la croissance, du bien-être, de l'exclusion ou encore de l'équité. Il n'est donc pas aisé d'identifier clairement les éléments clés du concept de pauvreté d'autant plus qu'il ne se définit généralement que par rapport à son contexte spécifique, qu'il soit mondial, régional, national ou encore local.

Les concepts généralement utilisés sont entre autres : la pauvreté absolue et relative, l'indicateur de développement humain (IDH), l'indicateur de pauvreté multidimensionnelle (IPM), les seuils de pauvreté destinés aux comparaisons internationales, les seuils de pauvreté nationaux, l'acuité ou la profondeur de la pauvreté, etc. Le combat de la pauvreté s'est engagé depuis longtemps avec d'illustres économistes et des institutions internationales. Des plans et stratégies de lutte ont été créés, certains des points convergent, tandis que d'autres se contredisent. Ainsi, la réduction de la pauvreté apparaît désormais au cœur des actions publiques à travers une allocation budgétaire conséquente. D'ailleurs, la prise en compte de la réduction de la pauvreté a créé ses propres instruments budgétaires.

Il convient de retenir que le Mali a connu différentes politiques économiques de son indépendance à nos jours. Ces politiques ont été marquées par les formes des régimes politiques. Les cinq régimes correspondent à quatre phases de politique économique : (i) la période socialiste (1960–1968) ; (ii) la période d'économie mixte étatiste (1968–1982) ; (iii) la période de libéralisation avec les PAS (1982–1992) ; (iv) depuis 1992, le régime démocratique et l'économie libéralisée. Les résultats macroéconomiques montrent que la politique économique du Mali n'a pas connu une trajectoire stable. La politique budgétaire a suivi la même dynamique. Ainsi, les principaux résultats montrent que le Mali est clairement dans la voie de la réduction de la pauvreté après plus d'une décennie de formulation et de mise en œuvre de document-cadre de réduction de la pauvreté à travers la croissance et l'amélioration de l'accès aux services sociaux de base.

C'est donc après des décennies de contre-performances en tous genres, et pour placer la gestion du développement dans une perspective de long terme, que le Gouvernement malien a entrepris la réalisation, de 1996 à 1999, d'une étude nationale prospective (ENP MALI 2025). Cette étude constatait une pauvreté généralisée de la population malienne. En effet, le constat sur la pauvreté générale des Maliens est fait par tous les acteurs interrogés. L'unité et la cohésion nationales dans la diversité et une meilleure gouvernance ont été les aspirations fondamentales des Maliens et les conditions nécessaires à tout progrès social. D'ailleurs, la lutte contre la pauvreté est devenue la principale référence en matière de politique de développement en Afrique subsaharienne. Le Mali n'est pas resté en marge de ce processus. Il a successivement élaboré et mis en œuvre sur la période 2002–2011 deux (2) documents de réduction de la pauvreté (CSLP I 2002–2006, CSLP II 2007–2011). Ces documents ont servi de références en matière de politiques économiques et sociales.

Tout comme entre 2002 et 2011, la politique budgétaire a toujours été l'instrument privilégié par l'État pour atteindre les objectifs de réduction de la pauvreté. Elle reste l'instrument privilégié dans la mise en œuvre du CREDD 2016–2018, mais avec un basculement vers la prise en compte de l'approche programme. La politique budgétaire adoptée par le Mali lui a permis de satisfaire en grande partie les critères de convergence de l'UEMOA. Ainsi, depuis 1994, tant en ce qui concerne la part des recettes fiscales consacrée aux salaires que le niveau du solde primaire, le Mali a amélioré ses performances et satisfait facilement les critères.

En revanche, la part des recettes fiscales consacrée aux investissements n'a atteint la norme qu'en 1998. De manière globale, le déficit budgétaire exerce, dans le cas du Mali, un effet expansionniste sur la demande de type keynésien qui aurait été susceptible de déboucher sur un phénomène d'inflation. Or, on a vu plus haut qu'à l'exception de la période où le Mali est sorti de la zone franc l'inflation a été en moyenne faible au Mali, ce qui incite à penser encore une fois que l'effet expansionniste du budget s'est avant tout traduit par une demande de biens échangeables. En observant les données de l'économie malienne sur une longue période, on remarque que le pays a beaucoup plus fait un arbitrage entre politiques de stabilisation et politiques de relance économique. La dynamique actuelle de la politique budgétaire indique des objectifs en faveur d'une relance économique vers le développement durable à l'horizon 2030.

Ce faisant, il apparaît clairement qu'aujourd'hui la réduction de la pauvreté semble être la priorité des pays en développement comme le Mali. Ce qui fait de la politique budgétaire un instrument privilégié de réduction de la pauvreté. Par ailleurs, la crise que le pays a connue en 2012 a obligé le Gouvernement à opter pour un recadrage en faveur de la sécurité. Pourtant, la question est de savoir si la politique budgétaire du Mali est pro-pauvres au cours de ces deux dernières décennies, ou a permis d'améliorer l'accès à des services essentiels comme l'éducation, la santé et la protection sociale. Ainsi, il s'agit de confirmer ou d'infirmer de façon empirique la relation entre politique budgétaire et réduction de la pauvreté.

PARTIE II :

ANALYSE EMPIRIQUE DE LA RELATION ENTRE DÉPENSES SOCIALES ET RÉDUCTION DE LA PAUVRETÉ

La mise en œuvre des premiers programmes d'ajustement dans les années 1980 au Mali a eu pour conséquence l'aggravation de la pauvreté. Toutefois, la mise en œuvre des DSRP (CSLP 1 et 2) a permis de constater une baisse sensible entre 2002 et 2011.

De 2012 à nos jours, la pauvreté semble avoir repris du chemin, à cause de multiples facteurs. Cette situation pose la question de la productivité des dépenses publiques et de leur impact sur les conditions de vie des populations, notamment des couches les plus défavorisées.

Dans le cas du Mali, malgré des efforts budgétaires en faveur des secteurs sociaux, les indicateurs sociaux ne se sont pas substantiellement améliorés. Même si les dépenses sociales sont encore insuffisantes pour influer significativement sur les indicateurs sociaux, leurs effets positifs devraient pouvoir contribuer à une croissance soutenue et inclusive et à une amélioration sensible des conditions de vie des pauvres.

La question principale à laquelle cette partie du travail tente de répondre est de savoir comment les dépenses dédiées à l'éducation et à la santé budgétaires affectées aux secteurs de l'éducation et de la santé peuvent contribuer plus efficacement à la réduction de la pauvreté ?

Il s'agit ici d'analyser la sensibilité des indicateurs sociaux aux variations des dépenses sociales à travers la politique budgétaire, afin de proposer des recommandations de politiques économiques et sociales allant dans le sens d'une amélioration durable des indicateurs sociaux.

La méthodologie utilisée s'est beaucoup inspirée de celle de Keho (2008), qui a analysé le rôle de la croissance et des dépenses sociales dans la dimension sociale du développement durable en Côte d'Ivoire.

Chapitre III : Cadre méthodologique d'analyse de la politique budgétaire pro-pauvres

Le Mali a adopté la Déclaration du millénaire lors du Sommet mondial pour le développement durable tenu du 26 août au 4 septembre 2002 à Johannesburg. Le Gouvernement malien s'est engagé à mettre en œuvre des politiques de développement qui s'appuient sur les OMD, à travers notamment l'ENP Mali 2025 et l'élaboration de documents de stratégies de réduction de la pauvreté (CSLP 1, 2002–2006 ; CSCRP ou CSLP 2, 2007–2011 ; CSCRP 2012–2017 ; PRED 2013–2014). Les documents les plus récents, que sont le CREDD 1 (2016–2018) et le CREDD 2 (2019–2023), intègrent les résultats en termes d'acquis et de leçons du PRED 2013–2014 et la prise en compte des ODD, qui constituent un prolongement des OMD après un bilan final en 2015.

Dans ces stratégies, l'accent est mis sur la dimension sociale du développement à travers la réduction de la pauvreté avec comme principal instrument le budget du Gouvernement. En effet, la dimension sociale du développement durable traduite par le principe d'équité sociale repose sur l'accès équitable de tous aux ressources disponibles. Elle vise la satisfaction des besoins essentiels et l'amélioration de la qualité de vie de tous les groupes sociaux. Elle revêt aussi un caractère politique : elle fait du développement un instrument de cohésion sociale et un processus de choix politique (Keho, 2008).

Les documents stratégiques de réduction de la pauvreté sont fondés sur le concept d'équité, puisque leur objectif principal est de lutter contre les inégalités sociales, notamment en matière d'accès aux services publics fondamentaux (santé, éducation, eau, électricité, etc.). Dans ce dispositif de lutte contre la pauvreté, les dépenses publiques et la croissance occupent une place centrale. En effet, les dépenses publiques dans les secteurs de l'éducation et de la santé et les investissements en infrastructures publiques jouent un rôle important à la fois dans le développement économique et social du pays.

Le Mali, comme d'autres pays africains, a adhéré à ce mode de pensée. Ce qui explique que ces vingt dernières années ont été marquées par des efforts budgétaires et des actions en direction de la lutte contre la pauvreté et les inégalités à travers la formulation et la mise en œuvre de documents de politique économique (cités plus haut).

Force est de reconnaître que les résultats du Mali dans le domaine de la pauvreté ont permis de constater qu'elle avait sensiblement augmenté au cours des années 1980 jusque dans les années 1990. Mais la mise en œuvre des DSRP a permis de constater une baisse sensible entre 2002 et 2011.

De 2012 à nos jours, la pauvreté semble avoir repris du chemin à cause de multiples facteurs. Cette situation pose la question de l'efficacité des dépenses publiques en termes d'amélioration du bien-être de la population.

Malgré des efforts budgétaires en faveur des secteurs sociaux, les indicateurs sociaux ne se sont pas améliorés. Même si les dépenses sociales sont encore insuffisantes pour influer significativement sur les indicateurs sociaux, leurs effets positifs peuvent contribuer à une croissance soutenue et inclusive.

On peut se poser la question de savoir : comment les dépenses d'éducation et de santé ont été orientées pour contribuer plus efficacement à la réduction de la pauvreté conformément aux objectifs du millénaire pour le développement et aux objectifs précis des CSLP 1 et 2 (2002–2006, 2007–2011). À cet effet, il s'agit ici d'analyser la sensibilité des indicateurs sociaux aux variations des dépenses sociales à travers la politique budgétaire et la croissance économique, afin de proposer des recommandations de politiques économiques et sociales allant dans le sens d'une amélioration durable des indicateurs sociaux. La méthodologie d'analyse s'inspire de Keho (2008).

Dans ce chapitre, l'analyse concerne la relation entre la politique budgétaire et la réduction de la pauvreté à travers les indicateurs de développement social. L'analyse précédemment effectuée a permis de comprendre la dynamique d'allocation et de faire ressortir la structure du budget de l'État (structures des dépenses et des recettes).

Pour comprendre la nature de la politique budgétaire, l'analyse se focalisera sur le taux de croissance des dépenses publiques sur une longue période. Un accent singulier est porté sur la présentation et l'analyse des indicateurs sociaux reflétant l'accès des populations aux services de base (éducation, santé et protection sociale) ainsi que la part du budget de l'État allouée auxdits secteurs. La nature de l'analyse est de type économétrique. Elle permet de comprendre en quoi la politique budgétaire, à travers les dépenses publiques, contribue à améliorer les conditions de vie des populations maliennes sur une longue période.

L'accent est mis sur la méthodologie (section 3.1). Les éléments de cette section portent sur les fondements de l'approche méthodologique, les différentes hypothèses à vérifier ainsi que l'analyse diagnostique de l'allocation des dépenses sociales du budget de l'État. Les différents tests économétriques nécessaires sont développés dans la section suivante (section 3.2). Ces tests permettent de s'assurer du choix des variables et de l'existence d'une interdépendance à long terme (dynamique de long terme) entre elles. Deux types de modèles empiriques sont couramment utilisés pour vérifier la relation entre dépenses publiques et pauvreté (section 3.3). L'accent est mis dans cette section sur les modèles autorégressifs et les modèles de croissance pro-pauvres. Le modèle économétrique retenu est présenté dans la dernière section (section 3.4).

3.1 Méthodologie

3.1.1 Fondement de l'approche méthodologique

La relation entre la politique budgétaire et la réduction de la pauvreté est au cœur des politiques de lutte contre la pauvreté. Elles trouvent leurs origines dans les nouveaux paradigmes du développement, à savoir le développement durable. L'avènement des DRSP, des OMD et aujourd'hui des ODD, a favorisé le recentrage des politiques publiques sur les questions de réduction de la pauvreté.

À tout point de vue, Keho[129] considère que dans la littérature économique contemporaine la relation entre le développement social et la croissance économique est analysée sous quatre points de vue[130]. Le premier considère que le développement social est le produit de la croissance économique. Le deuxième point de vue présente la croissance économique et le développement social comme deux faits indépendants.

La troisième approche soutient que ni la croissance économique ni le développement social ne sont la cause première de l'autre, mais qu'ils sont interdépendants. La quatrième approche inverse le sens de

[129] Keho Y., « La dimension sociale du développement durable en Côte d'Ivoire : le rôle de la croissance et des dépenses sociales », PED n° 01/2008, Cellule d'analyse de politiques économiques du CIRES, 2008, pp. 24.

[130] Mazumdar K., « An Analysis of Causal Flow between Social Development and Economic Growth: the Social Development Index », *The American Journal Of Economics And Sociology*, 1996 ; Newman B. et Thomson R., « Economic Growth and Social Development: a Longitudinal Analysis of Causal Priority », *World Development*, vol. 17, n° 4, 1989, pp. 461–471.

la causalité et considère que le développement social précède la croissance économique.

La première approche a inspiré pendant longtemps les politiques de développement. Au cours des années 1960, la conception du développement était essentiellement quantitative : le développement industriel permet le progrès technique dans l'économie, l'augmentation de la productivité de la main-d'œuvre, l'accumulation du capital et le bien-être. La plupart des responsables des pays en développement adhéraient à ce mode de pensée et estimaient que la croissance économique était synonyme de développement économique et social.

Les politiques mises en œuvre mettaient plus d'emphase sur des programmes économiques et faisaient le pari que la progression du produit national brut assurerait la réalisation d'autres objectifs, tels que l'emploi, une répartition plus équitable du revenu et une réduction de la pauvreté. Ce processus implique un mouvement automatique des richesses des plus aisés vers les pauvres. Il faut d'abord accepter l'existence des inégalités et se concentrer sur la croissance. Les fruits de la croissance seront ensuite répartis sur l'ensemble de la population via les dépenses publiques ou privées.

Le schéma proposé était alors le suivant : inégalités d'abord, et ensuite redistribution. Cependant, l'expérience du développement a montré que la croissance économique résultant des forces du marché profite en général davantage aux riches qu'aux pauvres. Cela tient au fait que les riches bénéficient d'un avantage en termes de capital humain et financier qui leur permet de mieux saisir les opportunités économiques qu'offre une croissance positive. C'est principalement pour cette raison que la plupart des programmes de développement, qui étaient fondés sur des modèles avec redistribution, se sont avérés inefficaces pour réduire la pauvreté. Bien que cette approche ait été critiquée depuis les années 1970 d'être inefficace pour satisfaire les besoins fondamentaux, certains résultats accréditent encore sa pertinence.

Ram (1985) argumente que l'augmentation du revenu par tête améliore le niveau de satisfaction des besoins fondamentaux. Dans le même ordre d'idée, Goldstein (1985) soutient que les facteurs économiques affectent de façon significative au moins un composant des besoins fondamentaux, les taux de mortalité infantile.

Les résultats empiriques obtenus par Annand et Ravallion (1993) accréditent cette hypothèse dans la mesure où ils révèlent que la moitié des variations de l'espérance de vie est attribuable aux différences de croissance par tête. L'impact du PIB par tête sur l'espérance de vie ainsi que sur d'autres indicateurs sociaux est plus élevé lorsque l'État joue un rôle de régulateur important.

Barro et Sala-I-Martin (1995) trouvent également que le revenu par tête est positivement corrélé avec deux aspects de la santé : la mortalité infantile et l'espérance de vie.

Pritchett et Summers (1996) soutiennent que, toutes choses égales par ailleurs, le niveau du revenu a un impact positif sur la santé. Le revenu affecte directement la santé à travers son influence sur la consommation des individus. En outre, ils établissent une relation inverse entre le revenu et la mortalité infantile. Sur la base de 81 indicateurs, Easterly (1999) établit une relation positive entre la croissance du revenu par tête et plusieurs indicateurs de la qualité de la vie. Plus récemment, Bils et Klenow (2000) trouvent que la croissance conduit à plus de scolarisation. Dollar (2001) et Dollar et Kraay (2002) montrent que la croissance économique améliore significativement la santé des populations.

La plupart des économistes s'accordent sur le fait que la croissance économique est nécessaire pour une réduction de la pauvreté à long terme. L'histoire de certaines économies apprend que ce sont les régions où la croissance économique a été la plus rapide qui ont le plus réduit la pauvreté monétaire (PNUD, 2003).

L'absence de croissance économique ne peut donc, en pratique, que nuire aux pauvres. En effet, sans croissance il est non seulement presque impossible de réduire la pauvreté monétaire, mais en outre, les progrès réalisés dans les autres aspects de la pauvreté ne peuvent pas non plus être durables. On est alors tenté de conclure que l'absence de la croissance économique dans les pays africains au sud du Sahara au cours de la décennie 1990 peut avoir été à la base de la propagation de la pauvreté dans cette partie du monde. Il convient cependant de nuancer la portée d'une telle affirmation, car la croissance économique quantitative ne suffit pas à elle seule pour entraîner le développement social. Statistiquement, la croissance n'est responsable que de la moitié de la réduction de la pauvreté. L'autre moitié dépend d'une politique adéquate à même d'exploiter cette croissance dans le sens d'une réduction de la pauvreté (PNUD, 1997).

Yaya Keho pense que quatre raisons fondamentales justifient la nécessité de promouvoir le développement social, à savoir : le développement humain, la croissance endogène, la réduction de la pauvreté et le développement social. Pour lui :

- *le développement humain doit être considéré* comme une fin en soi, car tout doit concourir au bonheur de l'homme. Cet impératif de sauvegarder le bonheur de la société humaine apparaît d'ailleurs explicitement dans la définition du développement durable, qui met l'accent sur la satisfaction des besoins des générations présentes et futures ;
- *les théories de la croissance endogène* (Lucas, 1988 ; Barro, 1990) ainsi que certaines études empiriques (Newman et Thomson, 1989 ; Barro, 1991 ; Hanushek et Kimko, 2000) montrent que les investissements dans l'éducation et la santé apportent aussi une « contribution en capital » à la croissance économique et à la poursuite du développement, notamment à la productivité du travail et au bien-être des populations. Un travailleur en bonne santé est un travailleur plus productif, tout comme un travailleur mieux éduqué. Ces investissements sociaux constituent aussi des instruments importants pour accroître la participation des pauvres à la création de la richesse nationale et partant réduire la pauvreté. En effet, les populations en mauvais état de santé tirent la croissance vers le bas : non seulement elles ne participent pas à la création de richesse, mais elles constituent une charge pour l'État et la société. Au contraire, l'amélioration du niveau de santé relève le revenu par habitant par diverses voies. Elle accroît la productivité des individus et modifie leurs décisions de dépenses et d'épargne sur le cycle de vie (Keho, 2008). L'idée de planifier ses vieux jours ne surgit que si le taux de mortalité baisse assez pour devenir une perspective réaliste. La progression de l'espérance de vie incite la génération actuelle à épargner, ce qui a des effets favorables sur le taux d'épargne privée et donc sur l'investissement. Par ailleurs, le développement d'activités non agricoles est lié à celui des infrastructures économiques, éducatives et sanitaires d'une part et à la qualité de la main-d'œuvre d'autre part. En effet, les investisseurs ne peuvent être attirés par les pays où la

main-d'œuvre n'est pas qualifiée et en bonne santé. L'investissement dans l'éducation des pauvres permet de renforcer plusieurs autres dimensions du développement humain. L'expérience montre que l'amélioration de l'approvisionnement en eau potable est difficilement réalisable si elle n'est pas accompagnée d'un effort d'éducation. On sait par ailleurs que les taux de mortalité maternelle et infantile diminuent sensiblement avec des niveaux élevés d'instruction des femmes (Keho, 2008).

- *La réduction de la pauvreté et de l'exclusion sous toutes ses formes contribue* à l'émergence de la stabilité sociale, car elle éloigne le spectre des révoltes et des remises en cause de l'ordre social et politique en cours. En effet, l'exclusion sociale se superpose à d'autres types d'exclusions et est souvent perçue comme un processus central par rapport aux autres formes d'exclusions et peut conduire à la rupture de l'équilibre social. En dehors de l'impact sur les exclus eux-mêmes, l'exclusion sociale a d'abord des effets négatifs sur la société. Les exclus n'ont guère intérêt au maintien de l'ordre existant. Ils risquent par conséquent d'adopter davantage des comportements déviants qui nuisent à l'ordre social, tels que la délinquance et autres manifestations antisociales, qui sont une menace constante pour la stabilité et la légitimité de l'ordre démocratique, la cohésion sociale et la gouvernance de la société (Putnam, 1993). Or, pour les économistes la stabilité sociale serait un facteur de rendement. Car l'instauration d'un climat social et politique stable est généralement un critère déterminant dans le choix des sites pour l'investissement privé et garantit le fonctionnement de l'appareil productif. Les problèmes sociaux inquiétants engendrés par des conditions sociales très dégradées imposent aux décideurs la prise de mesures préventives et adéquates, car ces situations s'avèrent être une menace, un frein tant à la survie qu'à la réussite des plans de redressement économique et la paix sociale. C'est dire qu'il existe une interaction étroite entre l'économique et le social qu'il faut s'interdire d'ignorer (Keho, 2008) ;
- *Le développement social s'inscrit forcément dans une perspective intergénérationnelle*. En effet, un impact majeur

de l'exclusion scolaire dans l'enfance est le poids qu'elle fait peser sur la génération suivante. L'exclusion sociale des enfants est d'abord liée à l'exclusion sociale et aux possibilités économiques de la famille ou du ménage dans lequel ils grandissent. Il existe aujourd'hui une littérature sur la transmission de la pauvreté d'une génération à l'autre, et une partie des études consacrées au « sous-prolétariat » lie la pauvreté et l'exclusion des enfants à la situation économique et sociale des parents (voir par exemple, Hills, 1998 ; Machin, 1998 ; Atkinson, 1998). Les enfants des exclus auront besoin d'un soutien et de ressources beaucoup plus importants pour pouvoir accéder à l'égalité des chances dans l'éducation et dans la société. L'éducation réduit l'exclusion sociale chez les enfants et protège ainsi les générations futures de cette situation. Le fait qu'un grand nombre d'enfants soient privés d'accès à une éducation de base ou la faillite de la scolarité à assurer l'intégration socio-économique des individus et des groupes au marché du travail et à des niveaux adéquats de consommation pourrait donc contribuer à perpétrer les disparités économiques et sociales. Les identités différentes qui résultent d'une structure basée sur ces inégalités constituent aussi une menace sérieuse à la cohésion sociale et au sentiment commun d'identité nationale. Les réformes visant à promouvoir l'équité sociale doivent donc devenir un élément clef des stratégies nationales de développement durable[131].

L'État peut donc jouer un rôle crucial dans l'amélioration des indicateurs sociaux. Il contribue significativement au développement social à travers notamment la fourniture de services publics d'éducation, de santé et de développement. Ainsi, si l'investissement dans l'éducation et la santé peut avoir un impact considérable sur la productivité du facteur travail et partant sur la croissance et le bien-être des populations, il y a place pour une intervention publique en ce qui concerne la mise en place de ces investissements sociaux. Or, l'outil principal de l'État en matière d'intervention publique est la politique budgétaire à travers laquelle l'on voit essentiellement les dépenses publiques. Il s'agit d'orienter ces ressources efficacement

---

[131] Keho Y., *op. cit.*, 2008, pp. 3–5.

vers les secteurs sociaux pour réduire les disparités sociales et la pauvreté. Dès lors, les dépenses publiques sont appelées à jouer un rôle central dans le dispositif national de lutte contre la pauvreté et la promotion du développement économique et social[132].

3.1.2 Hypothèses de travail

La problématique principale de la présente thèse, faut-il le rappeler, consiste à analyser les relations fonctionnelles entre les dépenses publiques sociales et la réduction de la pauvreté à travers la politique budgétaire. Plus précisément, elle cherche à vérifier empiriquement la relation entre les dépenses publiques sociales et la réduction de la pauvreté au Mali.

Les principales hypothèses à vérifier sont :

- La politique budgétaire, à travers les dépenses publiques sociales, est un instrument de réduction de la pauvreté. En réalité, en accordant plus de poids à la part du budget allouée aux services sociaux de base dans les domaines de l'éducation et de la santé, l'État pourrait contribuer à l'amélioration de l'accès des populations aux services sociaux de base, donc à la réduction de la pauvreté au Mali ;
- La politique budgétaire contribue à la réduction de la pauvreté. Le choix des dépenses publiques est source de création de richesse à travers les domaines et les secteurs où est supposée se trouver la majorité des populations.

3.1.3 Analyse–diagnostic

Cette partie de l'analyse permettra de développer un lien entre les allocations de ressources budgétaires et la réduction de la pauvreté à travers l'amélioration de l'accès des populations aux services sociaux de base.

Par la suite, il sera procédé à la sélection d'un ensemble de services sociaux de base plus pro-pauvres (éducation et santé).

À la fin sera développée une stratégie de vérification de la relation entre budget alloué et amélioration de l'accès aux services sociaux de base comme condition d'une croissance inclusive et durable au Mali.

---

[132] *Ibid.*, pp. 7, 8.

3.1.4 Fondement théorique du choix des variables d'analyse

Dans le cadre de ce travail, le développement social est perçu comme un processus multidimensionnel, en ce sens qu'on ne peut le cerner qu'à travers une série d'indicateurs. L'éducation, la santé, l'accès à l'eau potable, l'assainissement et l'accès à l'électricité sont des aspects clés du développement social.

Cependant, l'étude se limite ici aux indicateurs qui ont un lien direct avec le développement humain : les indicateurs d'éducation et de santé. Ces indicateurs, d'abord utilisés par le PNUD pour suivre les avancées des pays dans la mise en œuvre des Objectifs du millénaire pour le développement des Nations unies, ont été reconduits dans le cadre des Objectifs du développement durable. En effet, les indicateurs de réduction de la pauvreté ou développement social retenus sont globalement au nombre de huit (8).

3.1.4.1 Évolution des indicateurs de croissance

Dans le contexte de la réduction de la pauvreté, la croissance économique est une des conditions nécessaires que l'on retrouve dans tous les documents de politiques du Mali de 1998 à nos jours. Du CSLP 1 (2002–2006) au CSCRP (2012–2017), jusqu'au CREDD (2016–2018), l'accent est mis sur la croissance comme condition d'une réduction de la pauvreté. C'est l'une des raisons pour lesquelles l'analyse de la relation entre politique budgétaire et réduction de la pauvreté passe par la croissance économique en tant que variable endogène.

L'analyse des indicateurs de la croissance permet d'apprécier cette dynamique et de voir si les politiques budgétaires soutenant la croissance sont aussi implicitement favorables à la réduction de la pauvreté. L'accent est mis sur l'analyse sectorielle à travers le secteur de la santé et celui de l'éducation qui sont des secteurs prioritaires dans les stratégies de réduction de la pauvreté.

Dans la littérature économique, plusieurs auteurs confirment que la croissance est bonne pour les pauvres, pour paraphraser le titre d'une étude de la Banque mondiale fréquemment citée (Dollar et Kraay [2000]), à quelques exceptions près. Cependant, même en considérant comme exceptionnels les schémas de croissance « appauvrissante » (en anglais, thèse de la *immiserizing growth*) et en acceptant l'existence d'une corrélation généralement positive entre croissance et pauvreté (thèse du *trickle down*), il est nécessaire pour se prononcer dans ce débat d'évaluer plus finement l'élasticité de la pauvreté à la croissance :

Si celle-ci est élevée, alors les stratégies de réduction de la pauvreté exclusivement basées sur la croissance économique sont probablement justifiées. Si celle-ci est faible, toutefois, des stratégies ambitieuses de réduction de la pauvreté devraient combiner croissance économique et certaines formes de redistribution[133].

Au niveau justement de la redistribution, la question serait de savoir qu'est-ce qu'il faut distribuer ? Certainement une partie du revenu national en faveur des pauvres !

Force est de reconnaître que parmi les statistiques macroéconomiques de la pauvreté, le PIB par habitant est un indicateur d'analyse toujours retenu, surtout au niveau des comparaisons internationales. Son rythme d'augmentation renseigne sur la nature de la répartition de la richesse entre les individus (habitants) au cours d'une période. En effet, l'augmentation du PIB par habitant indique une bonne distribution de la richesse par tête.

Lorsque l'on observe l'évolution de la croissance du PIB par tête du Mali sur une longue période, à savoir entre 1970 et 2016, on constate une instabilité chronique. Les années de forte croissance sont celles de 1985 et 2001. Ces deux années correspondent à des dates historiques pour le Mali.

En effet, l'année 1985 correspond à la deuxième année du retour du Mali dans la zone franc CFA. Quant à l'année 2001, elle correspond au début de la conception et de la mise en œuvre des CSLP ; le CSLP 1 ayant été élaboré et adopté en 2001. Les évolutions récentes montrent que le PIB par habitant a augmenté entre 2013 et 2014 pour ensuite chuter à partir de 2015 jusqu'en fin 2016. Cela indique clairement que la relance n'a pas été durable. Toutefois, une analyse de la distribution de la croissance permettra de savoir le niveau de réduction ou d'augmentation de la pauvreté. Le graphique ci-dessous donne l'évolution du taux de croissance du PIB et du taux de croissance du PIB par habitant entre 1970 et 2016.

---

133 Cling J.-P., De Vreyer P., Razafindrakoto M., Roubaud F., « La croissance ne suffit pas pour réduire la pauvreté » in: *Revue française d'économie*, vol. 18, n°°3, 2004, pp. 137–187.

Figure 16. *Évolution de la croissance du PIB et de la croissance du PIB par habitant (1970–2016)*

Source : Base de données de la Banque mondiale (*World Development Indicators*, 2017).

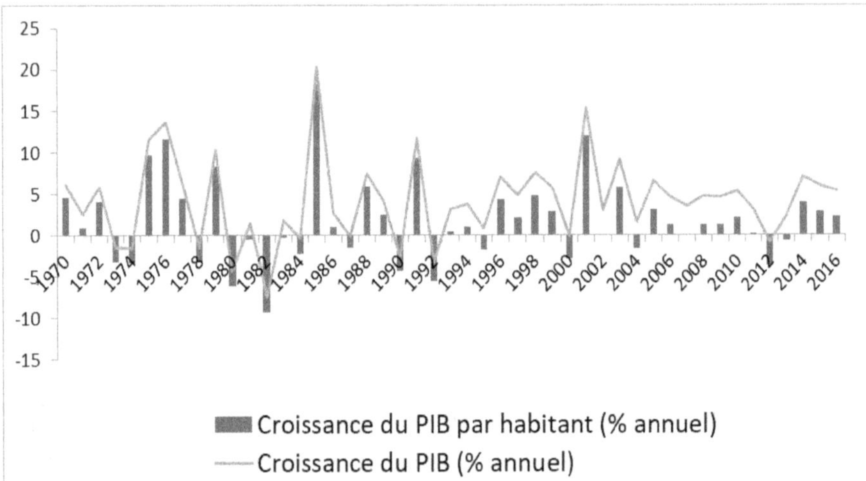

Il est clairement établi que la croissance est une condition nécessaire de réduction de la pauvreté. Elle est une opportunité pour les pauvres d'améliorer leur niveau de revenus ; et à travers cela, de favoriser l'accès aux services sociaux de base, notamment l'éducation et la santé. Pour cela, la croissance doit être une croissance redistributive en faveur de tous, y compris les pauvres.

3.1.4.2 Évolution des indicateurs de santé

a) Espérance de vie à la naissance

L'espérance de vie à la naissance est le nombre théorique d'années qu'un nouveau-né vivrait en bonne santé si les taux de mortalité spécifiques par âge prévalant à sa naissance sont maintenus durant sa vie. Cet indicateur reflète les niveaux de santé, de nutrition, d'assainissement et de revenu des populations.

Au niveau mondial, l'espérance de vie à la naissance s'est accrue de manière considérable en un peu plus d'un demi-siècle. Tandis que les femmes et les hommes nés au début des années 1950 pouvaient espérer vivre en moyenne 46,9 ans, celles et ceux nés entre 2005 et 2010 peuvent atteindre en moyenne l'âge de 68,7 ans. L'espérance de vie moyenne a donc progressé de plus de 20 ans. Les populations des régions en développement ont vu par ailleurs leur espérance de vie augmenter très nettement, de 41,6 ans dans les années 1950 à 67 ans aujourd'hui, soit un peu plus de 25 ans.

L'écart entre l'espérance de vie des populations des régions développées et celle des régions les plus pauvres a considérablement diminué : de 23 ans en 1950 à, à peine, 10 ans en 2010. Malgré tout, l'espérance de vie des pays les plus pauvres équivaut à celle des pays riches à la fin des années 1960. Dans certains pays riches, on peut vivre deux fois plus longtemps que dans les pays où l'espérance de vie à la naissance (hommes et femmes confondus) est la plus faible : 82,7 ans au Japon contre 44 ans en Sierra Leone. La moyenne mondiale de l'espérance de vie à la naissance est de 68,7 ans[134].

En se basant sur les zones géographiques, l'écart apparaît plus important encore. Les espérances de vie les plus faibles se trouvent en Afrique subsaharienne (52,9 ans) et en Afrique australe (51,9 ans). À l'opposé, les populations d'Europe de l'Ouest et d'Amérique du Nord ont les espérances de vie les plus longues (respectivement 80,2 et 78,4 ans). Il y a donc près de 30 ans d'écart entre ces deux extrêmes.

L'Afrique subsaharienne et l'Afrique australe se trouvent aujourd'hui au même stade, mais l'évolution de leurs espérances de vie diffère fortement. En Afrique subsaharienne, l'espérance de vie a nettement progressé : au début des années 1950, elle était de 36,2 ans, de 52,9 ans en 2010, soit une augmentation de 16,7 ans. Ce progrès s'est toutefois considérablement ralenti à partir des années 1980 : estimée alors à 48,3 ans, elle n'a gagné que 4,7 ans depuis. L'apparition du Sida explique notamment cette faible évolution[135].

Sur la période 1960 à 2016, les données de la Banque mondiale montrent que l'espérance de vie à la naissance a presque doublé, passant de plus de 32 ans à moins de 60 ans. Les années 2000 correspondent à une période d'accélération de l'espérance de vie au Mali. Ce qui dénote une certaine amélioration globale des conditions de vie sanitaires des populations maliennes. Une des explications à cette amélioration est la baisse du taux de mortalité infantile. Le graphique ci-dessous donne l'évolution de l'espérance de vie à la naissance et du taux de mortalité infantile.

---

[134] Source : Nations unies, données 2005–2010.

[135] Voir « Les inégalités d'espérance de vie dans le monde ». Url : https://www.inegalites.fr/Les-inegalites-d-esperance-de-vie-dans-le-monde?id_theme=26, consulté le 13 novembre 2018.

***Figure 17.** Évolution, de l'espérance de vie, de la mortalité néonatale et de la mortalité infantile*

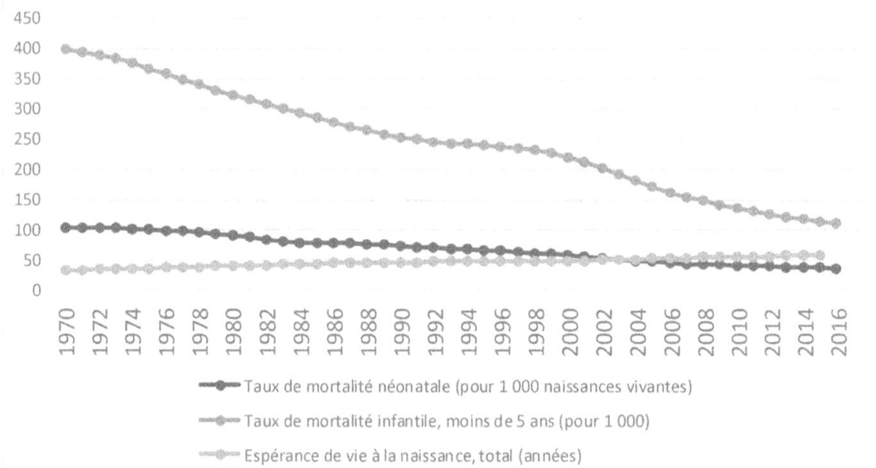

Source : Base de données de la Banque mondiale (World Development Indicators, 2017)

b) Taux de mortalité infantile (moins de 1 an)

Le taux de mortalité infantile est la probabilité de décès entre la naissance et le premier anniversaire. Il est exprimé en pour mille naissances vivantes. Il reflète les conditions sanitaires et de nutrition d'un pays auxquelles sont sensibles les enfants. Là où le taux de mortalité infantile est très élevé, il existe beaucoup de gens qui vivent dans des conditions où les besoins en soins de santé de base ne sont pas satisfaits (Mazumdar, 1996 ; Goldstein, 1985).

Dans le rapport *Levels and Trends in Child Mortality 2015* [Niveaux et tendances en matière de mortalité de l'enfant] publié par l'Unicef, l'Organisation mondiale de la santé, le Groupe de la Banque mondiale et la Division de la population du Département des affaires économiques et sociales des Nations unies, des estimations indiquent que malgré de nets progrès au niveau mondial, 16 000 enfants de moins de 5 ans meurent encore chaque jour. Et la réduction de 53 % de la mortalité des moins de 5 ans n'est pas suffisante pour atteindre l'Objectif du millénaire pour le développement d'une baisse de deux tiers entre 1990 et 2015[136]. Selon le rapport, c'est à la naissance et dans la période autour de la naissance que réside le principal défi. Quelque 45 % des décès des moins de 5 ans surviennent au cours de la période néonatale, c'est-à-dire dans les 28 jours suivant la naissance. La prématurité, la pneumonie, les complications au cours du travail et de l'accouchement, la diarrhée, les infections et le paludisme sont les principales causes de décès des enfants de moins de 5 ans. Près de la moitié des décès des enfants de moins de 5 ans sont liés à la sous-nutrition[137].

Pourtant, la plupart des décès d'enfants sont facilement évitables avec des interventions ayant fait leurs preuves et facilement accessibles. Le rythme de réduction de la mortalité de l'enfant peut être considérablement accéléré en se concentrant sur les régions qui connaissent les taux les plus élevés, à savoir l'Afrique subsaharienne et l'Asie du Sud, et en ciblant les nouveau-nés.

De nos jours, nous savons comment réduire la mortalité néonatale infantile. Des soins de qualité au moment de la naissance avec des mesures simples et accessibles comme le contact peau à peau précoce, l'allaitement au sein exclusivement et des soins supplémentaires pour les bébés de petite taille et les bébés malades peuvent sauver des milliers de vies chaque année, a fait remarquer le Dr Flavia Bustreo, sous-directrice générale à l'OMS. « La stratégie mondiale pour la santé de la femme, de l'enfant et de l'adolescent, qui doit être lancée lors de l'Assemblée générale des Nations unies ce mois-ci, sera un catalyseur majeur pour donner aux nouveau-nés toutes les chances de commencer leur vie en bonne santé »[138].

Le graphique ci-dessus montre que le taux de mortalité néonatale a fortement baissé au Mali entre 1970 et 2016. La période de forte baisse correspond à l'épisode de la réduction de la pauvreté, à savoir entre 2001 et 2016. L'importance accordée au secteur de la santé dans la stratégie de réduction de la pauvreté et renforcée dans les OMD a favorisé ce résultat

---

[136] Les taux de mortalité de l'enfant ont diminué de plus de moitié depuis 1990, mais la cible des OMD est loin d'être atteinte. Url : http://www.who.int/mediacentre/news/releases/2015/child-mortality-report/fr/, consulté le 17 février 2018.

[137] *Ibid.*

[138] Communiqué de presse conjoint OMS/Unicef/Groupe de la Banque mondiale, « Les taux de mortalité de l'enfant ont diminué de plus de moitié depuis 1990 mais la cible des OMD est loin d'être atteinte : 16 000 enfants de moins de 5 ans meurent chaque jour ». Url : https://apps.who.int/mediacentre/news/releases/2015/child-mortality-report/fr/index.html, consulté le 06 mai 2018.

à travers des investissements publics plus importants dans le domaine de la santé, en particulier dans la lutte contre la mortalité infantile.

c) *Taux de mortalité des moins de 5 ans*

Le taux de mortalité des moins de cinq ans indique la probabilité de décès entre la naissance et l'âge de 5 ans. Il est exprimé aussi pour mille naissances vivantes. Il est reconnu être l'indicateur le plus approprié de l'exposition cumulée au risque de décès, car il permet d'appréhender les risques de mortalité durant les années les plus vulnérables de l'enfance, c'est-à-dire les cinq premières années de vie. Il présente plusieurs avantages par rapport au taux de mortalité infantile en étant une mesure composite des risques de santé à l'enfance. En effet, le risque de mortalité due aux maladies qui sont les causes premières de la mortalité infantile reste très élevé dans les premières années de l'enfance. En conséquence, il est aussi un indicateur approprié pour mesurer l'impact des programmes d'intervention visant à améliorer la survie des enfants (Ahmad *et al.* 2000).

Le rapport « *Levels and Trends in Child Mortality 2015* » souligne que les chances de survie d'un enfant varient toujours de manière importante en fonction de l'endroit où il ou elle est né(e). L'Afrique subsaharienne possède le taux de mortalité des moins de 5 ans le plus élevé du monde avec 1 enfant sur 12 qui meurt avant son cinquième anniversaire, soit plus de 12 fois la moyenne, qui est de 1 sur 147 dans les pays à revenu élevé.

Entre 2000 et 2015, d'une manière générale, la région a accéléré son rythme annuel de réduction de la mortalité des moins de 5 ans, aujourd'hui environ deux fois et demie supérieur à celui de la période 1990–2000. Malgré leur faible revenu, l'Érythrée, l'Éthiopie, le Libéria, Madagascar, le Malawi, le Mozambique, le Niger, l'Ouganda, le Rwanda et la Tanzanie ont tous atteint la cible des OMD. L'ensemble de l'Afrique subsaharienne reste cependant confronté au défi considérable de la hausse de la population des moins de 5 ans, qui devrait augmenter de presque 30 % au cours des 15 prochaines années ainsi qu'à une pauvreté persistante dans de nombreux pays.

Ce rapport confirme les principales conclusions de la révision du « World Population Prospects de 2015 » sur le remarquable déclin de la mortalité de l'enfant dans le monde au cours des 15 ans de l'ère des OMD, a affirmé M. Wu Hongbo, le Secrétaire général adjoint des Nations unies pour les affaires économiques et sociales. « Les améliorations rapides qui ont eu lieu depuis 2000 ont sauvé la vie de millions d'enfants. Toutefois, ces améliorations devront être poursuivies et même accélérées, en particulier dans les pays d'Afrique subsaharienne où la mortalité est élevée, pour atteindre la cible pour la survie de l'enfant proposée dans le cadre du programme de développement durable à l'horizon 2030 ». *« De nombreux pays ont fait des progrès remarquables en ce qui concerne la réduction de leurs taux de mortalité de l'enfant. Pourtant, il y a encore beaucoup à faire d'ici 2030 pour garantir que toutes les femmes et tous les enfants aient accès aux soins dont ils ont besoin »*, a expliqué le Dr Tim Evans, le directeur principal du département Santé, nutrition et population du Groupe de la Banque mondiale. « Le mécanisme de financement mondial lancé récemment en soutien à toutes les femmes, à tous les enfants, axé sur un financement plus intelligent, renforcé et durable, aidera les pays à garantir des services de santé essentiels et à accélérer la baisse de la mortalité de l'enfant »[139].

Le taux de mortalité des enfants de moins de 5 ans a connu une forte baisse sur la période 1970–2016. Cette baisse est imputable aux efforts des pouvoirs publics dans la lutte contre cette forme de mortalité. Même si le Mali n'a pas atteint les OMD au niveau de cet objectif, le progrès enregistré est fort appréciable, surtout pendant la période allant de 2000 à 2016.

3.1.4.3 Évolution des indicateurs d'éducation

a) Taux d'alphabétisation des adultes (15 ans et plus)

Le taux d'alphabétisation des adultes est une mesure directe d'accomplissement d'un droit fondamental des êtres humains, à savoir un minimum d'éducation. Il est défini comme le rapport du nombre d'adultes alphabétisés (personnes de 15 ans et plus) et du nombre total d'adultes dans la population. Cet indicateur est corrélé avec plusieurs autres indicateurs de la qualité de la vie, tels que l'emploi, le revenu et la santé ; et pour cela, l'alphabétisation des adultes peut être considérée comme le meilleur indicateur de la qualité de vie dans son ensemble. Alors qu'il existe dans la littérature des critiques concernant la comparabilité internationale du taux d'alphabétisation du fait de la difficulté d'assurer qu'il est appliqué systématiquement (Chen et Dahlman, 2004), il est couramment utilisé pour mesurer les progrès dans l'accomplissement de l'éducation primaire universelle.

---

[139] *Ibid.*

Pour suivre les progrès dans la satisfaction des besoins d'éducation primaire, le taux d'alphabétisation des adultes est un indicateur meilleur que le taux de scolarisation au primaire puisqu'il est plutôt orienté vers les effets que les efforts des pouvoirs publics (Hicks, 1980).

Selon Emmanuelle Suso, dans un peu plus de 80 % des documents stratégiques finaux et provisoires de réduction de la pauvreté qui ont été examinés, l'alphabétisation est pour la première fois mentionnée *en tant que facteur déterminant de la pauvreté dans le diagnostic ou profil de la pauvreté.* Le taux d'alphabétisation utilisé est celui qui s'applique aux adultes. Il est souvent décomposé par sexes pour montrer les fossés qui existent entre les hommes et les femmes. Les distinctions entre populations urbaines et rurales permettent d'approfondir cette analyse. Certains pays fournissent des répartitions par provinces/districts[140].

Les documents stratégiques de réduction de la pauvreté fournissent différentes raisons visant à améliorer les pourcentages d'alphabétisation. Leurs réponses peuvent être regroupées en trois catégories :

- *L'approche reposant sur le droit : au même titre qu'il existe un droit à l'éducation, il existe* aussi un droit à l'alphabétisation. Les documents stratégiques de réduction de la pauvreté ne formulent jamais cette approche en tant que telle, mais la présentent comme un prolongement de l'approche qui associe l'alphabétisation à une inscription dans l'éducation formelle. Le lien étroit entre l'analphabétisme et la pauvreté (analphabétisme = indicateur de la pauvreté) est également le signe d'une telle approche. Réduire l'analphabétisme entraînera une réduction de la pauvreté puisqu'il fait partie des facteurs pris en compte pour la quantification de cette dernière.
- *L'approche sociale envisage l'alphabétisation comme un résultat souhaité, polarisé sur des* dimensions sociales ou culturelles. Elle est généralement associée au développement humain, à l'autonomisation (des femmes et des minorités) et au bien-être personnel (ex. : Bolivie, Cambodge, Djibouti). L'alphabétisation est considérée comme un outil servant à lutter

[140] Suso E., « Analyse de la place accordée à l'alphabétisation dans les documents stratégiques de réduction de la pauvreté », Éducation pour tous et alphabétisation, Numéros, EAD 66, 2006. Url : https://www.dvv-international.de/fr/education-des-adultes-et-developpement/numeros/ead-662006/education-pour-tous-et-alphbetisation/analyse-de-la-place-accordee-a-lalphabetisation-dans-les-documents-strategiques-de-reduction-de-la-pauvrete/, consulté le 19 mars 2018.

contre les inégalités sociales et culturelles ou contre la domination. Des programmes ciblés ayant recours aux langues nationales africaines ou des mesures destinées à corriger les préjugés sexuels dans les curriculums servent à redresser ces inégalités.

- *L'approche fonctionnelle est axée sur les connaissances et compétences nécessaires pour* bien fonctionner au sein de la société. Cette approche s'attaque principalement à la préparation à la vie active, à la création de son propre emploi, à l'accès à des microcrédits (en particulier pour les femmes), à la gestion de l'environnement pour améliorer la productivité et la viabilité des cultures. Le but de cette approche de l'alphabétisation consiste à soutenir la croissance économique et à accroître la productivité de la main-d'œuvre. Le Bhoutan, le Burkina Faso, le Cameroun et la RDP du Laos comptent parmi les pays qui associent les réussites de l'alphabétisation à cette approche.

Les documents stratégiques de réduction de la pauvreté énoncent dès le départ :

- le rapport entre l'analphabétisme et la pauvreté : ex. : « *La pauvreté se caractérise par l'analphabétisme (...)* » (Mali) ; l'alphabétisation est l'un des facteurs du « *visage social de la pauvreté* » (« *l'analphabétisme empêche les pauvres d'améliorer leur vie du fait qu'ils sont exclus du processus de développement* », Cambodge) ;
- l'incidence de l'analphabétisme sur la pauvreté : le Burundi établit comment les taux d'alphabétisation reflètent la distribution socio-économique des chefs de famille : 87,4 % des enfants nés dans des foyers dont le chef de famille travaille dans le secteur public ou parapublic sont alphabétisés. D'un autre côté, ce chiffre tombe à 44 % dans le cas des foyers dont les chefs de famille sont fermiers ou chômeurs (Burundi) ; à Djibouti, l'analphabétisme compte parmi les facteurs à l'origine de la situation terrible des Djiboutiens dans les campagnes. Le Mozambique établit un rapport entre la mortalité infantile, l'analphabétisme et les inégalités entre les sexes, signes d'une grande pauvreté humaine.

Les taux d'alphabétisation des adultes sont non seulement cités en tant qu'indicateurs socio-économiques de la pauvreté, mais aussi comme éléments permettant d'établir l'indice de développement humain (IDH).

D'une manière plus générale, les taux d'alphabétisation sont mentionnés parmi les indicateurs de développement humain (entre autres, en République démocratique du Congo, au Honduras, au Kenya et au Népal). Pour certains pays comme le Burundi, le Tchad, la Mauritanie et la RDP du Laos, résorber l'analphabétisme de la population constitue un objectif de développement global[141].

b) Taux de scolarisation au primaire

Le taux brut de scolarisation au primaire est le rapport du nombre de personnes scolarisées au primaire à la population totale du groupe d'âge correspondant. Les taux de scolarisation dans les différents niveaux d'éducation ont la particularité d'être à la fois des indicateurs de stock de capital humain (Barro, 1991) et de flux d'investissement en capital humain (Thomas *et al.*, 2000).

Éradiquer la pauvreté et assurer à tous une éducation équitable, inclusive et de qualité sont deux objectifs de développement durable (ODD) étroitement liés. Le document du forum politique de haut niveau portant sur la prospérité et la réduction de la pauvreté, et publié conjointement par l'Institut de statistique de l'Unesco (ISU) et le rapport mondial de suivi sur l'éducation montrent pourquoi l'éducation est essentielle à la réalisation des ODD et présente les dernières estimations sur le nombre d'enfants, d'adolescents et de jeunes non scolarisés pour bien comprendre ce qui est en jeu. Les taux d'enfants non scolarisés n'ont pas évolué depuis 2008 dans le cycle primaire, depuis 2012 dans le premier cycle du secondaire et depuis 2013 dans le second cycle du secondaire. Les conséquences sont graves : si tous les adultes achevaient le cycle secondaire, le taux de pauvreté dans le monde diminuerait de moitié[142].

L'éducation est la clé du développement des individus, des ménages, des communautés et des sociétés. Selon l'Unesco, le monde compte environ 264 millions d'enfants, d'adolescents et de jeunes non scolarisés, et ceux qui vivent dans les pays à revenu faible sont les moins susceptibles d'être scolarisés par rapport à ceux des pays à revenu moyen et élevé. Les taux d'achèvement sont encore plus faibles que les taux de

---

[141] *Ibid.*

[142] Unesco, « Réduire la pauvreté dans le monde à travers l'enseignement primaire et secondaire universel », Document d'orientation 32/Bulletin d'information 44, 2017. Url : http://uis.unesco.org/sites/default/files/documents/reducing-global-poverty-through-universal-primary-secondary-education-fr.pdf, consulté le 19 mars 2018.

scolarisation. Par exemple, dans les pays à revenu faible, sur 62 % d'adolescents inscrits en 2015, seuls 27 % ont achevé le premier cycle du secondaire pendant la période 2008–2014[143]. Souvent, même quand ils achèvent un cycle d'enseignement, les enfants, les adolescents et les jeunes n'acquièrent pas les compétences escomptées parce que l'éducation est de mauvaise qualité.

Plusieurs études ont démontré que les faibles niveaux d'instruction et les compétences mal acquises entravent la croissance économique, qui à son tour, ralentit la réduction de la pauvreté. On définit la pauvreté de deux façons. Premièrement, elle est de plus en plus reconnue comme un concept à dimensions multiples, et le manque d'éducation est en lui-même une dimension de la pauvreté. Deuxièmement, elle est définie traditionnellement en référence à la dimension monétaire, c'est-à-dire au revenu ou à la consommation. Si l'on utilise le seuil de 1,90 USD par jour, le taux de pauvreté par habitant dans le monde est passé de 35 % en 1990 à 28,1 % en 1999 et à 10,7 % en 2013, soit 767 millions de personnes, réalisant plus tôt que prévu l'OMD qui était de réduire de moitié la pauvreté en moyenne.

Cependant, les taux de réduction de la pauvreté n'ont pas été les mêmes partout. La baisse du taux de pauvreté par habitant entre 1990 et 2013 a été rapide en Asie de l'Est et dans le Pacifique (de 60 à 3,5 %), et elle a été impressionnante, bien que moins forte, en Asie du Sud (de 45 à 15 %). En revanche, la diminution a été très lente en Afrique subsaharienne (de 54 à 41 %), où le nombre de pauvres a augmenté de plus de 40 % pour atteindre 389 millions en 2013 (Banque mondiale, 2016)[144]. Les données sont basées sur les effets moyens de l'éducation sur la croissance et la réduction de la pauvreté pendant la période 1965–2010 dans les pays en développement.

Cela laisse penser qu'augmenter le nombre d'années de scolarité des adultes (15 ans et plus) de deux ans aiderait à sortir 60 millions de personnes de la pauvreté. Atteindre l'enseignement primaire et secondaire universel de la population adulte aiderait à sortir de la pauvreté plus de 420 millions de personnes, réduisant ainsi le nombre de pauvres dans le monde de plus de la moitié. Les effets seraient

[143] *Ibid.*

[144] Banque mondiale, 2016, Rapport sur le développement dans le monde 2016 consultable sur https://www.banquemondiale.org/fr/news/press-release/2016/08/04/world-bank-board-approves-new-environmental-and-social-framework, consulté le 18 février 2018.

particulièrement importants en Afrique subsaharienne et en Asie du Sud, où l'on devrait voir près de deux tiers de la réduction[145].

Par ailleurs, de nombreuses études ont démontré une forte corrélation entre la pauvreté et l'éducation à la fois en matière de fréquentation scolaire et de résultats d'apprentissage. On constate ces liens au niveau des pays et au niveau des individus. Les taux de non-scolarisation sont plus élevés dans les pays pauvres. La Banque mondiale classe les pays en quatre groupes selon leur produit intérieur brut (PIB) par habitant (Banque mondiale, 2017)[146].

Dans les pays à revenu faible, les taux d'enfants, d'adolescents et de jeunes non scolarisés sont systématiquement plus élevés que dans les pays à revenu moyen inférieur, à revenu moyen supérieur et à revenu élevé. Par exemple, le taux d'enfants non scolarisés du primaire s'élève à 19 % dans les pays à revenu faible et à 3 % dans les pays à revenu élevé. Les taux d'adolescents non scolarisés du premier cycle du secondaire s'élèvent respectivement à 38 et à 2 %, et les taux d'adolescents non scolarisés du second cycle du secondaire s'élèvent respectivement à 62 et à 7 %. En tant que groupe, les pays à revenu faible réunis ont un taux plus élevé de population non scolarisée que le taux de chaque région des ODD séparément, à l'exception de l'Afrique subsaharienne dont le taux d'enfants non scolarisés du primaire est légèrement plus élevé.

Les analyses de l'Unesco et de la Banque mondiale font remarquer que divers chemins de développement de l'éducation peuvent être efficaces de différentes façons pour développer la croissance et réduire la pauvreté. La suite de ce document se penche sur les interactions entre l'éducation, la pauvreté, les inégalités et la croissance et les chemins de l'éducation susceptibles d'avoir un effet sur eux. En effet, trois chemins distincts relient la croissance, les inégalités et la pauvreté. Premièrement, la croissance économique est un déterminant majeur de la réduction de la pauvreté, bien qu'un taux de croissance identique puisse avoir différents impacts sur la pauvreté[147]. Les ménages sont plus susceptibles d'échapper à la pauvreté quand la croissance augmente leur revenu par

[145] *Ibid.*

[146] Banque mondiale, 2017, Rapport sur le développement dans le monde 2017 consultable sur https://live.banquemondiale.org/rapport-sur-le-developpement-dans-le-monde-2017, consulté le 18 février 2018.

[147] Ravallion M., « Growth, Inequality and Poverty: Looking Beyond Averages », *World Development*, 2001, 29(11): 1803–1815.

l'emploi, les transferts (en provenance de l'État ou d'autres ménages, par exemple, des versements d'argent) et les rendements de leurs actifs.

Parmi eux, la création d'emplois s'est avérée être le facteur le plus efficace en matière de croissance favorable aux pauvres[148]. Par exemple, la croissance économique fondée sur l'extraction des ressources naturelles, concentrée dans quelques régions et ayant peu de liens avec le reste de l'économie, est moins susceptible de réduire la pauvreté par rapport à la croissance qui crée un grand nombre d'emplois pour les pauvres dans l'agriculture, l'industrie manufacturière ou les services. Deuxièmement, à court terme, une répartition plus égale des revenus signifie qu'un taux de croissance identique aura un impact plus fort sur la réduction de la pauvreté. Le revenu des pauvres augmentera plus rapidement s'il existe des politiques complémentaires qui redistribuent le revenu pour réduire les inégalités, selon Klasen[149]. Troisièmement, à long terme, il existe une interaction réciproque entre la croissance et les inégalités. Historiquement, on pensait que la croissance augmentait les inégalités pendant les premières phases du développement, mais les réduisait ensuite. L'existence de cette relation empirique, appelée courbe de Kuznets, a été fortement contestée (Piketty, 2006).

La théorie de la croissance qui a gagné le plus de terrain est qu'une répartition plus égale du revenu conduira à une croissance économique plus rapide, d'après Naschold[150]. Cela inclut la mise en place d'institutions équitables et solides qui protègent les droits des pauvres. L'éducation contribue à ces interactions entre la croissance, l'égalité et la réduction de la pauvreté de deux manières : l'éducation fournit aux individus les connaissances et les compétences, et si elle se développe en empruntant un cheminement équitable, elle réduit les inégalités de revenu.

---

148 Besley T. & Cord L. J., « Delivering on the Promise of Pro-Poor Growth: Insights and Lessons from Country Experiences », World Bank Publications, The World Bank, number 7180, 2007.

149 Klasen S. et Lamanna F., « The Impact of Gender Inequality in Education and Employment on Economic Growth: New Evidence for a Panel of Countries », *Feminist Economics* 15(3), July 2009, 91–132, disponible : http://chicagopolicyreview.org/wp-content/uploads/2014/09/Gender-and-Economic-Growth.pdf, consulté le 14 février 2018.

150 Naschold F., « Why Inequality Matters for Poverty », *Inequality Briefing, Briefing Paper n° 2*, 2002, Overseas Development Institute, London, disponible: http://gsdrc.org/docs/open/se5.pdf, consulté le 10 février 2018.

Les politiques éducatives sont favorables à la croissance, à la réduction des inégalités et de la pauvreté. En effet, différents leviers politiques ciblant l'accès et l'inclusion, en tant que dimensions d'une éducation de qualité, ont des effets distincts sur l'efficacité des cheminements entre l'éducation et la croissance, les inégalités et la pauvreté. Le degré auquel les politiques éducatives atteignent et intègrent les pauvres est la clé pour influer sur la réduction de la pauvreté par le biais de la croissance économique. Il est fondamental d'améliorer l'accès aux richesses pour améliorer les taux de non-scolarisation. Ce sont principalement les pauvres qui sont privés d'éducation. En ce qui concerne l'éducation, les estimations de la base de données mondiale sur les inégalités dans l'éducation suggèrent que dans les pays à revenu moyen inférieur, les enfants des 20 % les plus pauvres sont 8 fois plus susceptibles de ne pas être scolarisés que les enfants des 20 % les plus riches (Unesco, 2017)[151]. Ainsi, les enfants, les adolescents et les jeunes des pays à revenu faible sont 9 fois plus susceptibles de ne pas être scolarisés que ceux des pays à revenu élevé. Les coûts directs de l'éducation supportés par ces familles sont cruciaux à cet égard et doivent être supprimés. En Afrique du Sud, les frais scolaires ont été abolis pour les 40 % plus pauvres des écoles. Une évaluation a révélé que cela a augmenté de plus de trois points de pourcentage les inscriptions de la 8e à la 10e année des 20 % les plus pauvres dans les écoles, même si les frais scolaires ne représentaient que 1,5 % du revenu du ménage (Borkum, 2012).

À Andhra Pradesh, en Inde, une évaluation du programme de la formule du repas de midi, le programme de repas scolaire le plus important du monde, a montré qu'il avait compensé les effets de la grave sécheresse sur la perte de taille et de poids, aidant les garçons à rattraper leur retard[152]. En fait, l'exposition à des repas de midi à l'école primaire a également fait progresser les acquis d'apprentissage en mathématiques et en lecture respectivement de 9 et 18 % (Chakraborty et Jayaraman, 2016).

Au Burkina Faso, le programme ciblant les provinces dont les taux de scolarisation sont les plus faibles a combiné la construction d'écoles à

---

[151] Unesco, « Réduire la pauvreté dans le monde à travers l'enseignement primaire et secondaire universel », *op. cit.*, 2017, pp. 13–15.

[152] Singh S., Inamdar S., Scott D., « Comparison of Two PARAFAC Models of Dissolved Organic Matter Fluorescence for a Mid-Atlantic Forested Watershed in the USA », 2013, *Journal of Ecosystems*. DOI: 10.1155/2013/532424, disponible: http://downloads.hindawi.com/archive/2013/532424.pdf , consulté le 14 février 2018.

d'autres interventions, notamment le tutorat, les repas de midi à l'école et les rations alimentaires à emporter à la maison. La fréquentation des filles a augmenté de 20 points de pourcentage, avec la réduction de la distance pour se rendre à l'école qui serait l'un des facteurs les plus importants (Kazianga *et al.*, 2013).

Il est également essentiel de réduire les coûts indirects de l'éducation sur les familles, notamment par les transferts d'argent espèces liquides aux familles, les bourses d'études et les incitations aux étudiants.

c) Ratio élèves/enseignants au primaire (RELENSPR)

Le ratio élèves/enseignant dans le primaire donne une indication de la qualité d'encadrement éducatif dans le primaire. Plus le nombre d'élèves par enseignant est élevé, plus faibles sont le niveau et la qualité d'encadrement dont bénéficie chaque élève.

Figure 18. *Évolution de différents indicateurs d'éducation*

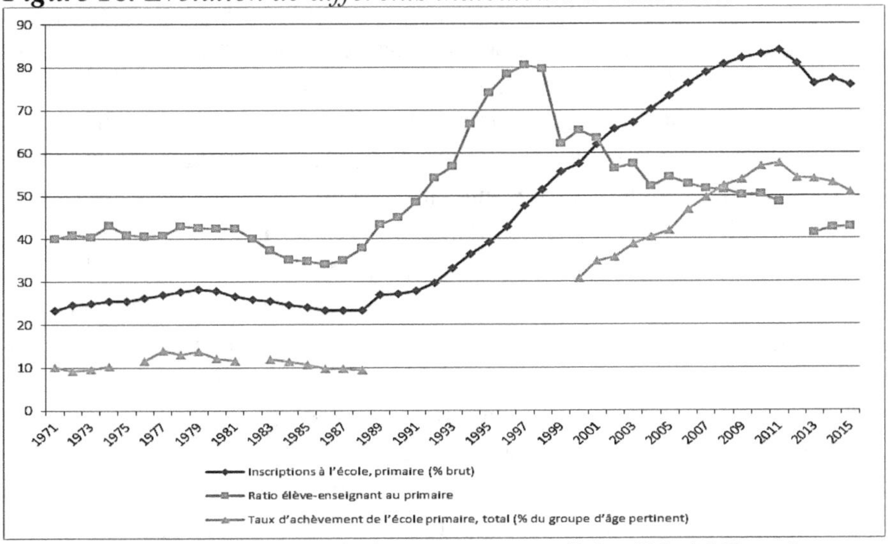

Source : Base de données de la Banque mondiale (World Development Indicators, 2017)

3.1.4.4 Indices de développement humain (IDH)

L'IDH est un indice statistique composite, créé par le Programme des Nations unies pour le développement (PNUD) en 1990 pour évaluer le niveau de développement humain des pays du monde. L'IDH se fonde sur trois critères majeurs : l'espérance de vie à la naissance, le niveau d'éducation et le niveau de vie.

L'indice de développement humain (IDH) est une mesure synthétique du développement humain. Il mesure le niveau moyen de développement humain atteint dans un pays donné, sous trois aspects essentiels : santé et longévité, accès à l'instruction et niveau de vie décent. L'IDH représente la moyenne géométrique des indices normalisés utilisés pour mesurer les niveaux atteints dans chaque dimension.

L'indice de développement humain ajusté aux inégalités (IDHI) a pour objectif de déflater l'IDH en tenant compte des inégalités dans la répartition de chaque dimension au sein de la population. Il est fondé sur une classe d'indices composites sensibles à la répartition, proposée par Foster, Lopez-Calva et Szekely[153], qui s'inspire de la famille des mesures de l'inégalité d'Atkinson[154]. Cet indice est calculé sous la forme d'une moyenne géométrique des moyennes géométriques, sur la base de la population totale, et considère chaque dimension séparément[155]. L'IDHI reflète les inégalités existant dans les dimensions de l'IDH en « réduisant » la valeur moyenne de chaque dimension en fonction du niveau d'inégalité qu'elle présente. Ainsi, l'IDHI est en théorie égal à l'IDH, s'il n'existe aucune inégalité entre les individus, mais il décroît pour s'éloigner de l'IDH à mesure que les inégalités augmentent. Autrement dit, l'IDHI représente le niveau réel du développement humain (qui tient compte de cette inégalité), tandis que l'on peut considérer l'IDH comme un indice de développement humain « potentiel » (ou le niveau maximum de l'IDHI) qu'il serait possible d'atteindre en l'absence de toute inégalité. C'est la différence, exprimée sous forme de pourcentage, entre l'IDH et l'IDHI, qui indique la « perte » subie par le développement humain potentiel, en raison des inégalités.

L'indice de pauvreté multidimensionnelle (IPM) se veut le reflet des privations multiples dont souffre chaque individu, sur le plan de l'éducation, de la santé et du niveau de vie. Il s'appuie sur des micro-données tirées des enquêtes auprès des ménages, et – contrairement à

---

[153] Foster J., Lopez-Calva L. Szekely M., « Measuring the Distribution of Human Development: Methodology and an Application to Mexico », *Journal of Human Development and Capabilities*, vol. 6, issue 1, 2005, pp. 5–25.

[154] Atkinson A. B., « On the Measurement of Inequality », *Journal of Economic Theory 2*, 1970, pp. 244–263.

[155] Pour de plus amples détails, se reporter à Alkire S., Eli K., « Multidimensional Poverty in Developing Countries: a Measure Using Existing International Data », Mimeo, Oxford Poverty and Human Development Initiative, Oxford Department of International Development, University of Oxford, 2010.

l'indice de développement humain ajusté aux inégalités – tous les indicateurs requis dans l'élaboration de la mesure doivent impérativement provenir de la même enquête.

L'indice des inégalités de genre (IIG) traduit le désavantage des femmes dans les trois dimensions considérées, à savoir la santé de la reproduction, l'autonomisation et le marché de l'emploi, et ce pour un nombre de pays aussi importants que le permettent la disponibilité et la qualité des données. L'indice indique les pertes en termes de développement humain causées par les inégalités entre femmes et hommes au regard de ces dimensions. Il varie entre 0 – situation dans laquelle les femmes ont un traitement égal aux hommes – et 1, cas dans lequel la condition des femmes est aussi mauvaise que possible quelle que soit la dimension mesurée. Cet indice, calculé sur la base de la mesure des inégalités sensibles aux associations, a été suggéré par Seth. Il repose sur la moyenne générale des moyennes générales d'ordres différents – la première agrégation se fait sur la base du calcul de la moyenne géométrique de toutes les dimensions. Ces moyennes, calculées séparément pour les femmes et les hommes, font ensuite l'objet d'une agrégation faisant intervenir une moyenne harmonique entre les sexes[156].

Parmi les indices du développement humain, l'IPM est le plus approprié pour comprendre l'état de la pauvreté à travers les trois dimensions de l'IDH. Autrement dit, l'IPM reflète les privations constatées dans les dimensions de l'IDH.

Dans le cadre de cette étude, c'est l'IDH qui est utilisé, compte tenu du fait que les données disponibles pour l'IPM portent sur la période allant de 2000 à nos jours. Par contre, les données de l'IDH sont disponibles de 1980 à nos jours. Pour l'IPM, l'explication tient au fait que les sources de données sont les enquêtes de pauvreté des différents pays. En effet, le niveau de l'IDH permet d'apprécier l'état de pauvreté dans le pays. Un IDH faible, par exemple, indique un niveau de pauvreté assez élevé dans les trois dimensions considérées.

Le tableau ci-après donne les indices du développement humain et leurs dimensions conformément aux définitions originelles retenues dans le rapport mondial sur le développement de 2010 du PNUD.

---

[156] Note technique, « Calcul de l'indice de développement humain », in *Rapport sur le développement humain*, 2011. Url : https://ise.unige.ch/isdd/IMG/pdf/HDR_2011_FR_TechNotes.pdf, consulté le 14 février 2018.

***Tableau 1**. Indices du développement humain et leurs dimensions*[157]

<table>
<tr><th>Indices</th><th>Graphiques</th></tr>
<tr><td>IDH</td><td>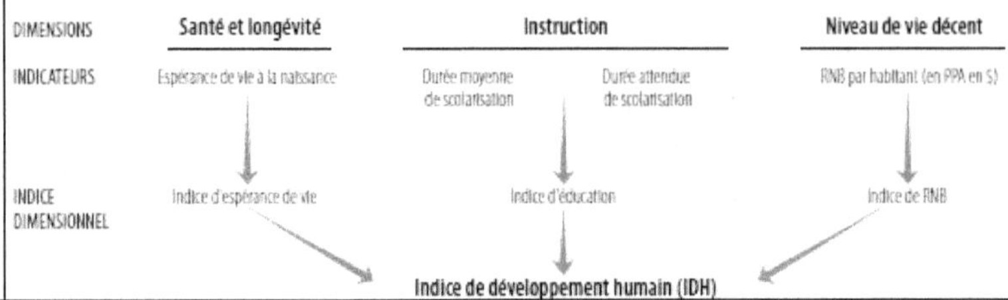
</td></tr>
<tr><td>IDHI</td><td>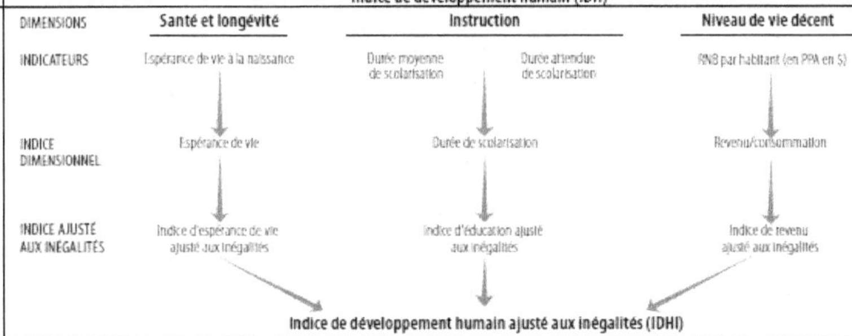
</td></tr>
<tr><td>IPM</td><td>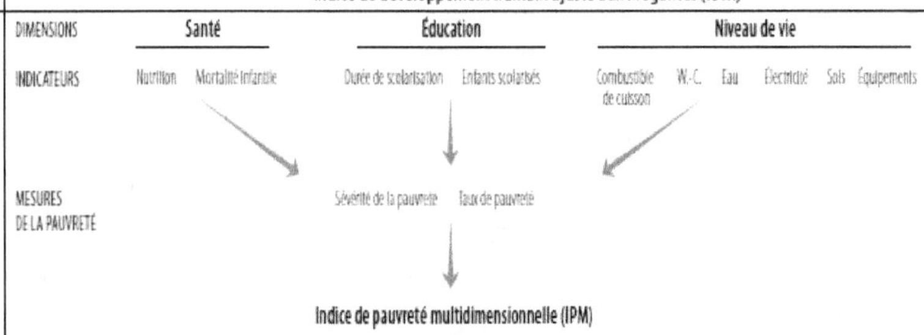
</td></tr>
<tr><td>IIG</td><td>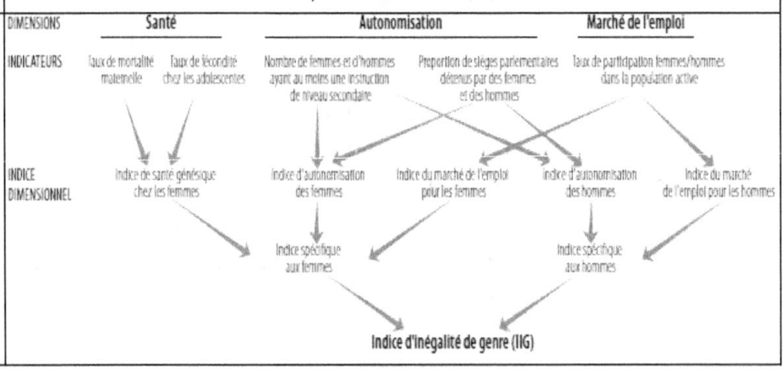
</td></tr>
</table>

[157] Source : Note technique, « Calcul de l'indice de développement humain », *op. cit.*

Selon les données du PNUD, le Mali est resté dans le groupe des pays à IDH faible entre 1990 et 2017. Son IDH a cependant connu une évolution importante, passant de 0,231 à 0,427 en 2017. Il a presque doublé durant cette période.

Figure 19. *Évolution de l'IDH de 1990 à 2017*

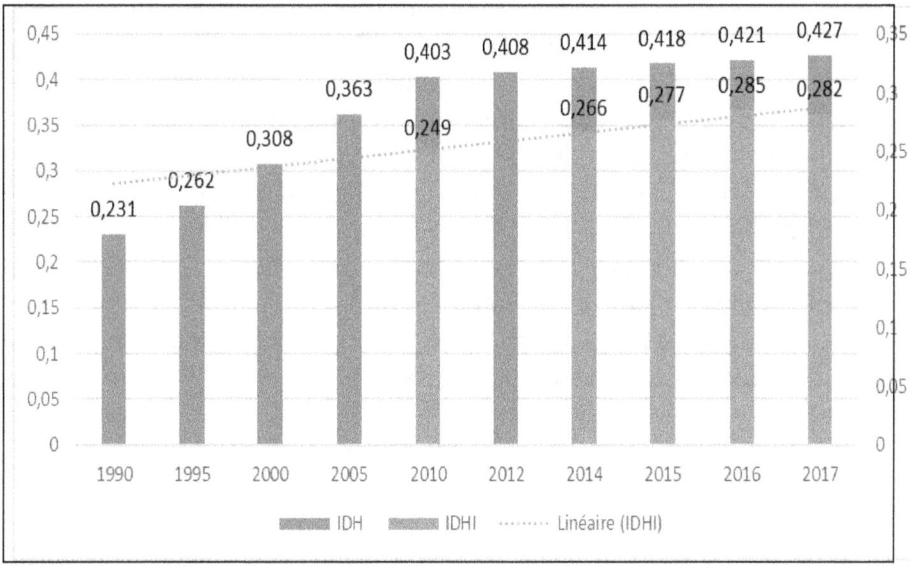

Source : UNDP.

3.1.4.5 Dépenses sociales dans le PIB

Dans cette étude, différents types de dépenses publiques sont pris en compte. Il s'agit, par exemple, des dépenses publiques réelles d'éducation par habitant, des dépenses publiques réelles de santé par habitant et des dépenses publiques réelles allouées aux secteurs sociaux par tête.

3.1.4.5.1 Effets des dépenses sociales sur la pauvreté

Dans la littérature économique, l'efficacité des dépenses publiques comme moyens de réduction de la pauvreté est analysée à travers deux approches : celle de la Banque mondiale et du PNUD. En effet, selon Mesplé-Somps, la prise de conscience que la croissance économique ne s'accompagnait pas automatiquement de la résorption de la pauvreté a amené les pouvoirs publics à intervenir de plus en plus en matière de développement social[158]. Depuis le début des années 1980, la plupart des États africains sont en phase d'ajustement structurel. La question de l'importance et de l'efficacité des dépenses publiques dans les domaines sociaux se pose alors.

Le PNUD définit les dépenses sociales comme celles « consacrées à l'éducation, à la santé, au bien-être, à la protection sociale, à l'approvisionnement en eau, aux services sanitaires et aux services collectifs » (p. 49, PNUD, 1991)[159]. En Afrique, ce sont l'éducation et la santé qui constituent les principaux postes de dépenses sociales. Ces dépenses ont pour objet à la fois la satisfaction des besoins essentiels des populations et la croissance du revenu national. Ainsi, leur finalité est généralement double : il s'agit de concilier une stratégie de « développement humain » avec une stratégie de croissance. En effet, ces deux optiques sont complémentaires et indissociables l'une de l'autre : les dépenses sociales améliorent les conditions de vie et permettent par la hausse de la productivité du travail une croissance du revenu et vice versa. Cependant, on doit admettre que les relations entre l'éducation, la santé et le développement sont souvent complexes et ambiguës, et donc difficiles à comprendre d'un point de vue empirique[160].

Pour Mesplé-Somps, ces effets de multiples dépenses sociales sont difficiles à évaluer et sont peu maîtrisées par les décideurs publics. De plus, en général, les mesures touchant aux conditions de vie ont des effets à plus long terme que celles destinées à augmenter le revenu. Les dépenses publiques en matière de développement social ont donc un impact à la fois difficile à cerner et à horizons multiples.

Dans l'optique d'un développement humain, après avoir construit un indice de développement humain, le PNUD étudie pour la première fois les dépenses sociales publiques. Son approche est présentée en deuxième section. Bien que cette analyse a le mérite d'être relativement simple, elle pose des problèmes statistiques et, surtout, ne prend pas en compte la notion d'efficacité du service public en matière de développement social.

---

[158] Mesplé-Somps S., « Les dépenses publiques en matière de développement social ». Paris : DIAL, 1991, 10 p. Url: https://horizon.documentation.ird.fr/exl-doc/pleins_textes/divers17-07/010058089.pdf, consulté le 18 février 2018.

[159] PNUD, Rapport mondial sur le développement humain 1991 consultable sur : http://hdr.undp.org/sites/default/files/hdr_1991_fr_complet_nostats.pdf

[160] Guillaumont P., *Croissance et ajustement : les problèmes de l'Afrique de l'Ouest*, Paris, Economica, ed. 1985.

Sur un plan strictement théorique, un individu en bonne santé est plus performant dans son travail et peut aussi consacrer plus de temps à des activités productives. S'appuyant sur des données microéconomiques, de nombreux auteurs soutiennent que la santé explique les écarts de salaires au moins autant que l'éducation.

Les analyses macroéconomiques révèlent elles aussi que le capital santé a une influence favorable sur la production globale. Des études antérieures ont montré que la croissance annuelle du PIB est, à raison d'un tiers, imputable au capital santé, et qu'une prolongation d'un an de l'espérance de vie s'accompagne d'une augmentation allant jusqu'à 4 points du taux de croissance à long terme dans les pays en développement, comme dans les pays industrialisés[161]. Mais, il n'est toutefois pas certain que la hausse des dépenses publiques de santé et d'éducation dope toujours la croissance. L'une des raisons réside dans les effets macroéconomiques de dépenses publiques excessives.

Dans la littérature économique, les études empiriques font ressortir une corrélation négative entre des déficits budgétaires importants et la croissance dans les pays en développement. Si la hausse des dépenses de santé et d'éducation entraîne un gonflement des déficits budgétaires, son impact négatif sur la stabilité macroéconomique et la croissance pourrait dépasser ses effets bénéfiques sur les indicateurs sociaux, voire de pauvreté. Une deuxième raison est la mauvaise gouvernance ; et une troisième, des dépenses mal ciblées. Par exemple, les dépenses allouées à l'éducation tertiaire ne bénéficieront guère aux enfants des familles à faible revenu qui n'ont même pas les moyens de terminer le cycle secondaire. Il n'est pas non plus certain que l'augmentation des dépenses sociales contribue à améliorer les indicateurs sociaux.

D'une part, l'inefficacité des institutions risque de nuire à la qualité des dépenses (par exemple, la corruption peut détourner les fonds affectés à l'acquisition de matériel pédagogique au profit d'enseignants « fantômes »). Dans de tels cas, les rendements éducatifs sont en général inférieurs. Certaines études ne tiennent pas compte de l'influence des institutions sur l'efficacité des dépenses sociales. De plus, les corrélations entre différents types de dépenses

---

161 Bloom D.E., Canning D., Sevilla J., « The Effect of Health on Economic Growth: a Production Function Approach », *World Development*, Elsevier, vol. 32(1), 2004, pp. 1–13, January.

sociales sont déterminantes. Par exemple, les dépenses éducatives risquent d'être inefficaces si les étudiants ne sont pas en bonne santé.

Les recherches précédentes n'ont pas pris ces phénomènes en considération. Autre lacune : seuls quelques chercheurs ont examiné les dépenses sociales, les indicateurs sociaux et la croissance dans un cadre intégré. La plupart ne s'intéressent qu'à un segment de la dynamique dépenses sociales/indicateurs sociaux/croissance. Ils analysent soit les effets de l'amélioration des indicateurs d'éducation ou de santé sur la croissance, soit l'impact des dépenses sur ces indicateurs. Il est donc indispensable de déterminer les corrélations éventuelles entre ces variables pour prévoir l'impact que peuvent avoir diverses interventions des pouvoirs publics.

La Banque mondiale, consciente de l'importance de l'efficacité et du ciblage des interventions étatiques, a lancé un programme intitulé « Programme du noyau dur des dépenses publiques » (*Core Public Expenditure Programme* [CPEP]). Même s'il est unique en son genre, il soulève des interrogations d'ordre méthodologique, statistique et analytique.

3.1.4.5.2 Évolution des dépenses sociales dans le PIB

Les données de la Banque mondiale de 2017 montrent que les dépenses sociales ont connu une certaine tendance à la hausse de 1990 à 2014. Cette dynamique s'explique dans une certaine mesure par le choix de développement social comme axe prioritaire dans les CSLP. Il est important de souligner que les tendances constantes sont liées à des estimations de données qu'il a fallu effectuer pour combler les vides dans les deux séries des parts des dépenses publiques des deux secteurs (santé et éducation) dans le PIB.

Dans cette dynamique, il faut faire remarquer que les dépenses publiques de santé et d'éducation n'ont pas toujours connu des évolutions stables. Leurs parts ont évolué en dents de scie, même si dans l'ensemble les tendances restent à la hausse sur la période partant de 1990 à nos jours.

***Figure 20.** Évolution des dépenses sociales en pourcentage du PIB*

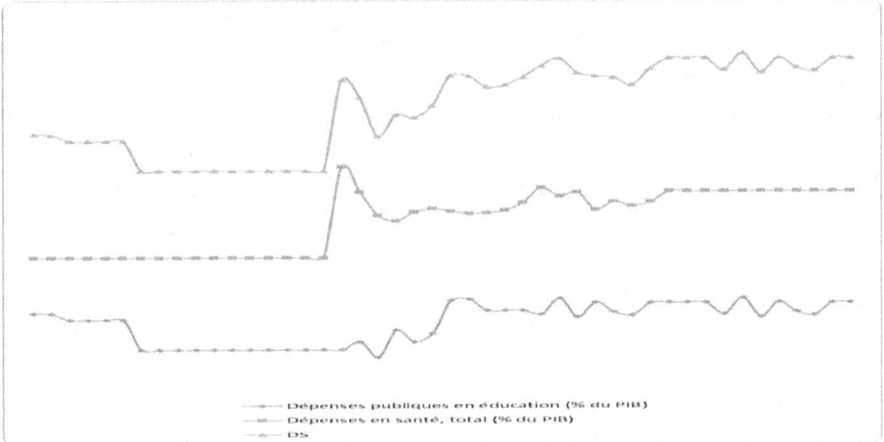

Source : Base de données de la Banque mondiale (World Development Indicators, 2017)

3.2 Différents tests économétriques

Pour aboutir à un modèle économétrique de type correction d'erreurs, il est important d'effectuer différents tests statistiques. En effet, l'analyse empirique de la causalité entre différentes variables exige la mise en œuvre de techniques économétriques précises.

Pour obtenir des estimations non fallacieuses des relations de causalité, il est nécessaire de recourir d'abord à un protocole de tests statistiques préliminaires qui imposent d'étudier la stationnarité des variables ainsi que la présence éventuelle d'une relation de cointégration.

La méthodologie économétrique adoptée se réalise en quatre étapes. La première étape consiste en l'étude de la stationnarité des séries (variables) en vue de déterminer leurs ordres d'intégration.

La deuxième étape teste l'existence d'une relation de cointégration entre les variables. Les résultats de ces deux étapes permettront d'envisager dans la troisième étape la spécification du modèle empirique à partir duquel l'inférence causale sera réalisée. La quatrième étape procède aux tests de causalité.

3.2.1 Tests de stationnarité

À côté de l'économétrie des modèles à correction d'erreurs, celle des séries temporelles a développé un axe de recherche sur la modélisation des processus non stationnaires et les problèmes de test associés.

Pour étudier la stationnarité des variables, recours est fait aux tests de racine unitaire de Dickey-Fuller augmenté (ADF) et de Phillips-Perron (PP). Ces tests ont fait l'objet de nombreuses présentations dans la littérature empirique et ne seront pas formellement présentés ici. Rappelons que contrairement au test ADF qui prend en compte uniquement la présence d'autocorrélation dans les séries, le test PP considère en plus l'hypothèse de présence d'une dimension hétéroscédastique dans les séries. Pour ces deux tests, l'hypothèse nulle est celle de l'existence d'une racine unitaire. Pour que la série soit considérée comme stationnaire, il faut que la statistique reportée soit inférieure à la valeur critique.

Une analyse sur le comportement des variables permet de voir si elles sont ou non stationnaires. Si elles le sont, elles devront toutes avoir une tendance à la hausse sur toute la période considérée. Cela laisse présager une éventuelle cointégration entre les variables. Il est donc indispensable de s'intéresser à l'ordre d'intégration des séries.

Les conditions de stationnarité indiquent que lorsqu'un processus stochastique Y_t représentatif des variables macroéconomiques nécessite l'analyse de la stationnarité, celle-ci est soumise aux conditions suivantes :

- la moyenne doit être constante et indépendante du temps : $E(Y_t) = E(Y_{t+s}) = \nu \quad \forall\, t$ et $\forall\, s$;
- la variance doit être finie et indépendante du temps ;
- la fonction d'auto-covariance est indépendante du temps : Cov $(Y_t, Y_{t+s}) = \gamma(s)$;
- les différentes variables composant le processus Yt doivent fluctuer autour de leur moyenne qui revient régulièrement vers leur valeur d'équilibre de long terme ;
- les mécanismes dynamiques définis par le terme εt doivent générer une dynamique stationnaire[162].

3.2.2 Tests de cointégration

3.2.2.1 Considérations théoriques

À côté des théories économiques, portant sur des relations d'équilibre qu'on ne peut supposer réalisées qu'à long terme, existent

[162] *Ibid.*

des modélisations dynamiques spécifiant, par exemple, des schémas d'ajustement d'une variable économique à une cible dite de long terme.

La théorie économique est en général insuffisante pour modéliser complètement ces ajustements, et on a recours à des spécifications économétriques connues sous le nom de mécanismes d'ajustement partiel et/ou à correction d'erreurs. Ce dernier type de spécification a été popularisé par Hendry sous le terme général d'ECM (*error correction models*) à l'issue de l'article de référence de Davidson, Hendry, Srba et Yeo (1978).

Le fait que cette cible de long terme soit ou non celle prescrite par la théorie économique est indépendant des différentes formulations. La forme classique des ECM est retenue, au sens où elle fait apparaître le déséquilibre instantané entre le niveau de ct et sa cible de long terme, retardé d'une période, tous les autres termes étant en différence première. La formalisation des ECM s'avère donc adaptée pour décrire des comportements de court terme associés à des relations de long terme du type : élasticité constante entre deux variables, pour une croissance équilibrée à long terme. L'écriture d'une équation en niveau non logarithmique nécessite un traitement spécifique ou le recours à d'autres hypothèses de long terme. Par exemple la croissance linéaire de toutes les variables.

Les modèles à correction d'erreurs ont été étendus à des cibles plus complexes que celle qui a été décrite : elles peuvent être, en général, fonction linéaire de plusieurs variables. Enfin, la généralisation courante consiste à décrire plusieurs équations et plusieurs cibles de long terme simultanément[163].

L'analyse de la cointégration entre des variables intégrées d'ordre 1 permet de mettre en évidence l'existence ou non de relation de long terme. Cet examen se fait en utilisant la procédure de test de cointégration de Johansen (1988), qui est plus efficace que la procédure en deux étapes d'Engle et Granger (1987) lorsque le nombre de variables excède deux.

Il semble bien que la théorie des variables cointégrées résulte d'une jonction entre une approche économétrique traditionnelle (économétrie dynamique selon la méthodologie de Hendry) et l'apport à la théorie des séries temporelles de Box et Jenkins (1976). La

---

[163] Maurel F., « Modèles à correction d'erreurs : l'apport de la théorie de la cointégration », Économie & prévision, n° 88–89, *Études du comportement des entreprises*, 1989, pp. 105–125.

formalisation de la cointégration par Engle et Granger (1987), déjà proposée dans Granger et Weiss (1983), définit en effet une classe de modèles ARIMA pouvant être réécrits sous une forme ECM classique. À la différence de l'approche économétrique classique qui pose a priori un modèle ECM, Engle et Granger fondent la cointégration sur les propriétés stochastiques des variables à modéliser. Il s'agit en effet, ici, de modéliser le comportement de variables économiques tendancielles. Selon les ECM classiques, il existerait des relations de long terme entre des variables, lorsque celles-ci sont en régime de croissance équilibrée, soit encore linéaires en logarithme, vers lesquels existerait un ajustement dynamique.

Les modèles ARIMA de Box et Jenkins (1976) se sont révélés fort adaptés à décrire les variables économiques tendancielles. Ceux-ci supposent en effet que les différences premières des séries sont stationnaires, ce qui est bien sûr plus général que des tendances linéaires, et les ARIMA peuvent être vus comme l'analogue stochastique de séries déterministes polynômiales. Ils permettent ainsi de représenter des mouvements cycliques autour d'une croissance de long terme.

L'apport de la théorie de la cointégration aux ECM consiste à formuler des conditions testables sur les propriétés statistiques dynamiques des variables qui justifient la formalisation du type de modèle à correction d'erreurs, qui, jusque-là, était posée a priori[164].

Au niveau théorique, la mise en évidence de relations causales entre des variables économiques fournit des éléments de réflexion propices à une meilleure compréhension des phénomènes économiques. De manière pratique, « *The Causal Knowledge* » est nécessaire à une formulation correcte de la politique économique (Bourbonnais, 2003). La présence d'une relation de cointégration entre deux variables engendre l'existence d'une relation causale entre celles-ci dans, au moins, une direction. Cette relation causale peut être analysée grâce au test de causalité de Granger qui s'appuie sur le modèle vectoriel à correction d'erreurs (VECM).

Le théorème de représentation de Granger indique que, tout système cointégré implique l'existence d'un mécanisme à correction d'erreurs qui empêche les variables de trop s'écarter de leur équilibre à long terme. Le modèle à correction d'erreurs est une forme particulière des modèles autorégressifs à retards échelonnés (ARDL).

---

164 *Ibid.*

Il peut être interprété à cet égard comme un modèle d'ajustement. À l'instar du modèle d'ajustement, le coefficient du terme d'erreurs n'est pertinent que lorsqu'il est significatif et compris entre -1 et 0[165].

3.2.2.2 Étapes du test de stationnarité et cointégration

En régressant une série non stationnaire (de type DS) sur une autre série du même type, on obtient des coefficients significatifs, mais avec une statistique *DW* proche de 0. Ce deuxième exemple illustre le risque de régresser entre elles, deux séries affectées d'une tendance stochastique. Il faut donc toujours, au préalable, stationnariser des séries non stationnaires ; dans le cas contraire, il existe un risque de « régression fallacieuse » (*« spurious regression »*)[166]. L'algorithme d'Engle et Granger comprend principalement deux étapes.

Étape 1 : tester l'ordre d'intégration des variables

Une condition nécessaire de cointégration est que les séries doivent être intégrées de même ordre. Si les séries ne sont pas intégrées de même ordre, elles ne peuvent pas être cointégrées.

Il convient donc (*cf.* tests de Dickey-Fuller [DF] et Dickey-Fuller Augmenté [DFA]) de déterminer très soigneusement le type de tendance déterministe ou stochastique de chacune des variables, puis l'ordre d'intégration *d* des chroniques étudiées. Si les séries statistiques étudiées ne sont pas intégrées de même ordre, la procédure est arrêtée, il n'y a pas de risque de cointégration.

Soit : $xt \rightarrow I\,(d)$ et $yt \rightarrow I\,(d)$

Étape 2 : Estimation de la relation de long terme

Si la condition nécessaire est vérifiée, on estime par les MCO la relation de long terme entre les variables : $yt = a1\ xt + a0 + \varepsilon t$.

Pour que la relation de cointégration soit acceptée, le résidu εt issu de cette régression doit être stationnaire : $\varepsilon t = yt - a1\ xt - a0$.

La stationnarité du résidu est testée à l'aide des tests DF ou DFA. Dans ce cas, il s'avère impossible d'utiliser les tables de Dickey

---

[165] Dupont L., « Cointégration et causalité entre développement touristique, croissance économique et réduction de la pauvreté : cas de Haïti », *Études caribéennes* [en ligne], 2009, 13–14, mis en ligne le 15 décembre 2009. Url: http://journals.openedition.org/etudescaribeennes/3780, consulté le 21 août 2018.

[166] Bourbonnais R., *Économétrie : cours et exercices corrigés*, Dunod, 2015.

et Fuller. En effet, le test porte sur les résidus estimés à partir de la relation statique et non pas sur les « vrais » résidus de la relation de cointégration. MacKinnon a donc simulé des tables qui dépendent du nombre d'observations et du nombre de variables explicatives figurant dans la relation statistique[167]. Si le résidu est stationnaire, il devient alors possible d'estimer le modèle à correction d'erreurs.

3.2.2.3 Estimation du modèle à correction d'erreurs

Lorsque des séries sont non stationnaires et cointégrées, il convient d'estimer leurs relations au travers d'un modèle à correction d'erreurs (ECM, « *error correction model* »). Engle et Granger ont démontré que toutes les séries cointégrées peuvent être représentées par un ECM (théorème de la représentation de Granger)[168]. Il s'agit de présenter la méthode la plus répandue d'estimation d'un ECM, en se focalisant sur le cas d'une seule variable explicative.

Soient les séries yt et $xt \rightarrow I(1)$, l'estimation par les MCO de la relation de long terme indique une stationnarité du résidu. Les séries yt et xt sont donc notées : $CI(1, 1)$. Dès lors, le modèle à correction d'erreurs peut être estimé. L'estimation du modèle à correction d'erreurs (ECM) se fait en deux étapes.

Étape 1 : Estimation par les MCO de la relation de long terme :

$$Yt = \alpha + \beta xt + e_t (\text{ECM}) \quad [1]$$

Étape 2 : Estimation par les MCO de la relation du modèle dynamique (court terme) :

$$Yt = \alpha_1 xt + \alpha_2 e_{t-1} + ut \qquad \alpha_2 < 0 \quad [2]$$

Le coefficient α_2 (force de rappel vers l'équilibre) doit être significativement négatif ; dans le cas contraire, il convient de rejeter une spécification de type ECM. En effet, le mécanisme de correction d'erreurs (rattrapage qui permet de tendre vers la relation de long

167 MacKinnon J., « Critical Values for Cointegration Tests », in Engle R. and Granger C. (Eds)., *Long Run Economic Relationships*, Oxford University Press, Oxford, 1991, pp. 267–276.

168 Engle R. F. et Granger C. W. J., « Cointegration and Error Correction: Representation, Estimation and Testing », *Econometrica*, vol. 55, n° 2, 1987, pp. 251–276.

terme) irait alors en sens contraire et s'éloignerait de la cible de long terme. La procédure en deux étapes conduit à une estimation convergente des coefficients du modèle et les écarts types des coefficients peuvent s'interpréter de manière classique.

L'estimation d'un modèle à correction d'erreurs ne pose donc pas de problème particulier et nécessite simplement le recours à une technique de moindres carrés ordinaires. En cas de variables explicatives supplémentaires dont l'hypothèse de cointégration ne peut pas être retenue (comme des variables indicatrices par exemple), la procédure d'estimation est la même sauf pour l'estimation du modèle [1] (équation de long terme) dans lequel figurent ces variables explicatives[169].

3.3 Modèles empiriques possibles

Dans cette partie sont utilisées les données macroéconomiques sur les 30 dernières années. À cet effet, l'analyse de la relation entre les dépenses publiques (notamment les dépenses d'éducation et de santé), le PIB par tête et les indicateurs sociaux constitue l'objectif principal de cette recherche. Ainsi, il est question d'analyser l'impact des dépenses publiques (politique budgétaire), du revenu par tête (croissance économique) sur la réduction de la pauvreté (indicateurs sociaux).

L'approche empirique se construit autour de l'analyse du rôle des politiques économiques sur le développement humain. La formulation de politiques économiques efficaces nécessite la compréhension des mécanismes de transmission des effets de telles politiques sur les agents économiques.

---

[169] La littérature économique récente concernant la théorie de l'équilibre démontre qu'une série macroéconomique stationnaire peut être le résultat d'une combinaison de variables non stationnaires, d'où l'importance actuelle de l'analyse de la cointégration à *k* variables. La généralisation de deux à *k* variables s'avère assez complexe du fait du nombre de possibilités de vecteurs de cointégration possibles (Bourbonnais, 2015, p. 306).

3.3.1 Modèles autorégressifs

La démarche adoptée ici s'inscrit dans la lignée des études utilisant les modèles vectoriels autorégressifs[170]. En effet, les avantages de ces modèles par rapport aux modèles structurels se situent à trois niveaux :

Premièrement, les modèles autorégressifs autorisent les variables explicatives à intervenir avec un décalage temporel, cela permet de capter l'idée que le revenu et les dépenses publiques affectent les indicateurs sociaux avec un certain retard. Cela paraît une hypothèse plus raisonnable qu'un effet instantané des dépenses publiques sur les indicateurs sociaux. L'amélioration des indicateurs sociaux s'inscrit dans un processus cumulatif de moyen et long termes. Cependant, il est difficile de fixer a priori le temps nécessaire à l'observation des effets des dépenses et du PIB sur les indicateurs sociaux. La détermination du retard reposera néanmoins sur des critères purement statistiques, à savoir les critères d'information d'Akaike et de Schwarz.

Deuxièmement, la spécification sous forme autorégressive permet d'échapper à la critique des biais d'endogénéité inhérents aux modèles structurels ainsi que celui du choix des variables instrumentales, lorsqu'il s'agit d'utiliser une procédure d'estimation convergente.

Troisièmement, la modélisation autorégressive permet de réaliser l'analyse d'impact en termes de causalité. En effet, suivant l'approche retenue par Granger[171], une variable X cause une autre variable Y si les valeurs passées de X influencent significativement les valeurs futures de la variable Y. C'est cette approche de la causalité qui sera retenue dans ce travail.

L'estimation d'un modèle vectoriel autorégressif en différence première n'est pas appropriée lorsque les séries sont cointégrées. Il convient plutôt de considérer un modèle à correction d'erreurs (Engle et Granger, 1987 ; Johansen, 1988).

---

[170] Keho Y., « La dimension sociale du développement durable en Côte d'Ivoire : le rôle de la croissance et des dépenses sociales », PED n° 01/2008, Cellule d'analyse de politiques économiques du CIRES, 2008, 24 p.

[171] Granger C. W., « Investigating Causal Relations by Econometric Models and Cross-Spectral Methods », *Econometrica*, 37, 1969, pp. 424–438.

L'équation à estimer s'écrit sous la forme suivante :

$$\Delta y_t = \beta_0 + \sum_{i=1}^{n} \varphi_i \Delta y_{t-1} + \sum_{j=1}^{n} \delta_j \Delta \log(PIBh_{t-j}) + \sum_{j)1}^{n} \alpha_j \Delta \log(DS_{t-1}) + \gamma \varepsilon_{t-1} + \tau_t \quad (1)$$

Où y_t est l'indicateur social utilisé, DS_t désigne les dépenses sociales par tête (santé, éducation, protection sociale), $PIBh_t$ le PIB par tête et ϵ_t représente le terme à correction d'erreurs. En l'absence de cointégration le terme ϵ_{t-1} est éliminé de l'équation (1). Les β_0, φ_i, δ_j, α_j et Υ sont des paramètres ou coefficients associés aux différentes variables.

Le test de causalité au sens de Granger revient à un test de contraintes linéaires sur les coefficients associés aux valeurs passées de la variable causale dans l'équation de la variable causée. Le modèle à correction d'erreurs permet d'effectuer un test de causalité sur la dimension de court terme et un test sur la dimension de long terme (Toda et Phillips, 1993). Dans l'équation (1), les hypothèses nulles de non-causalité à court terme de y_t par le PIB et les dépenses sociales par tête sont respectivement définies par :

$$H0 : \sum_{j=1}^{n} \delta_j = 0 \text{ et } H0 : \sum_{j=1}^{n} \alpha_j = 0 \quad (2)$$

La statistique de test suit asymptotiquement une distribution du chi-deux, dont le nombre de degrés de liberté est égal au nombre de coefficients contraints. L'absence de causalité à long terme implique la nullité du coefficient associé à la force de rappel γ. L'existence d'une relation de cointégration suggère une causalité dans au moins une direction.

3.3.2 Modèle de croissance pro-pauvres

La croissance pro-pauvres est définie par l'ensemble des politiques de croissance permettant de réduire significativement les seuils de pauvreté au sein d'un pays donné. Par la suite, le concept de croissance pro-pauvres a été repris et développé dans deux directions essentielles. La première émane des travaux de Ravallion et de Chen définissant ce concept comme étant le processus permettant d'accélérer la croissance des revenus des catégories les plus pauvres et réduisant en valeur absolue le nombre de ces derniers, tout en faisant abstraction des inégalités qui peuvent exister[172]. Quant au second courant théorique, celui-ci renvoie aux travaux de White et Anderson[173], Kakwani et Pernia[174] qualifiant un processus de croissance comme étant pro-pauvres si les catégories pauvres de la population en bénéficient plus que les autres, tout en s'accompagnant d'une réduction substantielle des inégalités. Cette seconde approche formalise théoriquement l'aspect lié aux inégalités dans l'élaboration des politiques publiques de développement.

Ces définitions ont été formalisées à travers des indices permettant de décomposer la pauvreté et les variables qu'elle incorpore, notamment l'évolution des revenus moyens de la population. Le calcul de l'élasticité de la pauvreté à la croissance permet également de mesurer la variation de la pauvreté consécutive à l'évolution de la croissance économique dans une approche monétaire. Elle renseigne sur l'efficience des politiques de croissance face à la réduction de la pauvreté.

Le cadre théorique relatif à l'analyse des politiques pro-pauvres présente ainsi une diversité d'approches dans la littérature économique existante[175]. Ces approches préconisent la réallocation des ressources dans l'économie afin de faire bénéficier davantage aux pauvres et les intégrer dans le processus de croissance économique[176].

Le rôle des dépenses publiques en matière de croissance économique est un sujet qui a toujours motivé de nombreuses études théoriques et empiriques. Ce sujet acquiert une importance grandissante dès que l'on considère qu'une dépense publique visant à renforcer les capacités productives peut influencer d'une manière durable le taux de croissance de l'économie. En ce sens, les dépenses publiques dans l'enseignement, la santé et l'extension des

---

[172] Ravallion M. et Chen S., « Measuring Pro-Poor Growth », *Economic Letters*, vol. 78(1), 2003, pp. 3–99.

[173] White H. et Anderson E., « Growth vs Redistribution: does the Pattern of Growth Matter? », *Development Policy Review*, vol. 19(3), 2001, pp. 167–289.

[174] Kakwani N. et Pernia E., « What is Pro-Poor Growth? », *Asian Development Review*, 18, 2001, pp. 1–16

[175] Boccanfuso D. et Ménard C., *La Croissance pro-pauvres : un aperçu exhaustif de la « boîte à outils »*, *Cahier de recherche / Working Paper 09–06*, février, 2009, 27 p.

[176] Oulmakki O., Khellaf A., « Politiques publiques de développement versus croissance pro-pauvres au Maroc : une exploration empirique en équilibre général calculable », 2016. Url : http://lead.univ-tln.fr/fichiers/Paper%20JS2016/26-04_OULMAKKI%20&%20KHELLAF.pdf, consulté le 14 mars 2018, p. 6.

infrastructures constituent les principaux canaux à travers lesquels l'État agit sur le sentier de croissance de long terme. En effet, une large partie du débat international sur les moyens de relancer la croissance économique dans les pays en développement a été axée sur la nécessité de promouvoir les investissements publics[177].

Le niveau des dépenses publiques globales doit être compatible avec un cadre macroéconomique viable, ce qui pose avec acuité la question de la productivité des dépenses publiques et l'utilisation efficiente des ressources publiques. Pour que les dépenses publiques soient globalement productives, il faut un dosage optimal des outputs du secteur public : l'État ne doit pas produire un bien ou un service en quantité excessive ni un autre en quantité insuffisante. C'est pourquoi la question de l'allocation des dépenses publiques et sa relation avec la croissance économique ne cesse de faire l'objet de nombreuses études théoriques et empiriques.

À l'instar des autres pays en développement, au Mali, l'État intervient de plus en plus dans la sphère économique par la production de biens et services. Il est possible de mesurer son poids dans l'économie à travers la part de ses dépenses dans le produit intérieur brut. Sur le plan économétrique, on peut déterminer si les dépenses publiques porteuses de croissance par le recours à l'estimation d'un modèle à correction d'erreurs en vue d'identifier d'éventuelles relations de cointégration entre le PIB et les dépenses publiques dans les domaines d'accumulation de capital humain et physique, à savoir l'enseignement, la santé et les infrastructures. Si l'on s'intéresse aux dépenses dans les secteurs de l'éducation et de la santé, comme c'est le cas des politiques pro-pauvres, on identifie l'apport de ces dépenses à la croissance économique.

3.3.2.1 Cadre théorique de base – effets positifs des politiques budgétaires

L'intervention de l'État dans le système économique est une orientation controversée aussi bien dans le principe que dans la portée. Plusieurs conceptions du rôle de l'État ont marqué la pensée économique. En effet, pour les économistes classiques, le rôle de

---

[177] On cite dans ce sens les rapports de la commission Blair (2005), de la Banque mondiale (2005a, 2005b) ainsi que celui du projet du millénaire des Nations unies (2005).

l'État doit être limité à l'exercice de ses fonctions régaliennes et la garantie du libre fonctionnement du marché. Il ne doit surtout pas intervenir dans l'économie, sous peine de déstabiliser les mécanismes d'autorégulation. Laquelle conception contraste avec la vision keynésienne, où l'État peut jouer un rôle décisif dans la relance économique. Pour les keynésiens, l'État doit veiller notamment au bien-être de la population et, au besoin, intervenir dans l'économie pour corriger les dysfonctionnements du marché.

Traditionnellement, l'allocation des ressources est en principe assurée par les mécanismes du marché grâce à des décisions décentralisées. Toutefois, pour certains biens et services, le mécanisme automatique du marché ne peut remplir parfaitement cette fonction. Les décisions d'affectation sont généralement prises par un processus de choix collectifs et en l'occurrence par le processus politique lorsque les dépenses publiques sont en cause. Par conséquent, le défi lancé à l'économie de développement en général, et à la théorie de croissance économique en particulier, consiste à mettre en évidence et à examiner les fondements scientifiques de toute politique publique qui consiste à stimuler la croissance économique à travers les composantes du budget de l'État. Ainsi, le rôle de l'État s'est progressivement développé d'une optique ultralibérale, qui faisait confiance à la capacité du marché de garantir une meilleure allocation des ressources, à une vision qui prône l'utilisation du budget de l'État pour stimuler la croissance.

Les théories de croissance dominantes, jusqu'au début des années 1980, en l'occurrence les enseignements du modèle de croissance néoclassique standard, considéraient que la croissance s'essouffle en l'absence de progrès technique et d'augmentation de la population du fait de l'hypothèse de rendements d'échelle constants et de la décroissance de la productivité marginale du capital. Pour que la croissance persiste, il faut que le progrès technique pousse continuellement les frontières de la fonction de production, ou bien la population active augmente. Cependant, ni la dynamique du progrès technique ni celle de la population ne dépendent de l'activité économique ou du comportement des agents économiques. Dès lors, les politiques n'ont pas d'influence sur la croissance économique de long terme. Or, l'hypothèse des rendements factoriels décroissants implique que les économies des pays riches doivent croître à un rythme plus lent que les pays pauvres. Cette déduction logique n'a pas été empiriquement confirmée. En effet, le processus de convergence inconditionnelle s'est avéré moins évident au cours des trois dernières décennies.

L'apparition des modèles de croissance endogène suite aux travaux pionniers de Romer (1986), Lucas (1988), Barro (1990), Grossman et Helpman (1991), Aghion et Howitt (1992), va établir les règles d'une nouvelle démarche d'analyse de croissance faisant du capital humain, du capital physique et de la recherche-développement la source des externalités positives, permettant de compenser la décroissance de la productivité factorielle résultant du processus d'accumulation et permettant de doter l'État des moyens susceptibles de stimuler la croissance économique à travers les investissements publics dans les domaines d'accumulation du capital humain et physique.

En tenant compte des lacunes des analyses antérieures, Baldacci, Benedict, Sanjeev et Qiang ont décidé d'étudier, à l'aide d'un ensemble de données de panel sur 120 pays en développement pour la période 1975–2000, la corrélation pouvant exister entre les dépenses sociales, les indicateurs sociaux et la croissance[178]. Ils ont établi à cet effet un modèle économique simple à trois équations. Dans la première, la hausse de la production est une fonction des apports de capital physique et humain ainsi que de la main-d'œuvre. On peut supposer que la technologie influe sur la productivité de cette dernière. La deuxième définit l'accumulation du stock de capital physique, et la troisième décrit la dynamique de la formation de capital humain. La résolution de ces équations donne une équation dans laquelle la croissance de la production par habitant est exprimée en fonction du revenu initial, du stock de capital humain et des nouveaux investissements dans ce capital (séparément pour l'éducation et la santé), et du stock de capital physique et des nouveaux investissements dans ce capital. S'il faut intégrer à cette équation de croissance les équations de l'accumulation du stock de capital physique et de la formation de capital humain, il y aurait alors une formule dans laquelle les dépenses sociales sont reliées à l'accumulation de capital physique et humain et à la croissance. En

---

[178] Baldacci E., Benedict C., Sanjeev G., Qiang C., « Social Spending, Human Capital and Growth in Developing Countries: Implications for Achieving the MDGs », *IMF Working*, 2004, Paper 04/217 (Washington: International Monetary Fund).

outre, différentes techniques ont été employées pour résoudre les problèmes associés à l'endogénéité, aux erreurs d'évaluation et aux biais de variables omises, et les résultats sont dans l'ensemble cohérents.

Comme déjà indiqué dans la première partie de ce travail, les résultats de Baldacci *et al.* (2004) se résument comme suit :

- *Le capital éducation comme le capital santé favorisent la croissance de la production,* mais par des moyens légèrement différents. Si le stock et les flux de capital éducation ont un effet d'ampleur similaire sur la croissance, ce sont seulement les flux de capital santé qui agissent directement sur la croissance. Le stock de capital santé influe toutefois indirectement sur la croissance par son effet positif sur les investissements matériels ;
- *Les dépenses d'éducation ont à la fois un effet immédiat et retardé sur le capital éducation.* Deux tiers (2/3) environ des effets directs se concrétisent au cours des cinq premières années, les autres dans les cinq années suivantes. Par exemple, une hausse de 1 point du PIB des dépenses éducatives a pour effet direct d'accroître de 6 points le taux de scolarisation composite dans les cinq années qui suivent, et de 3 autres points dans les cinq années suivantes ;
- *Les dépenses de santé ont un effet immédiat positif et important sur le capital santé.* Par exemple, une augmentation de 1 point du PIB des dépenses de santé s'accompagne d'une hausse du taux de survie des enfants de moins de 5 ans de 0,2 point, en moyenne, dans les pays en développement. Les dépenses de santé passées n'ont plus d'effet sur les indicateurs de santé. On peut donner de ce résultat une explication intuitive : d'abord, une hausse des dépenses de santé se traduit immédiatement par de meilleurs résultats dans ce secteur, tandis que, dans le domaine de l'éducation, les gains se manifesteront pleinement au bout d'une période de gestation plus longue, une fois que les étudiants auront achevé leurs études. Ensuite, contrairement aux résultats éducatifs, l'état de santé ne peut être cumulé et doit être entretenu par des soins réguliers, ce qui limite au court terme les effets des dépenses de santé ;

- *Le capital éducation et le capital santé sont étroitement liés.* Le capital santé contribue à l'accumulation de capital éducation, avec une élasticité de 1,3 environ. Ainsi, une hausse de 10 % du capital santé entraînerait une augmentation de 13 % du capital éducation. Dans les pays en développement, un bon état de santé améliore sensiblement les résultats éducatifs ;
- *Les progrès en matière d'égalité des sexes améliorent le capital santé et le capital éducation* par l'élargissement de l'accès aux services de base. Par exemple, une hausse de 1 point du pourcentage de femmes parmi les effectifs scolarisés s'accompagne d'une augmentation de 2 points du taux de scolarisation composite et de 0,3 point du taux de survie des enfants de moins de 5 ans.

L'analyse de leurs résultats montre que l'augmentation des revenus et celle du capital humain se renforcent mutuellement et contribuent à un cercle vertueux de croissance et de développement du capital humain. Par ailleurs, l*a gouvernance a un effet direct considérable sur les relations entre les dépenses sociales et les indicateurs sociaux,* les dépenses de santé y étant particulièrement sensibles. Une mauvaise gouvernance freine la croissance, essentiellement par ses effets sur le capital humain et l'investissement. Les pays où la gouvernance est faible enregistrent généralement une croissance annuelle inférieure de 1,6 point à celle des autres pays.

De même, une mauvaise gouvernance a pour corollaire un ratio investissement/PIB de 2 points plus faible. L'effet de la gouvernance sur la croissance se transmet par des voies indirectes, par le biais des indicateurs sociaux et de l'investissement.

L'impact du capital éducation et du capital santé sur la croissance varie selon le groupe de pays. L'effet du capital éducation sur la croissance est plus prononcé dans les pays à faible revenu. Sur le plan géographique, c'est en Afrique subsaharienne que l'incidence des améliorations progressives du capital éducation est la plus forte, et en Asie qu'elle est la plus faible. Pareillement, l'accroissement des chances de survie des enfants a, sur la croissance, un effet environ 11 fois plus fort dans les pays à faible revenu que dans les pays à revenu intermédiaire, en raison du niveau initialement élevé de la mortalité infantile dans les pays les plus pauvres[179].

[179] *Finances & Développement*, juin 2005, p. 22.

À l'aide des résultats de leur modèle, Baldacci *et al.* ont effectué une série de simulations afin d'évaluer l'impact de différentes actions que les pouvoirs publics pourraient mener pour améliorer les indicateurs sociaux, accélérer la croissance économique et réduire la proportion des pauvres dans la population. Les simulations évaluent l'impact d'une hausse des dépenses d'éducation, d'une augmentation des dépenses de santé, d'une amélioration de la gouvernance, d'une réduction du déficit budgétaire et d'une baisse de l'inflation. Chacune d'elles suppose que l'environnement dans lequel s'inscrivent les politiques demeure inchangé (sauf, bien entendu, dans le cas des simulations d'une évolution de l'inflation et du déficit budgétaire).

Il ressort des simulations qu'une *hausse des dépenses d'éducation* égale à 1 point du PIB prolonge de 3 ans en moyenne la durée de scolarisation et accroît de 1/2 point du PIB le taux de croissance annuelle sur 15 ans, ce qui se traduit par une réduction cumulée d'environ 17 % de la proportion initiale des pauvres dans la population. De même, un *accroissement des dépenses de santé* de 1 point du PIB est lié à une progression d'un demi-point de pourcentage du taux de survie des enfants de moins de 5 ans et à une augmentation d'un demi-point de pourcentage du taux de croissance annuel du PIB par habitant, soit une réduction cumulée d'à peu près 12 % de la proportion initiale des pauvres dans la population. L'*amélioration de la gouvernance* est un puissant moyen de relever les indicateurs sociaux et d'accélérer la croissance. Si l'indice de gouvernance passe d'un niveau inférieur à la moyenne à un niveau supérieur à la moyenne (ce qui implique un recul de la corruption), le taux de mortalité infantile accuse un repli immédiat, le taux de scolarisation composite augmente et le taux de croissance du PIB par habitant enregistre une hausse analogue à celle qui résulte d'un accroissement des dépenses décrite ci-dessus. Lorsqu'on ajoute l'effet de la hausse des revenus sur le capital humain, cette mesure peut entraîner une amélioration encore plus forte des indicateurs sociaux.

Les effets d'une *baisse de l'inflation* sur la croissance (et, partant, sur la pauvreté) sont eux aussi importants. Une diminution de 10 points du taux d'inflation entraîne une hausse d'un demi-point de pourcentage du taux de croissance annuel. Une *amélioration du solde budgétaire* de 1 point du PIB se traduit par une augmentation d'un demi-point de pourcentage de la croissance du PIB par habitant quand le déficit est élevé. Néanmoins, si l'incidence initiale sur la croissance est comparable à celle de la hausse des dépenses sociales, la baisse de l'inflation n'a pas, contrairement à celle-ci, de retombées favorables ultérieures. Les effets d'une amélioration du solde budgétaire dans les pays qui ont déjà instauré un minimum de stabilité macroéconomique ne sont plus significatifs[180].

3.3.2.2 Résultats controversés au niveau empirique

La divergence conceptuelle, relative au rôle des dépenses publiques dans la croissance économique, est également perceptible dans les résultats des travaux empiriques. Diverses études, fondées sur des approches chronologiques ou internationales, ont visé à évaluer la contribution des dépenses publiques à la croissance économique.

Certaines études établissent un lien entre l'ensemble des dépenses publiques et la croissance ; d'autres sont axées sur la relation entre certaines composantes des dépenses, telles que l'investissement public, les dépenses d'éducation ou de santé, ou leurs éléments constitutifs et la croissance économique.

Des études empiriques ont livré des conclusions divergentes : selon certaines, à l'image de Daniel Landau[181], l'augmentation des dépenses publiques s'accompagne d'un ralentissement de la croissance. Selon d'autres, il existe une relation positive entre dépenses publiques et croissance. Alors que certains auteurs, comme Kormendi et Meguire, affirment qu'il n'existe pas de relation significative entre les dépenses publiques et la croissance[182].

En général, les études concernant la relation entre les dépenses publiques totales et la croissance n'ont pas donné de résultats probants, parce que les résultats de nombre de ces études indiquent que la consommation du secteur public ne stimule pas la croissance[183].

---

[180] *Finances & Développment*, juin 2005, p. 23 (cf. Baldacci *et al.*, « Social Spending, Human Capital and Growth in Developing Countries: Implications for Achieving the MDGs » *IMF Working*, 2004, Paper 04/217 [Washington: International Monetary Fund]).

[181] Landau D., « Government and Economic Growth in the Less Developed Countries: an Empirical Study for 1960–1980 », *Economic Development and Cultural Change*, vol. 35, issue 1, 1986, pp. 35–75.

[182] Kormendi R. et Meguire P., « Macroeconomic Determinants of Growth: Cross-Country Evidence », *Journal of Monetary Economics*, vol. 16, issue 2, 1985, pp. 141–163.

[183] Easterly W. et Rebelo S., « Fiscal Policy and Economic Growth: an Empirical Investigation », *Journal of Monetary Economics*, Elsevier, vol. 32(3), 1993,

Un certain nombre d'études ont mis en évidence une corrélation positive entre la croissance et divers indicateurs ou dépenses d'éducation, notamment : le niveau d'instruction primaire et secondaire, notamment selon les travaux de Barro (1991) et d'Easterly et Rebelo (1993). En utilisant des données en séries temporelles, Mamadou Coulibaly (2013) montre que les dépenses publiques d'éducation ont un impact positif significatif sur la croissance économique ainsi qu'une augmentation de 1 % du taux de croissance des dépenses d'éducation entraîne une hausse de 5,795 % du taux de croissance, à enlever contrairement au résultat retrouvé par Devarajan, Vinaya et Heng-Fu où les dépenses d'éducation entretiennent une relation plutôt négative avec la croissance économique[184].

D'autres études ont visé à identifier l'effet des dépenses publiques consacrées à certains services d'éducation et de santé. En général, les conclusions de ces études sont probantes et soulignent les effets positifs de ces investissements sur les revenus d'une vie entière ou sur les indicateurs d'éducation et de santé. Ces études mettent en évidence la productivité des dépenses consacrées à l'enseignement primaire et aux services communautaires de santé, particulièrement dans les pays en développement ainsi qu'à l'éducation sanitaire et aux soins préventifs de santé (Haddad *et al.*, 1990).

L'objectif de certaines études était de distinguer les relations de court et long termes entre les dépenses publiques et la croissance économique. Ben et Hassad (2006) ont montré que les dépenses publiques d'éducation et de santé sont porteuses de croissance économique si elles sont utilisées d'une manière efficace.

Nubukpo a établi, sur la base d'un modèle à correction d'erreurs appliqué à chaque pays de l'UEMOA, que les dépenses publiques totales n'ont pas d'impact significatif en courte période sur la croissance dans la majorité des économies. À long terme, la hausse des dépenses publiques a un impact sur la croissance nettement différencié par pays. Par ailleurs, il a montré que la prise en compte de la composition des dépenses publiques conduit à mettre en évidence

---

pp. 417–458 ; Barro R. J., « Economic Growth in a Cross Section of Countries », *The Quarterly Journal of Economics*, vol. 106, n° 2, May 1991, pp. 407–443.

[184] Devarajan S., Vinaya S., Heng-fu Z., « The Composition of Public Expenditure and Economic Growth », *Journal of Monetary Economics*, 37, 1996, pp. 313–344.

l'effet négatif des dépenses de consommation publique sur la croissance à court et à long terme dans l'UEMOA[185].

Concernant l'investissement public et la croissance économique, Keho a montré que c'est la croissance qui cause l'investissement public en Côte d'Ivoire et non l'inverse[186]. De même, Ghali (1997) a montré, en utilisant un test de causalité au sens de granger pour le cas de la Tunisie, que l'hypothèse selon laquelle les dépenses publiques causent la croissance économique était erronée.

Mesplé-Somps (1991) indique, dans son travail, que généralement on s'attend à ce que plus le taux de dépenses sociales est élevé, plus le développement humain sera assuré. Ces ratios permettent de déceler les déséquilibres du budget expliquant la faiblesse du pourcentage (%) du revenu national consacré aux questions sociales prioritaires. Ainsi, si les dépenses publiques sont élevées, tandis que le taux des dépenses sociales est faible, il faut restructurer le budget de façon à réduire certaines dépenses, comme celles de la défense ou des entreprises publiques déficitaires. Si le taux des dépenses sociales semble élevé, alors que les incidences sur le développement humain sont faibles, alors il faudrait renforcer le taux des priorités sociales. Plus précisément cela peut se traduire dans le domaine de l'éducation par une augmentation des fonds destinés à l'enseignement primaire et une baisse de ceux de l'enseignement supérieur ou, dans le domaine de la santé, par un rééquilibrage des dépenses vers les soins de base préventifs.

Afin de relativiser les résultats en fonction du niveau de développement des populations concernées, le taux des dépenses de développement humain est associé au montant absolu de ces dépenses par habitant. Ainsi, le taux de dépenses prioritaires peut être faible, mais le montant absolu par habitant élevé. De l'analyse de ces ratios découlent des recommandations pour l'action gouvernementale, comme celle de fixer le taux de dépenses de développement humain à 5 % si des incidences réelles sont attendues.

Ce faisant, le PNUD et la Banque mondiale convergent d'un point de vue conceptuel pour penser que le développement et la pauvreté sont intimement liés. Il s'agit en général d'un ensemble de

---

185 Nubukpo K., « Dépenses publiques et croissance des économies de l'UEMOA », *CIRAD*, Monpellier (France), 2003, pp. 1–28.

186 Keho Y., « La dimension sociale du développement durable en Côte d'Ivoire…, 2008, *op. cit.*

privations. Cela justifie la décomposition au niveau méthodologique de l'IDH dans ses dimensions de pauvreté sous la forme cohérente appelée indice de pauvreté multidimensionnelle.

3.4 Modèle économétrique retenu

Pour analyser la relation entre la politique budgétaire et la pauvreté, recours est fait à un modèle macroéconométrique. Il s'agit d'un modèle autorégressif, plus précisément d'un modèle à correction d'erreurs (MCE ou ECM). Un modèle macroéconométrique est constitué de deux sortes d'équations : les équations de comportement et les équations comptables. Les équations de comportement décrivent une causalité issue de la théorie économique, comme entre le revenu ou la richesse et la consommation, ou bien des réalités institutionnelles, comme entre cotisations sociales et masse salariale.

3.4.1 Nature du modèle

Le modèle est de type macroéconométrique dérivé d'une fonction de croissance endogène. L'analyse concerne la relation entre le PIB par habitant et les dépenses sociales dans le PIB, en partant d'une fonction de production de type Cobb-Douglas. Après une formulation de l'équation du modèle suivra une description des différentes variables.

La formulation du modèle est donc la suivante :

$$Y_t = \mathrm{F}(K_{t-1}; H_{t-1}; E_t; P_t) \qquad (1)$$

Où Y_t représente le taux de croissance du produit par tête du pays entre t – 1 et t. K_{t-1} est le stock de capital physique par tête en t – 1. H_{t-1} est le stock de capital humain en t – 1 ; E_t symbolise les variables d'environnement en t, et P_t les variables de politique économique en t. Cette équation est celle retenue par Barro et Sala-i-Martin[187]. Parmi les variables de politique économique, il y a la part des dépenses sociales (éducation et santé) dans le PIB. Leur augmentation indique une priorisation des dépenses publiques en faveur de la réduction de la pauvreté à travers les dépenses sociales.

[187] Barro R. J. et Sala-I-Martin X., *Economic Growth*, McGraw-Hill, 1995.

3.4.2 Équation du modèle à estimer

Le choix porte ici sur une formulation de type Cobb-Douglas. Elle est la suivante :

$$Y = K^{\alpha} H^{\beta} Z^{\gamma} \qquad (2)$$

On pose Z = (E, P) ; ainsi, on aura

$$Y = K^{\alpha} H^{\beta} E^{\gamma_1} P^{\gamma_2} \qquad (3)$$

En introduisant le logarithme, on obtient :

$$LnY = \alpha LnK + \beta LnH + \gamma_1 LnE + \gamma_2 LnP \qquad (4)$$

L'équation finale à estimer prend la forme d'un modèle à correction d'erreurs :

$$Ln(PIBhbt_t) = \alpha_0 + \alpha_1 Ln(ds_t) + \alpha_2 Ln(Fbcf_t) + \alpha_3 * Ln(IDH_t) + \alpha_4 * dummy_t + \gamma Ln(PIBhbt_{t-1}) +$$
$$\alpha_5 Ln(ds_{t-1}) + \alpha_6 Ln(Fbcf_{t-1}) + \alpha_7 Ln(IDH_{t-1}) + \alpha_8 dummy_{t-1} + e_t$$

(5)

PIBhbt : le PIB par habitant ; ds : les dépenses sociales (santé et éducation) en pourcentage du PIB ; FBCF : la formation brute de capital fixe en pourcentage du PIB ; IDH : indice du développement humain (indicateur de pauvreté) ; *dummy* : variable muette symbolisant l'avènement des DSRP ; t : le temps en année ; e : terme d'erreur ; α0 est une constante ; les αi (i = 1……8) sont des paramètres à estimer. ϒ est le coefficient de la force de rappel vers l'équilibre de long terme. Il représente la vitesse à laquelle tout déséquilibre entre le niveau désiré et celui effectif du PIB est résorbé dans l'année qui suit tout choc.

En gros, l'approche la plus utilisée est celle qui consiste à considérer le développement social comme étant le résultat du fruit de la croissance économique. Pour ce faire, l'État doit être un bon régulateur à travers la politique économique. En effet, le schéma retenu est celui de la croissance économique précédant le développement social.

La démarche méthodologique adoptée est de type analytique pour vérifier la nature du lien entre indicateurs de pauvreté et indicateurs de politique budgétaire. Elle intègre trois étapes. *Le diagnostic de la situation* a permis de faire une analyse, d'une part, des indicateurs budgétaires du Mali de 1970 à 2014 (parts des dépenses sociales dans le budget total, parts des dépenses sociales dans le PIB), d'autre part, des indicateurs sociaux (indicateurs de pauvreté).

Cette analyse s'est appuyée sur les données secondaires disponibles au niveau de la Banque mondiale (base de données pour le Mali). *L'analyse du diagnostic* a permis de choisir les variables permettant d'estimer le lien entre politique budgétaire et la réduction de la pauvreté à travers l'amélioration de l'accès des populations aux services sociaux de base. De ce fait, le développement social est considéré comme un processus multidimensionnel, en ce sens qu'on ne peut le cerner qu'à travers une série d'indicateurs relatifs à l'éducation, la santé, l'accès à l'eau potable, l'assainissement et l'accès à l'électricité qui sont des aspects clés du développement social.

Pourtant, pour des raisons de pertinence et de disponibilité de certaines données statistiques, l'analyse s'est concentrée sur les indicateurs qui ont un lien direct avec le développement humain : les indicateurs d'éducation et de santé (espérance de vie à la naissance, taux de mortalité infantile de moins de 1 an, taux de mortalité des moins de 5 ans, taux d'alphabétisation des adultes [15 ans et plus], taux de scolarisation au primaire et ratio élèves/enseignants au primaire) ; les indicateurs budgétaires (dépenses publiques de santé/PIB, dépenses publiques d'éducation/PIB). Enfin a été développée une démarche économétrique permettant de vérifier le fonctionnement de la relation entre budget alloué et amélioration de l'accès aux services sociaux de base. Le modèle à estimer est de type autorégressif, à correction d'erreurs (ECM).

Pour l'estimation de ce genre de modèles, il est nécessaire d'étudier la stationnarité des variables ainsi que la présence éventuelle d'une relation de cointégration. Les différentes étapes ici développées permettront de vérifier les hypothèses de recherche à travers une analyse empirique, objet du chapitre suivant (IV).

Chapitre IV : Analyse économétrique de la relation entre dépenses sociales et réduction de la pauvreté

Les précédents chapitres ont permis de comprendre dans quelle mesure la politique budgétaire peut contribuer à la réduction de la pauvreté. Les indicateurs montrent que le Mali s'est lancé dans la dynamique de la réduction de la pauvreté depuis les années 2000, en mettant en œuvre des politiques budgétaires expansives, avec un accroissement substantiel des dépenses sociales dans différents domaines.

En effet, les données budgétaires du Mali mettent en exergue une augmentation des dépenses publiques de plus de 10 % entre 2004 et 2017. Les dépenses de pauvreté représentent plus 60 % des dépenses publiques totales. C'est dire que le budget est pro-pauvres dans sa composante globale.

L'objectif de ce chapitre est de démontrer empiriquement la relation entre indicateurs de réduction de la pauvreté et dépenses publiques, en particulier les dépenses sociales (éducation, santé et protection sociale). Le renouveau théorique des années 1990, avec les théories de la croissance endogène, a créé un engouement pour le rôle des dépenses publiques comme facteurs essentiels de croissance, mais aussi de réduction de la pauvreté. Il existe ainsi, une relation entre demande de biens publics en faveur des pauvres et la croissance des dépenses publiques.

Il convient de noter que les dépenses publiques étaient un domaine relativement négligé de l'étude d'ensemble des finances publiques. Depuis, on attache une attention considérable aux différents aspects des dépenses publiques, en essayant de redresser le déséquilibre résultant de l'accent mis dans le passé sur le rôle de la fiscalité dans l'économie. C'est ainsi que de nombreuses idées furent émises pour expliquer la croissance des dépenses publiques.

En se situant dans une perspective d'offre et de demande, et non historique, certains auteurs ont expliqué cette croissance des dépenses publiques par la demande des agents économiques pour les biens publics. D'autres avancent plutôt l'idée selon laquelle cette croissance des dépenses publiques est due au niveau de l'offre des ressources publiques. Du fait qu'il n'existe pas un marché où la demande des biens publics et l'offre des ressources publiques se rencontrent, certains auteurs plus récents, comme Adouka, Kchirid, Benzekoura et Bouguelli, avancent l'hypothèse de recourir à l'approche du déséquilibre où l'offre et la demande s'ajustent en même temps et le niveau des dépenses publiques se situe soit sur l'offre, soit sur la demande[188].

Il s'agit dès lors de vérifier si les dépenses publiques dans les domaines de l'éducation, de la santé et de la protection sociale ont été bénéfiques aux pauvres. Ainsi, le modèle présenté dans le chapitre 3 a été soumis à une estimation à travers une modélisation à correction d'erreurs. Là sont présentés les résultats des différents tests réalisés (section 1). Dans la section 2, l'accent est mis sur le modèle estimé ainsi que sur les différentes variables considérées. L'interprétation des résultats du modèle fait l'objet de la section 3. La quatrième section porte sur les principales implications de politiques relatives aux résultats obtenus. Ces implications sont définies à court et à long terme en cohérence avec les élasticités de court terme et de long terme.

4.1 Résultats des différents tests effectués

En général, pour la modélisation à correction d'erreurs, deux types de tests sont effectués. Il s'agit des tests de stationnarité et des tests de cointégration. En effet, lorsque les séries sont non stationnaires, l'analyse économétrique recommande les tests de stationnarité, en vue de déterminer la nature de la relation de cointégration à retenir.

4.1.1 Résultats des tests de stationnarité

Lorsqu'on utilise des données temporelles, il est primordial qu'elles conservent une distribution constante dans le temps. La stationnarité doit être vérifiée afin d'éviter des régressions fallacieuses pour lesquelles les résultats pourraient être « significatifs », alors

[188] Adouka L., Kchirid E. M., Benzekoura A., Bouguelli Z., « Modélisation de la fonction de la demande des dépenses publiques algériennes à l'aide de modèle ECM », *European Scientific Journal*, August, vol. 9, n° 22, Ed. 2013. Url : https://portal.arid.my/Publications/df47dbb0-c5ce-44.pdf, consulté le 17 mars 2018.

qu'ils ne le sont pas. En effet, si une série est non stationnaire la différencier peut la convertir en série stationnaire.

Pour vérifier la stationnarité des variables, différents tests sont disponibles. En effet, dans le cadre d'une analyse de séries temporelles, l'une des premières étapes consiste à vérifier l'état de stationnarité des séries. Une série est dite stationnaire, notée I(0), si ses caractéristiques stochastiques restent constantes dans le temps.

Dans la littérature économique, il existe plusieurs tests traditionnels de stationnarité. C'est le cas, par exemple, de : Augmented Dickey et Fuller (1981), Augmented Dickey-Fuller-Generalized Least Square, Phillips et Perron (1988), etc. Il est à noter que les résultats de ces tests ne sont pas toujours concluants.

Il existe également des tests prenant en compte la présence d'une rupture structurelle dans les séries (Perron et Vogelsang, 1992 ; Zivot et Andrews, 1992 ; Perron, 1997, etc.) et également de deux ruptures structurelles (Lumsdaine et Papell, 1997 ; Clemente *et al.*, 1998, etc.). Perron a démontré que les tests standards de racine unitaire peuvent ne pas rejeter l'hypothèse de racine unitaire si les séries ont une rupture structurelle[189]. À cet effet, dans cette étude sont utilisés les tests de Dickey-Fuller amélioré (ADF) et de Philips-Perron (PP).

4.1.1.1 Tests de Augmented Dickey-Fuller (ADF)

Pour le test ADF, chaque variable est régressée sur une constante, une tendance déterministe linéaire, une variable dépendante retardée et q retards des premières différences. Ainsi, deux hypothèses sont toujours considérées :

- $\mathbf{H_0}$: racine unitaire (non stationnaire) ;
- $\mathbf{H_1}$: non-racine unitaire (stationnaire).

Ce sont deux options qui permettent d'apprécier la validité de ce test :

[189] Perron P., « Trends and Random Walk in Macroeconomic Time Series: Further Evidence from a New Approach », *Journal of Economic Dynamics and Control*, 12, 1988, pp. 297–332.

- la lecture et la comparaison du test statistique (*test statistic*) à la valeur critique (*critical value*) ;
- la comparaison de la statistique de MacKinnon (*MacKinnon p-value*) et le seuil retenu.

Si le test statistique (*test statistic*) est supérieur à la valeur critique (*critical value*), alors on accepte H_0 au seuil de 5 % et on dit que la série est non stationnaire. Si le test statistique est inférieur à la valeur critique, alors on rejette H_0 au seuil de 5 % et on dit que la série est stationnaire.

Pour ce qui concerne la stationnarité, on observe la statistique de MacKinnon (*MacKinnon p-value*), si celle-ci est supérieure au seuil de 5 %, la série considérée n'est pas stationnaire. Au contraire, si elle est inférieure au seuil retenu, la série est stationnaire.

La procédure se déroule en trois étapes. Dans la première étape, on considère un modèle avec trend et une constante et on teste la significativité du trend. Si celui-ci n'est pas significatif (probabilité > 5 %), on l'élimine et on fait à nouveau le test avec la constante. Si cette dernière n'est pas significative aussi (probabilité > 5 %), on l'élimine également et on fait un troisième test, sans trend et sans constante.

4.1.1.2 Résultats des tests de Dickey-Fuller et de Phillips-Perron

Les différents tests de Dickey-Fuller Augmented effectués ont permis de vérifier pour chaque variable sa stationnarité. Les résultats montrent que pour chacune des variables ici considérées, l'hypothèse H_0 (non-stationnarité) est acceptée, au seuil critique de 5 %. Cela veut dire qu'il existe une présence de racine unitaire dans chacune des séries.

Les tests de Phillips-Perron ont permis de confirmer ceux de Dickey-Fuller Augmented. Les variables sont toutes non stationnaires en niveau et en différence premières d'ordre 1.

Le tableau ci-dessous présente les résultats du test de Dickey-Fuller Augmented pour chacune des variables. Les tableaux détaillés des tests de Dickey-Fuller Augmented et de Phillips-Perron sont présentés en annexes.

Tableau 2 : *Résultats du test de Dickey-Fuller Augmented*

Variables		Valeur *test statistic*	5 % *critical value*	*p-value of Z(t)*	Validités
Définitions	Libellés				
Lnpibh	Logarithme népérien du PIB par habitant	–0,879	–2,944	0,7948	H_0
Lndped	Logarithme népérien de la part des dépenses d'éducation dans le PIB	–1,815	–2,944	0,3731	H_0
Lndpsa	Logarithme népérien de la part des dépenses de santé dans le PIB	–1,729	–2,944	0,4163	H_0
Lndpso	Logarithme népérien de la part des dépenses sociales dans le PIB	–1,218	–2,944	0,6657	H_0
Lnfbcf	Logarithme népérien de la part de la FBCF dans le PIB	–2,621	–2,944	0,0888	H_0
Lnidh	Logarithme népérien de l'indice du développement humain	–0,355	–2,944	0,9173	H_0
Vdsrp	Variable symbolisant l'avènement des DSRP	–0,668	–2,944	0,8549	H_0
Lnrnbh	Logarithme népérien du revenu national brut par habitant	–2,098	–2,944	0,2454	H_0

Source : Nos estimations.

Les résultats permettent de conclure que les différentes séries soumises à cette étude ne sont pas stationnaires en niveau. Elles contiennent, d'après les tests ADF et de Phillips-Perron, une racine unitaire. En effet, la *p-value* de ces différents tests est supérieure à 5 %, conduisant à accepter l'hypothèse nulle de racine unitaire dans chacune de ces séries.

Puisque les séries ne sont pas stationnaires en niveau, leurs stationnarités sont étudiées en différence première.

4.1.2 Test de cointégration de Johansen

Le test de cointégration a pour but d'identifier si des variables possédant une racine unitaire ont une tendance stochastique commune. Ainsi, il existe une relation d'équilibre de long terme entre les variables. Autrement, la formulation en différence mène à une mauvaise spécification du modèle et des termes de correction d'erreurs doivent être ajoutés. Les hypothèses de cointégration sont les suivantes :

- H_0 : les variables ne sont pas cointégrées ;
- H_1 : les variables sont cointégrées.

Recours est donc fait au test de Johansen pour vérifier la cointégration des variables du modèle. Il sert à valider l'existence de relation de cointégration entre les différentes séries. En effet, Johansen effectue un test de rang de cointégration basé sur la méthode du maximum de vraisemblances. Si le rang de cointégration est nul, alors on accepte H_0. Les variables ne sont pas cointégrées. Si le rang de cointégration est supérieur ou égal à 1, alors on rejette H_0, c'est-à-dire les variables sont cointégrées (H_1).

Le test de Johansen ne donne pas directement une probabilité critique associée comme dans le cas du test de stationnarité. Le calcul du rang de cointégration est ainsi effectué. Pour calculer le rang de cointégration, on doit :

- comparer la statistique (stat) du test à la valeur critique (cv) : si stat < cv, alors on met 0, si stat > cv alors on met 1. Le rang de cointégration est tout simplement la somme des chiffres obtenus ;
- ou faire la lecture et la comparaison entre la statistique *Max-lambdades* et l'*Unterwald Max-lambdades*.

À partir du niveau (r = i), si la statistique *Max-lambda* est inférieure à l'*Osterwald Max-lambdades*, on conclut le rang de cointégration tel que : rang de cointégration = r + i.

L'existence d'une cointégration permet donc d'estimer le modèle à correction d'erreurs (MCE).

4.1.3 Résultats du test de cointégration

Pour qu'une relation de long terme existe entre plusieurs variables, deux conditions doivent être réunies. Les variables doivent être non stationnaires et intégrées au même ordre. Leurs tendances stochastiques doivent être liées. Les tests ADF laissent donc supposer l'existence d'une relation de cointégration entre le PIB par habitant, les dépenses publiques de santé et d'éducation, des dépenses sociales et le taux d'investissement.

Afin d'étudier l'existence d'une relation de long terme entre les variables du modèle, deux méthodes s'appliquent :

- la méthode générale du maximum de vraisemblances[190] ;
- la méthode de deux étapes de Engle et Granger (1978).

Les tests ADF et PP montrent que les séries sont non stationnaires en niveau, mais stationnaires en différence première. Elles sont intégrées d'ordre 1 (I[1]). Ce qui suppose l'existence d'une relation de cointégration entre les variables.

Le test de la trace de Johansen permet de détecter le nombre de vecteurs de cointégration. Les hypothèses de ce test se présentent comme suit :

H_0 : il existe au plus r vecteurs de cointégration ;

H_1 : il existe au moins r vecteurs de cointégration.

H_0 est accepté lorsque la statistique de la trace est inférieure aux valeurs critiques à un seuil de signification de α %. Par contre, H_0 est rejetée dans le cas contraire. Ce test s'applique d'une manière séquentielle de $r = 0$ jusqu'à $r = k - 1$

Il faut observer que la statistique de la trace pour $r = 0$ (143,0016) est supérieure à la valeur critique au seuil statistique de 5 % (136,61) ; ce qui amène à rejeter H_0 (voir résultats en annexes).

Le test suivant concerne l'hypothèse, où le nombre de vecteurs de cointégration est strictement égal à un ($r = 1$). La statistique de la trace pour $r = 1$ (76,2267) est inférieure à la valeur critique (94,15), ce qui amène par conséquent à accepter l'hypothèse H_0 au seuil de 5 %. Ensuite vient l'hypothèse, où le nombre de vecteurs de cointégration est strictement égal à deux ($r = 2$). La statistique de la trace pour $r = 2$ (54,1487) est inférieure à la valeur critique (68,52), ce qui amène par conséquent à accepter l'hypothèse H_0 au seuil de 5 %.

Le test de la trace de Johansen permet de conclure qu'il existe au moins une relation de cointégration entre les cinq variables.

---

[190] Johansen S., « Statistical Analysis of Cointegration Vectors », *Journal of Economic Dynamics and Control*, vol. 12, n° 2–3, 1988, pp. 231–254 ; Johansen S., Juselius K., Maximum « Likelihood Estimation and Inference on Cointegration — with Applications to the Demand for Money », *Oxford Bulletin of Economics and Statistics*, 52, 1990, 2.

4.2 Estimation du modèle et des variables

4.2.1 Présentation du Modèle

Le modèle retenu dans le cadre de cette étude est celui à correction d'erreurs (ECM). À ce niveau, deux outils d'analyse sont nécessaires : la méthode de Hendry en une étape ou celle d'Engel-Granger en deux étapes. C'est le modèle à correction d'erreurs de type Hendry qui est utilisé ici.

Il convient de retenir que la notion de « correction d'erreurs » a été introduite en 1978 par Davidson, Hendry, Srba et Yeo dans le contexte d'une fonction de consommation[191]. C'était une manière de montrer la direction et l'ampleur de la correction de la variable dépendante due à un déséquilibre entre les variables dépendantes et explicatives.

Le modèle à correction d'erreurs utilisé ci-dessous consiste à faire l'estimation en une étape (l'estimation de la dynamique de long terme et court terme en une seule équation), par la méthode des moindres carrés ordinaires.

Le coefficient de correction d'erreurs doit être inférieur à l'unité et significativement négatif, condition indispensable pour utiliser cette méthode de spécification de type MCE. Ce coefficient indique la vitesse d'ajustement de la variable endogène pour retourner à l'équilibre de long terme suite à un choc. Ainsi, la spécification du modèle à correction d'erreurs utilisé ici s'écrit comme suit :

$$D(lnpibh_t) = a_1 D(lndped_t) + a_2 D(lndpsa_t) + a_3 D(lndpso_t) + a_4 D(lnfbcf_t) + a_5 D(lnrnbh_t) + \beta(lnpibh_{t-1}) + b_1(lndped_{t-1}) + b_2(lndpsa_{t-1}) + b_3(lndpso_{t-1}) + b_4(lnfbcf_{t-1}) + b_5(lnrnbh_{t-1}) + c(vdsrp_t) + \varepsilon t$$

(1)

Où :

Lnpibh (PIB par habitant en log), lndped (part des dépenses d'éducation dans le PIB en log) lndpsa (part des dépenses de santé dans le PIB en log), lndpso (part des dépenses sociales dans le PIB en log), lnfbcf (part de la FBCF dans le PIB en log), lnrnbh (le revenu national brut par habitant en log) et vdsrp (variable muette symbolisant l'avènement des DSRP : elle prend la valeur 1 à partir de l'année d'entrée en vigueur des DSRP et 0 ailleurs).

---

[191] Davidson J. E. H., Hendry D. F., Srba F., Yeo S., « Econometric Modelling of the Aggregate Time-Series Relationship between Consumers, Expenditure and Income in the United Kingdom », *Economic Journal*, 88, 1978, pp. 661–692.

D est l'opérateur de différence première défini par $D(Xt) = Xt - Xt - 1$; t le temps.

$Lnpibh_{t-1}$ est la variable endogène retardée (représente le terme de correction d'erreurs).

Les coefficients a_1, a_2, a_3, a_4, et a_5 caractérisent l'équilibre de court terme.

Les coefficients b_1, b_2, b_3, b_4, et b_5 représentent la dynamique de long terme.

Le terme β est le coefficient de correction des erreurs. εt représente le terme d'erreurs.

4.2.2 Présentation des variables

Comme indiqué plus haut, les variables retenues sont lnpibh, lndped, lndpsa, lndpso, lnfbcf, lnrnbh et vdsrp.

La variable endogène lnpibh : le produit intérieur brut par habitant ou par tête (PIB par habitant ou par tête) est un indicateur du niveau d'activité économique. Il est la valeur du PIB divisée par le nombre d'habitants d'un pays. Il est plus efficace que le PIB pour mesurer le développement d'un pays. Cependant, il n'est qu'une moyenne ; donc il ne permet pas rendre compte des inégalités de revenu et de richesse au sein d'une population. Cet indicateur est parfois utilisé pour mesurer approximativement le *revenu par tête*, ce dernier indicateur étant plus rarement disponible. On utilise alors généralement le PIB à parité de pouvoir d'achat (PPA).

Le PIB par habitant reflète principalement le niveau d'activité économique. D'autres critères, qui lui sont partiellement corrélés, reflètent mieux l'état de bien-être matériel des ménages ; en particulier, la consommation effective des ménages. La variable est utilisée comme indicateur de niveau de bien-être, autrement dit, elle représente l'indicateur de pauvreté.

Les variables exogènes sont : lndped (part des dépenses d'éducation dans le PIB en log), lndpsa (part des dépenses de santé dans le PIB en log), lndpso (part des dépenses sociales dans le PIB en log), lnfbcf (part de la FBCF dans le PIB en log), lnrnbh (le revenu national brut par habitant en log) et vdsrp (variable muette symbolisant l'avènement des DSRP : elle prend la valeur 1 à partir de l'année d'entrée en vigueur des DSRP et 0 ailleurs). Les variables lndped, lndpsa et lndpso représentent celle de la politique budgétaire. Le tableau suivant donne la dynamique de chaque variable.

Tableau 3. *Dynamique des différentes variables utilisées*

Lnpibh	Lndped	Lndpsa
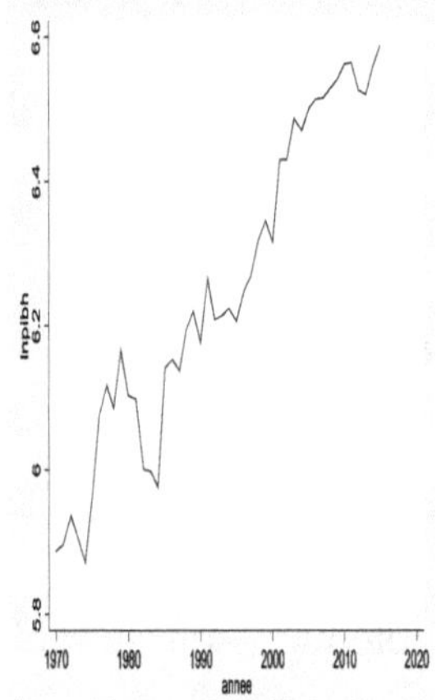	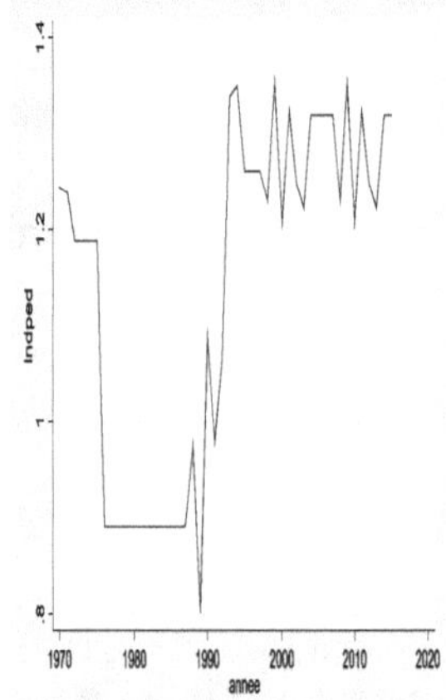	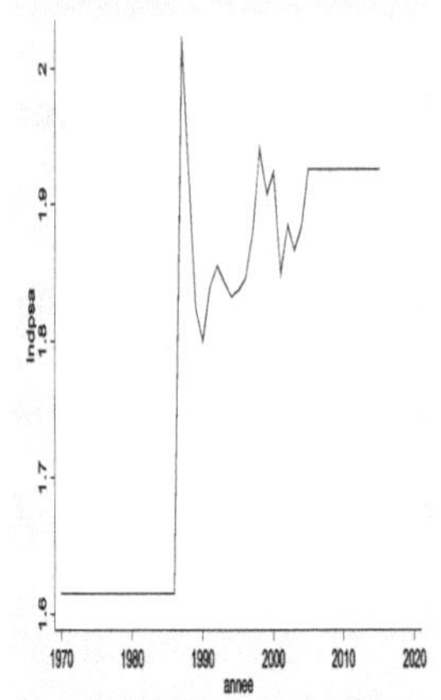
Lndpso	Lnfbcf	Lnrnbh
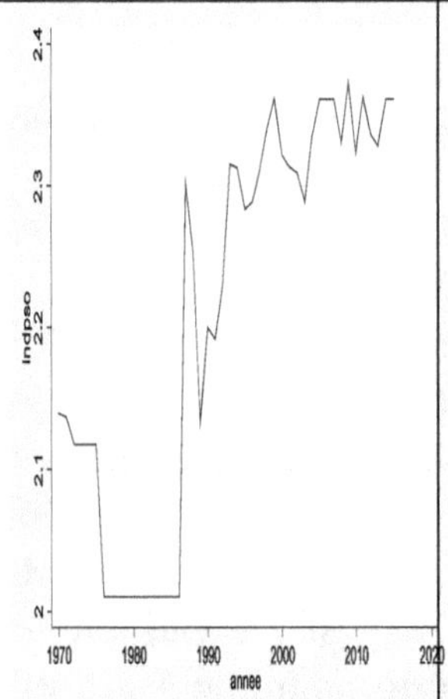	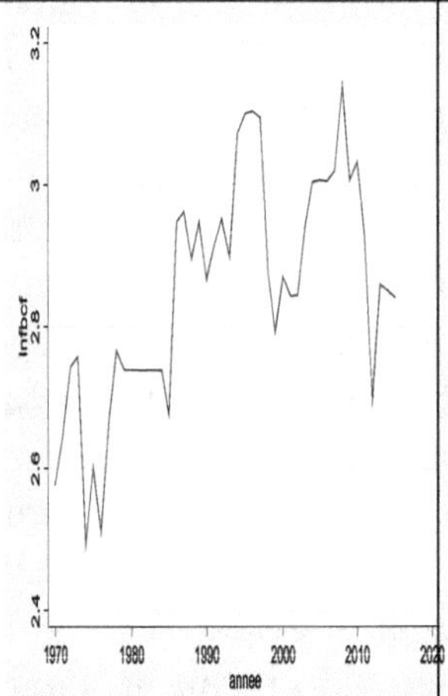	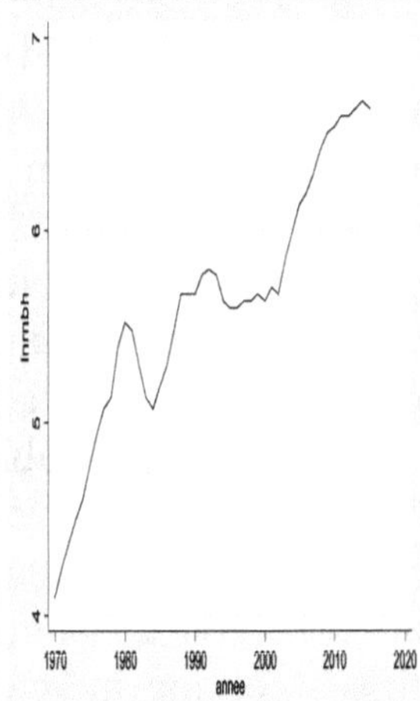
Source : Nos estimations.		

4.3 Interprétation des résultats du modèle empirique

Le tableau ci-après donne les résultats de la régression à une seule étape de Hendry. Les résultats de cette régression sont confirmés à travers ceux de *Cochranne-Orcutt (voir annexes).*

Tableau 4. *Résultats des estimations du modèle en une étape de Hendry*

Régression linéaire en une étape de Hendry	**Number of obs = 45** **F(12, 32) = 7.42** **Prob > F = 0.0000** **R-squared = 0.7057**		
Variables	**Coefficient**	**t-statistics**	**Probabilité**
	Relation de court terme		
D($lnpibh_t$)			
D($lndped_t$)	1.631463	2.34	0.026
D($lndpsa_t$)	3.625231	2.41	0.022
D($lndpso_t$)	–5.097152	–2.44	0.020
D($lnfbcf_t$)	.0353312	0.55	0.584
D($lnrnbh_t$)	.3399401	4.97	0.00
	Force de rappel		
($lnpibh_{t-1}$)	-.8178019	–5.55	0.000
	Relation de long terme		
($lndped_{t-1}$)	3.836266	4.50	0.000
($lndpsa_{t-1}$)	8.238675	4.46	0.000
($lndpso_{t-1}$)	–11.43123	–4.37	0.000
($lnfbcf_{t-1}$)	-.0367587	–0.69	0.495
($lnrnbh_{t-1}$)	.0749371	2.58	0.015
($vdsrp_t$)	.0965854	3.37	0.002
Constante (_cons)	10.92613	4.86	0.000

Source : Nos estimations.

4.3.1 Significativité globale

L'analyse de la significativité du modèle est en deux étapes : l'analyse du point de vue de la qualité globale, d'une part ; et celle de la qualité individuelle des coefficients, d'autre part. Il ressort des résultats des estimations consignés dans le tableau ci-dessus, à partir des tests de Fisher, que les différentes relations sont globalement significatives (F-statistic = 7,42 ; Prob > F = 0,0000) au seuil de 5 %, il en découle que le modèle à correction d'erreurs est globalement significatif.

Cette étape permet d'analyser si l'ensemble des variables explicatives ont une influence sur la variable dépendante. Ce test peut être formulé de la manière suivante : existe-t-il au moins une variable explicative significative ?

La significativité globale est appréciée par le coefficient de détermination des modèles et par le test de Fisher. L'analyse de la qualité globale du modèle s'effectue à travers le coefficient de détermination du modèle (R^2). Ce coefficient correspond à la part de l'évolution de la variable dépendante qui est expliquée par les variables exogènes.

Le test d'adéquation d'ensemble est fait à travers le test de Fisher. Les hypothèses posées sont les suivantes :

-H_0 : $a_1 = a_2 = \ldots = a_5 = \beta = b_1 = b_2 = \ldots = b_5 = 0$; tous les coefficients sont nuls ;

-H_1 : $a_i, \beta, b_i \neq 0$, il existe au moins un coefficient non nul.

Si la statistique de Fischer calculée est supérieure à la statistique de Fisher théorique $F_{th}(k-1,\ n-k)$, où la Prob(F-stat) < 5 %, on rejette l'hypothèse nulle, la qualité de la régression est bonne au seuil de 5 %. Dans le cas contraire, on accepte l'hypothèse nulle au même seuil, la qualité de la régression n'est pas bonne, la probabilité associée à F-Stat est automatiquement fournie. Elle est nulle (Prob > F = 0,0000), qui est inférieure au seuil de 5 %, donc l'hypothèse nulle est rejetée et le modèle est globalement significatif. Ce résultat est confirmé par la valeur de la statistique R^2(0,7057) qui renseigne aussi sur la qualité du modèle économétrique (R^2 tend vers l'unité). Ce coefficient de détermination dit que 70,57 % des fluctuations du PIB par habitant au Mali sont expliquées par les variables du modèle. Cela équivaut également à dire qu'il y a 70,57 % de chance de ne pas se tromper ou de ne pas oublier des explicatives importantes.

Le modèle est globalement significatif, il y a au moins une variable dans le modèle permettant d'expliquer le niveau de vie, donc la pauvreté.

On peut constater que pour toute la régression, le coefficient de correction d'erreurs est inférieur à l'unité, négatif (–0,8178019). Il existe donc un mécanisme à correction d'erreurs à long terme. Les déséquilibres se compensent avec la vitesse de 0,82 environ. Ainsi, on arrive à ajuster 81,78 % du déséquilibre, c'est-à-dire 82 % des effets d'un choc intervenu une année donnée sont résorbés dans les années qui suivent tout choc. En d'autres termes, un choc constaté au cours d'une année est entièrement résorbé au bout d'environ 1 an 2 mois et 19 jours ([1/0,8178019] = 1,22 année). On peut remarquer que, quelle que soit la politique de réduction de la pauvreté appliquée, c'est plus d'un an après que les chocs sont absorbés.

4.3.2 Significativité individuelle des variables

Pour effectuer la validation statistique de la qualité individuelle des variables, le test de Student est utilisé. En effet, le test de Student pose comme hypothèses :

H_0 : $\alpha_i = 0$, le coefficient i n'est pas significativement différent de zéro ;

H_1 : $\alpha_i \neq 0$, le coefficient i est significativement différent de zéro.

Si la statistique calculée de Student est supérieure à la statistique théorique $t_{5\%}(n-k)$, ou la probabilité calculée est inférieure à 5 %, on rejette l'hypothèse nulle, les variables sont donc significatives au seuil de 5 %. Dans le cas contraire, on accepte l'hypothèse nulle, les variables ne sont pas significatives au seuil de 5 %. Nos résultats montrent que toutes les variables sont significatives au seuil de 5 %, exception faite de la variable « lnfbcf ». La probabilité de la statistique t de student est inférieure au seuil critique de 5 % ; celle de « lnfbcf » est supérieure à 5 % à court et long termes.

Le terme de correction d'erreurs est négatif et significatif (–8178019), cela confirme l'existence d'une relation de long terme et permet ainsi de valider le modèle à correction d'erreurs.

Tableau 5. *Signes attendus et obtenus des variables*

Indicateur ou variable explicative	Signe attendu	Signe obtenu	
		Dynamique de court terme	Dynamique de long terme
Part des dépenses d'éducations dans le PIB	Positif	Positif	Positif
Part des dépenses de santé dans le PIB	Positif	Positif	Positif
Part des dépenses sociales dans le PIB	Positif	***Négatif***	***Négatif***
Taux d'investissement (part de la FBCF dans le PIB)	Positif	***Négatif***	***Négatif***
Le revenu national brut par habitant	Positif	Positif	Positif
La variable muette symbolisant l'avènement des DSRP	Positif	Positif	Positif

Source : Nos estimations.

À court terme, les variables « part des dépenses sociales dans le PIB » et « taux d'investissement (part de la FBCF dans le PIB) » n'ont pas les signes attendus. En revanche, tous les autres ont les signes attendus. À long terme, les signes obtenus correspondent à ceux attendus, à l'exception des deux variables dont les signes sont négatifs à court terme (leurs signes étant les mêmes à long terme).

Ces résultats permettent d'apercevoir dans quelle mesure la politique budgétaire, à travers les dépenses publiques, contribue à améliorer le niveau de vie, c'est-à-dire à réduire la pauvreté.

4.3.3 Élasticités de court terme et de long terme

Les résultats de la régression du modèle à correction d'erreurs permettent de distinguer les élasticités de court terme de celles de long terme.

4.3.3.1 Élasticités de court terme

Les coefficients de court terme a1(1,631463), a2(3,625231) ; a3(–5,097152), a4(.0353312) et a5(.3399401) correspondent aux élasticités de la même période.

Toute augmentation de 1 % de la part des dépenses d'éducation, de santé, du taux d'investissement et du revenu national brut par habitant entraînera une augmentation du PIB par habitant du même niveau que les coefficients associés.

Par contre, toute augmentation de la part des dépenses sociales dans le PIB engendrera une baisse du PIB par habitant du niveau du coefficient associé (–5,09 %). Ce qui pose un problème d'efficacité de cette composante en tant que facteur de réduction de la pauvreté. Autrement dit, à court terme, pour améliorer le niveau de vie, la politique budgétaire serait efficace en privilégiant les dépenses sectorielles (éducation et santé).

4.3.3.2 Élasticités de long terme

Les valeurs des élasticités de long terme ($-b_i/\beta$ avec i = 1, 2, 3, 4 et 5 correspondent respectivement aux variables explicatives). Le tableau ci-dessous permet de résumer les différentes élasticités de long terme.

Ainsi, $-b1/\beta = 4{,}69$ est l'élasticité de long terme de la part des dépenses d'éducation dans le PIB. Ce qui signifie qu'à long terme toute variation de 1 % de la part des dépenses d'éducation dans le PIB contribue à une hausse du PIB par habitant de 4,69 points de pourcentage. Cela veut dire que les rendements des dépenses de l'éducation sont quatre fois supérieurs à leurs coûts de base. Cela confirme l'idée qui consiste à dire que les dépenses d'éducation contribuent à augmenter le niveau dans un pays.

L'élasticité de long terme de la part des dépenses de santé dans le PIB est 10,07. Cela signifie qu'en augmentant la part des dépenses de santé dans le PIB de 1 %, on peut contribuer à augmenter le PIB par habitant de 10,07 points de pourcentage à long terme.

L'élasticité de long terme de la part des dépenses sociales dans le PIB est de –13,98 environ. Ce qui signifie que le Gouvernement du Mali, en opérant le choix des dépenses sociales à travers une augmentation de 1 %, contribue à faire baisser le PIB par habitant de 13,98 points de pourcentage. À tout point de vue, le Gouvernement du Mali n'a pas intérêt à privilégier une politique budgétaire dans le sens d'une augmentation de cette composante. Un problème d'efficacité et d'efficience peut se poser quant au choix de ce type de dépenses.

Tableau 6. *Élasticités de long terme*

Variables explicatives	Libellés	Élasticités de long terme
Lndped	Part des dépenses d'éducation dans le PIB	4,69094777
Lndpsa	Part des dépenses de santé dans le PIB	10,0741696
Lndpso	Part des dépenses sociales dans le PIB	–13,9779939
Lnfbcf	Taux d'investissement (part de la FBCF dans le PIB)	–0,04494817
Lnrnbh	Le revenu national brut par habitant	0,91632338

Source : Nos estimations.

4.3.4 Confirmation ou infirmation des hypothèses

L'objectif de cette partie empirique est de pouvoir confirmer ou infirmer les deux principales hypothèses de départ. Les résultats obtenus permettent de les corroborer ainsi :

Hypothèse 1 :

La politique budgétaire est un instrument de réduction de la pauvreté. En accordant plus de poids à la part du budget allouée aux services sociaux de base, l'État pourrait contribuer à l'amélioration de l'accès des populations aux services sociaux de base, donc à la réduction de la pauvreté au Mali.

L'étude a prouvé qu'il existe une relation positive et significative entre les dépenses d'éducation et de santé et le PIB par habitant. Cela indique que la politique budgétaire, en privilégiant les secteurs de la santé et de l'éducation, pourrait bien contribuer à réduire la pauvreté.

En accordant des parts plus importantes à ces composantes, l'État favorise l'amélioration du niveau de vie, et donc la réduction de la pauvreté. Les élasticités de court et de long termes sont toutes positives.

Hypothèse 2 :

La politique budgétaire contribue à la réduction de la pauvreté. Le choix des dépenses publiques est source de création de richesses à travers les domaines et les secteurs où est supposée se trouver la majorité des populations.

Les deux hypothèses sont complémentaires. La confirmation de la première hypothèse confirme de fait la seconde. Les ciblages des domaines favorables aux pauvres que sont l'éducation et la santé sont sources de création de richesses, du fait des effets attendus sur le PIB par habitant. Les élasticités de long terme de la part des dépenses d'éducation et de celle des dépenses d'éducation sont plus élevées à long terme.

La politique budgétaire serait considérée comme pro-pauvres lorsqu'elle cible les domaines de l'éducation et de la santé. Les effets positifs des deux composantes des dépenses publiques militent en faveur d'une politique budgétaire favorable aux deux secteurs, à court et à long terme. En d'autres termes, le choix des dépenses sociales à travers les composantes santé et éducation aide à la réduction de la pauvreté. Par contre, le choix de composante globale de dépenses sociales se révèle inefficace, à cause des effets négatifs attendus sur le niveau de vie.

4.4 Discussions des résultats de l'analyse économétrique

L'analyse empirique de la relation entre la politique budgétaire et la réduction de la pauvreté a permis de savoir que les dépenses publiques sociales du Mali sont pro-pauvres. Le processus de réduction de la pauvreté amorcé depuis bientôt deux décennies a eu une répercussion sur les orientations des actions de l'État à travers les dépenses sociales dédiées à l'éducation et à la santé.

Le modèle à correction d'erreurs utilisé a permis de montrer qu'il existe une relation positive à court terme et à long terme entre les dépenses publiques de l'État dans les domaines de l'éducation et de la santé et le niveau du PIB par habitant (indicateur de pauvreté).

Malgré leur validation, ces résultats font appel à un certain nombre de discussions, eu égard à différentes visions théoriques, mais aussi à l'importance incontournable de l'État. La conduite d'une politique budgétaire pro-pauvres apparaît comme un instrument de développement social. Ainsi, sur la base de la revue de la littérature économique effectuée sur la relation entre la politique budgétaire et la réduction de la pauvreté, les résultats empiriques perçus méritent quelques discussions.

4.4.1 Opposition entre visions libérale et keynésienne de la politique budgétaire

La principale raison de l'opposition entre la vision libérale et celle keynésienne tient à l'efficacité de la politique budgétaire, voire à l'efficacité de l'intervention de l'État. Pour les libéraux, le marché constitue la principale institution garante des droits de propriété, et il assure une meilleure allocation des ressources dans l'économie. Pour les keynésiens, l'État joue un rôle important dans l'allocation des ressources économiques, à travers les dépenses publiques. Il favorise la régulation des déséquilibres macroéconomiques à travers le choix des dépenses publiques appropriées.

Comme le soutient Rasoazanatody[192], l'efficacité de la politique budgétaire est critiquée au niveau de sa formulation et de son application. Le développement des théories des anticipations des

---

192 Rasoazanatody N. A., « Politique budgétaire et réduction de la pauvreté », Mémoire de diplôme d'études approfondies, Université d'Antananarivo, 2008, pp. 1–2.

années 1970 a indirectement influé sur la formulation de la politique budgétaire, en rejetant l'effet multiplicateur keynésien. Ce qui a conduit les institutions internationales à encourager les discours libéraux visant à réduire le poids de l'État dans l'activité économique. Ainsi, le FMI et la Banque mondiale, par le consensus de Washington, ont recommandé la limitation du déficit budgétaire, surtout dans les pays en voie de développement.

En effet, la politique budgétaire active a été rejetée et abandonnée dans la plupart des pays développés et en développement. La pertinence de la politique budgétaire comme étant un instrument de gestion de la demande a été donc remise en cause. Car d'abord, elle confère aux gouvernements de très grands pouvoirs, qui, dans la plupart des cas, conduit à une mauvaise gestion économique et aux gaspillages des ressources publiques budgétaires. De plus, elle peut jouer des rôles tant idéologiques que politiques. Enfin, elle ne peut pas être employée à cause des multiples contraintes qui pèsent sur son usage.

Aujourd'hui, avec les ODD, tous les gouvernements sont mobilisés dans la mise en œuvre des objectifs de réduction de la pauvreté et de développement de la croissance inclusive à travers une meilleure allocation des dépenses publiques. Le défi pour le Mali apparaît à la fois dans la réussite de la mise en œuvre de ces ODD, tout en étant capable de faire face aux conséquences de la crise multidimensionnelle qui renforce la nécessité de réduire la pauvreté en favorisant la paix pour une meilleure cohésion sociale.

4.4.2 Pertinence du renforcement des externalités positives et de l'efficacité de la politique budgétaire

Lorsque la politique budgétaire est efficace, elle génère des externalités positives qui permettent au gouvernement d'atteindre les objectifs macroéconomiques et d'améliorer les conditions de vie des populations. Elle contribue de cette manière, selon les théories de relance keynésienne, à la croissance économique. À travers les résultats empiriques des recherches, par le biais des dépenses publiques allouées aux secteurs sociaux tels que l'éducation et la sante, elle est aussi indispensable pour l'amélioration du bien-être humain.

Les dépenses publiques peuvent être un puissant instrument pour s'attaquer à la pauvreté et aux inégalités. La mise en place de transferts monétaires ciblés ou soumis à des conditions de ressources pourrait contribuer à réduire l'extrême pauvreté. La fourniture universelle de services d'éducation et de santé peut influer à la fois sur les inégalités et le développement économique. La forme de dépenses sociales à adopter dépend, dans une large mesure, de la capacité de l'État à lever des recettes de manière durable. Les pays ayant la capacité de lever efficacement des montants considérables de recettes et à en faire bon usage tendent à mieux utiliser les transferts sociaux et à fournir des services sociaux à la majorité de la population afin d'avoir un impact décisif sur la répartition des revenus en faveur des plus pauvres[193].

De Janvry *et al.* (1991), Demery (1992), Lipton et Ravallion (1993) et Aho *et al.* (1997) ont tous montré l'impact social des dépenses publiques. Ils ont montré que les dépenses publiques permettent d'accroître la productivité et les profits des facteurs, et par conséquent d'augmenter les revenus des ménages. Il ne faut surtout pas omettre de préciser que la dépense publique dépend de la politique budgétaire. Le budget devient donc un instrument d'exécution de la politique gouvernementale, principalement dans le domaine économique et social, car l'État essaie, par l'intermédiaire de son budget, de réduire l'inégalité de richesse, mais aussi de régulariser la croissance économique. La liaison ainsi ressortie permet de voir que la politique budgétaire a son rôle dans la lutte contre la pauvreté[194].

Différents facteurs favorisent donc la réduction de la pauvreté à travers les dépenses publiques sociales. Plus spécifiquement, deux facteurs sont mis en avant : l'articulation des dépenses publiques dans le domaine social, sanitaire et éducatif ainsi que les dépenses d'infrastructures, d'une part ; puis, l'impact de l'augmentation du produit national brut (PNB) sur le revenu des plus pauvres, d'autre part. Cela souligne l'importance du rôle de l'État dans le développement et dans la réduction de la pauvreté. Il confère à la politique budgétaire un rôle privilégié, en tant qu'instrument crucial de régulation macroéconomique qu'un gouvernement détient.

---

[193] file:///C:/Users/USER/Downloads/undp-rba_Income%20Inequality%20in%20SSA_Fre_Chapter%207%20(2).pdf, consulté le 17 février 2018.

[194] Gnamoy E. B. B., « La politique budgétaire et la lutte contre la pauvreté en Côte d'Ivoire », *Université d'Abomey Calavi, Maîtrise en sciences économiques*, 2004. Url : https://www.memoireonline.com/02/10/3184/m_La-politique-budgetaire-et-la-lutte-contre-la-pauvrete-en-Cte-dIvoire4.html, consulté le 18 mars 2018.

Lorsque la politique budgétaire vise la réduction de la pauvreté, elle devrait prioritairement cibler les régions pauvres, en identifiant les secteurs dits prioritaires dont l'éducation, la santé et la protection sociale. En effet, les dépenses publiques sociales pro-pauvres nécessitent de meilleurs ciblages en termes sectoriels et géographiques.

La politique budgétaire du Mali est essentiellement dédiée aux pauvres, au regard du caractère pro-pauvres des dépenses publiques, dont 60 % environ est attribuée à la réduction de la pauvreté. Les dépenses sociales dans les domaines de la santé et de l'éducation sont des facteurs de réduction de la pauvreté. Cependant, le ciblage des dépenses publiques n'a pas été spécifiquement analysé à travers une décomposition des dépenses sociales. Un meilleur ciblage pourrait mieux favoriser les pauvres et renforcer les effets positifs de la politique budgétaire en faveur de la réduction de la pauvreté au Mali.

Les résultats obtenus sont conformes aux analyses effectuées par Niang (2005) dans le cas du Sénégal et par Gnamoy (2004) dans le cas de la Côte d'Ivoire[195]. Les conclusions révèlent que les avantages des dépenses publiques ne sont pas les mêmes pour toutes les catégories de citoyens. La part des dépenses publiques reçue par les pauvres est d'une importance capitale, surtout en termes d'efficacité de la stratégie de réduction de la pauvreté.

Dans son travail sur la politique budgétaire et la lutte contre la pauvreté en Côte d'Ivoire, Gnamoy a trouvé que les dépenses sociales sont favorables à la réduction de la pauvreté. Ses estimations économétriques montrent que les dépenses sociales en général ont un effet positif plus important sur le long terme que sur le court terme. En d'autres termes, l'amélioration du niveau des dépenses sociales permet une meilleure valorisation des ressources humaines. L'entretien des ressources humaines conditionne la qualité de la force de travail qui est l'un des facteurs clés dans le processus de création de la richesse. L'éducation et surtout la santé sont donc des secteurs qui bénéficient de l'allocation de crédits budgétaires. Les différentes élasticités dans l'éducation et la santé montrent des effets visibles sur le PIB à long terme[196].

---

[195] *Ibid.*

[196] *Ibid.* Url : https://www.memoireonline.com/02/10/3184/m_La-politique-budgetaire-et-la-lutte-contre-la-pauvrete-en-Cte-dIvoire11.html, consulté le 13 mars 2018.

D'ailleurs, la prise en compte de la dimension protection sociale renforcerait une amélioration des effets positifs des dépenses publiques sociales. Si la nomenclature budgétaire et les données le permettent, il est important de considérer, comme le soutien l'OCDE, que les dépenses sociales couvrent les prestations en espèces, les biens et services fournis directement et les allègements fiscaux à visées sociales. Elles peuvent prendre la forme de contributions financières, de dons, de subventions ou d'autres sortes de transferts monétaires directs et indirects. Les ménages à faible revenu, les personnes âgées, les handicapés, les personnes malades et les chômeurs peuvent être des catégories spécifiques à cibler.

Les dépenses publiques sociales peuvent aussi prendre la forme de filets sociaux de sécurité. C'est la Banque mondiale, grand acteur desdits filets, qui les a mis en œuvre sous la forme de programmes conditionnels et programmes non conditionnels dans différentes régions ou localités où vivent les ménages les plus pauvres du pays. L'exemple illustratif pour le Mali est le « Programme Jigisèmèjiri » qui a débuté en 2013, dont la Banque mondiale est un bailleur de fonds très important[197]. En effet, Victoria montre que les filets sociaux ont évolué d'une manière différente d'un pays africain à l'autre en tenant compte du contexte politico-social[198]. Certains pays disposent de systèmes publics solides fondés sur « l'équité horizontale ». Par contre dans les États fragiles, par exemple, les systèmes dépendent de la solidarité internationale.

Les dépenses publiques sociales, pour être plus efficaces dans la réduction de la pauvreté, doivent être combinées avec d'autres types de dépenses publiques. Shenggen, Hazell et Thorat[199] sont arrivés à la

---

[197] En 2019, le « Programme *Jigisemejiri* » a bouclé la première phase de mise en œuvre des transferts monétaires dans 133 communes du pays. Les premiers financements ont permis d'atteindre globalement tous les objectifs de développement du programme. Le nombre de ménages ayant eu accès aux transferts d'argent depuis le début du programme a atteint 79 168 ménages sur une prévision de 80 000 ménages, soit une réalisation de 98,96 %. Voir Le Programme de filets sociaux du Mali « *Jigisemejiri* ». Url : https://jigisemejiri.org/presentation-du-projet/, consulté le 28 mars 2018.

[198] Victoria M., « The New Role of Safety Nets in Africa for Poverty Reducation and Investing in the Poor: Experiences from 22 Countries », Banque mondiale, Washington, D. C., 2013.

[199] Shenggen F., Hazell P., Thorat S., « Government Spending, Growth and Poverty in Rural India », first published: 01 November, 2000, disponible : https://doi.org/10.1111/0002-9092.00101, consulté le 12 juillet 2018.

conclusion que l'impact positif des dépenses d'éducation se classe en troisième position derrière celles dans la construction de routes rurales et à la recherche agricole. Les autres dépenses, telles que celles liées à l'irrigation, à la conservation de l'eau, à la santé et au développement rural, n'ont eu que des effets modestes sur la pauvreté rurale. Cela indique que le renforcement des effets positifs des dépenses publiques sociales nécessite donc une meilleure combinaison avec d'autres types de dépenses sociales dans des domaines/secteurs, où la productivité est importante. S'agissant du cas de l'Ouganda, Fan, Zhang et Rao (2004) ont montré que les dépenses d'infrastructures, notamment les routes, ont un effet important sur la réduction de la pauvreté. L'effet des dépenses dans l'éducation sur la pauvreté rurale est positif, tandis que les dépenses dans la santé ne semblent pas avoir un effet significatif sur la pauvreté rurale. Ce qui peut être lié selon les auteurs à un problème de données et de choix de la variable « dépenses de santé ».

Les résultats obtenus à cet effet sont conformes à ceux du Bénin à travers une étude réalisée en 2013 avec l'appui de la Banque mondiale. Cette étude a confirmé les externalités positives des dépenses publiques en éducation, en santé, en agriculture et en infrastructures d'assainissement sur les salaires, la consommation des ménages, notamment des ménages ruraux pauvres. Nonobstant, la hausse des dépenses publiques en éducation et en santé conduit à une accélération de la pauvreté à court et moyen termes. Cela veut dire que la politique budgétaire du Gouvernement béninois ne doit pas viser uniquement les secteurs sociaux, mais elle doit veiller à rechercher un équilibre entre les dépenses sociales et les investissements dans les infrastructures d'assainissement.

Le caractère redistributif des dépenses publiques est aussi important dans la dynamique de la réduction de la pauvreté. C'est ainsi que, dans son travail, Morrisson[200] a expliqué que les estimations effectuées pour l'Indonésie, Madagascar et le Pérou montrent que, plus on s'élève dans l'ordre d'enseignement, moins les dépenses sont redistributives. Il en va de même pour la santé, lorsque l'on passe des centres de santé dans les villages aux hôpitaux dans les centres urbains (villes). Pour que les dépenses d'éducation et de santé bénéficient davantage aux pauvres, il est souhaitable que les PTF (partenaires

---

[200] Morrisson C., « Santé, éducation et réduction de la pauvreté », *Cahier de politique économique* n° 19 du Centre de développement de l'OCDE, 2002.

techniques et financiers) posent des conditions en ce qui concerne les dons et les réductions de la dette publique. En effet, si l'on accroît la part des dépenses d'enseignement primaire et des dépenses pour l'alphabétisation des adultes dans le budget de l'éducation nationale, on peut être assuré d'atteindre les pauvres en élevant le taux de couverture du primaire et en faisant des campagnes d'alphabétisation dans les zones ciblées.

Pierre Roger Bomoko a analysé l''impact de la politique budgétaire sur la pauvreté en République centrafricaine. Ses résultats sont cohérents avec ceux révélés par cette étude sur le Mali. Ses estimations économétriques montrent une relation positive entre les dépenses allouées à l'éducation, à la santé et au PIB/tête. Cette relation positive est peut-être due soit à une bonne redistribution de la richesse, soit à des dépenses sociales productives et orientées.

La décomposition des dépenses sociales en fonctionnement et en investissement donne un meilleur effet de ces composantes sur le PIB/tête. Ainsi, les dépenses sociales de fonctionnement et d'investissements sont positivement corrélées au PIB/tête. Elles deviennent plus importantes sur le long terme. Cela est le contraire des dépenses d'infrastructures prises dans leur ensemble. Les dépenses de fonctionnement ont un impact beaucoup plus important que les dépenses d'investissements, d'autant plus que les dépenses de fonctionnement comprennent les dépenses de personnel qui accroissent généralement le revenu des populations. Isolément, les dépenses dans les secteurs d'éducation et de santé, dans ce modèle, donnent des impacts positifs plus significatifs. L'impact des dépenses d'éducation est le plus fort[201].

L'efficacité de l'effet redistributif de la politique budgétaire peut être un facteur important de la réduction de la pauvreté, mais surtout un facteur de réduction des inégalités. Celle-ci peut être une raison des impacts positifs des dépenses sociales sur la réduction de la pauvreté à travers une augmentation du PIB par habitant. En effet, le faible niveau d'imposition et de dépenses sociales limite l'effet redistributif des politiques budgétaires. Pour bâtir un monde meilleur dans le cadre

---

201 Bomoko P. R., « L'impact de la politique budgétaire sur la pauvreté en République centrafricaine », Mémoire de maîtrise en sciences économiques, Université de Bangui, 2010. Url : https://www.memoireonline.com/12/13/8244/L-impact-de-la-politique-budgetaire-sur-la-pauvrete-en-Republique-Centrafricaine.html, consulté le 28 mars 2018.

de la mise en œuvre des ODD, il est indispensable d'aborder la nature disproportionnée de la répartition des revenus et de la richesse. Les politiques budgétaires ont un rôle primordial à jouer à cet effet. Il est important de déterminer quels sont les bénéficiaires des programmes de dépenses publiques et quels sont ceux qui contribuent à les financer.

À cet égard, il est nécessaire d'acquérir une compréhension approfondie de la manière dont les politiques budgétaires et les programmes de répartition mis en place par les gouvernements pourraient contribuer à réduire l'inégalité de revenus et à favoriser une prospérité partagée. S'attaquer aux inégalités n'est pas seulement crucial pour la stabilité politique et la cohésion sociale, mais relève également d'une pratique judicieuse de l'économie et constitue un impératif de développement. La littérature économique reconnaît le rôle central de la politique budgétaire pour lutter contre les inégalités et la pauvreté. Par exemple, l'instauration d'un régime fiscal progressif, la mise en place de politiques de transferts bien ciblés et l'adoption de dépenses publiques de qualité en sont des mesures possibles de renforcement de l'efficacité de la politique budgétaire en faveur des pauvres[202].

La fiscalité, en favorisant le financement des dépenses publiques, peut être aussi un puissant levier pour réduire la pauvreté. Djakaridja Koné (2019), dans sa thèse de doctorat, s'est intéressé au rôle de la fiscalité dans la stratégie de réduction de la pauvreté en Côte d'Ivoire. Il a trouvé que la fiscalité à travers le financement des dépenses publiques peut contribuer à lutter contre la pauvreté. Ses simulations se sont fondées sur trois scenarii de politiques économiques dans trois secteurs d'activité :

- une baisse des taxes de 10 % sur l'importation du riz ;
- une augmentation de la taxe de 4,8 % sur les produits d'électricité ;
- une hausse de 1 % des dépenses publiques d'éducation issues d'une augmentation des recettes de l'impôt BIC de 2,24 %.

[202] Odusola A., Cornia G. A., Bhorat H. et Conceição P., « Income Inequality Trends in Sub-Saharan Africa Divergence, Determinants and Consequences Overview », United Nations Development Program Regional Bureau for Africa, 1 UN Plaza, New York, NY 10017, USA africa.undp.org, 2017, 56 p.

Les résultats indiquent que ces trois mesures fiscales ont chacune un impact positif et très significatif en termes d'amélioration du niveau de vie des ménages dans l'ensemble. En conséquence, ces mesures peuvent contribuer à lutter contre la pauvreté si elles sont bien encadrées et suivies par des mesures d'accompagnement. Parmi ces trois politiques, celle relative à la mesure d'augmentation des dépenses publiques dans le secteur d'éducation est la plus efficace pour lutter contre la pauvreté. Aussi, cette mesure n'a pas d'inconvénient, car elle profite à toutes les unités institutionnelles. En plus, elle est plus favorable aux ménages ruraux, car ils bénéficient d'une augmentation de 0,17 % de leurs revenus contre une hausse de 0,08 % pour ceux vivant en zone urbaine. Ainsi, il confirme l'importance des dépenses publiques d'éducation dans la réduction de la pauvreté.

4.4.3 Vitesse d'ajustement de la politique budgétaire pour réduire la pauvreté

Les gouvernements doivent nécessairement fonctionner sans interruption. Ils doivent être maintenus en activité dans les périodes fastes comme dans l'adversité. Il leur faut donc une bonne marge de sécurité. Si la charge de l'impôt et de la dette publique atteint la limite de ce que les citoyens peuvent supporter en période de prospérité, on risque le désastre en temps de crise, selon Calvin Coolidge (1872–1933)[203]. Ils s'attachent à promouvoir une croissance économique viable et soutenue, et une réduction durable de la pauvreté. Les recherches attestent qu'une solide position budgétaire est fondamentale pour assurer la stabilité macroéconomique, laquelle est de plus en plus reconnue comme un facteur essentiel à une croissance soutenue et au recul de la pauvreté. Un ajustement budgétaire avisé peut également permettre de mobiliser l'épargne intérieure, promouvoir une meilleure affectation des ressources et contribuer à la réalisation des objectifs de développement[204].

Comme le reconnaît Bernanke (1983), les politiques budgétaires peu rigoureuses ne sont guère viables. Elles impliquent, par exemple,

---

[203] Daniel J., Davis J., Fouad M. et van Rijckeghem C., « L'ajustement budgétaire comme instrument de stabilité et de croissance », Fonds monétaire international, Série des brochures n° 55-F, 2006, 88 p.
[204] *Ibid.*

une hausse permanente du niveau d'endettement qui suscite des incertitudes quant à la manière et au moment où la situation sera corrigée (notamment par une poussée inflationniste, une dépréciation mal maîtrisée, des restrictions sur les prix et le commerce extérieur ou une forte augmentation de la fiscalité). Ces circonstances freinent l'investissement privé, en incitant les investisseurs à marquer le pas pour voir comment l'incertitude sera résolue, et favorisent parallèlement la fuite des capitaux. L'indétermination des politiques budgétaires peut aussi rendre le climat économique plus volatile (en raison, par exemple, d'à-coups répétés et inopportuns de contraction et d'expansion budgétaire), ce qui peut entraver l'investissement en aggravant les risques et en le focalisant sur le court terme[205].

L'importance de l'ajustement entre la politique budgétaire et la réduction de la pauvreté conditionne l'efficacité des dépenses publiques en faveur des pauvres. L'approche d'analyse utilisée, faut-il le rappeler, est de type autorégressif à correction d'erreurs (VEC). En effet, le modèle VAR est un outil économétrique largement utilisé dans la littérature sur les effets dynamiques de la politique budgétaire. Son importance vient du fait qu'il élimine le problème d'endogénéité de l'approche simple de la série chronologique. Lors de l'estimation d'un VAR, le principal défi consiste à isoler des chocs budgétaires exogènes. Cette approche est un outil empirique très utile. Il décrit l'économie comme un système dynamique stochastique qui répond à deux chocs actuels et passés. Il permet de simuler les chocs structurels, c'est-à-dire démontrer l'impact des chocs résultant des décisions de politique budgétaire indépendantes les unes des autres. Ainsi, les identifications des chocs budgétaires dans cette approche ne sont pas vraiment exogènes. Cette méthode utilise différentes hypothèses d'identification pour extraire les chocs structurels et estimer leur impact sur le PIB. Cette approche a été adaptée par le travail de Blanchard et Perotti[206].

---

[205] Une volatilité excessive de l'économie peut provoquer des pertes irréversibles du capital humain — notamment en raison du retentissement qu'ont les épisodes accrus de chômage sur les possibilités d'apprentissage sur le tas — qui exacerbent les répercussions négatives sur la croissance (Martin and Rogers, 1997) – file:///C:/Users/USER/Downloads/_pam55f.pdf, consulté le 18 février 2018.

[206] Blanchard O. et Perotti N., « An Empirical Characterization of the Dynamic Effects of Changes in Government Spending and Taxes Output », *Quarterly Journal of Economics*, vol. 117, Issue 4, 2002.

Aussi, les résultats obtenus indiquent que la vitesse d'ajustement entre les dépenses socio-publiques et le PIB par tête est d'environ 1 an 2 mois et 19 jours. L'existence d'un effet d'ajustement des politiques budgétaires a été analysée par Spilimbergo, Symansky et Schindler[207] qui évoquent les longs délais de prise de décision budgétaire, en insistant sur le fait que, pour être efficace, un plan de relance, de soutien à la demande, doit s'appuyer sur des mesures prises à temps, temporaires et ciblées, la désormais fameuse trilogie (en anglais) des 3T : *timely, temporary, targeted — en français, opportun, temporaire, ciblé.* Par exemple, suite à une crise, les politiques de transferts sociaux peuvent se révéler très efficaces à court terme pour relancer la consommation des ménages. Aussi, les mesures de soutien aux entreprises via un système efficace de subventions peuvent favoriser la relance de la production nationale.

4.4.4 Qualités des statistiques fiables et modèles alternatifs d'analyse

L'existence de statistiques fiables sur les ménages permet de savoir quels sont les résultats des dépenses publiques passées avant d'envisager une progression quelconque. Il sera difficile, du point de vue de l'efficacité de la politique budgétaire, d'accorder plus de dépenses publiques à l'éducation et à la santé pour réduire la pauvreté sans savoir les résultats des dépenses déjà réalisées. La qualité du système statistique national est un des gages du renforcement de l'efficacité des dépenses publiques sociales en faveur de la réduction de la pauvreté. Mais les dépenses publiques sociales dans l'éducation et la santé doivent être bien couplées avec d'autres dépenses afin de renforcer leurs externalités positives à court et long termes.

Par ailleurs, au-delà d'un modèle macroéconométrique, il existe d'autres outils d'analyse des liens entre politiques publiques et réduction de la pauvreté. Plus précisément, un modèle d'équilibre général calculable en microsimulation (MEGC) est nécessaire. Dans ce modèle, le lien micro–macro est établi à travers la conciliation des informations microéconomiques issues des enquêtes auprès des ménages et des données macroéconomiques fournies par les tableaux

---

[207] Spilimbergo A, Symansky S, Schindler M, « Fiscal Multipliers », IMF Staff Position, note SPN/09/11, 2009. Url: http://www.imf.org/external/pubs/ft/spn/2009/spn0911.pdf, consulté le 18 mars 2018.

de synthèse de la comptabilité nationale. Le MEGC permet de quantifier les effets des politiques économiques, qu'elles soient fiscales, budgétaires, commerciales, de transferts et d'investissement, etc. Les effets peuvent ainsi être appréhendés au niveau macro sur la croissance économique, l'inflation, les équilibres macroéconomiques, la compétitivité interne et externe de l'économie nationale ainsi que sur le revenu et l'épargne des agents économiques.

Au niveau micro, un ensemble d'indicateurs de niveaux de vie sont appréhendés, notamment l'évolution des dépenses de consommation des ménages et sa structure selon les classes sociales, la pauvreté et les inégalités. Autrement dit, les hypothèses de simulations dans le modèle dépendent des objectifs de la politique économique du pays. Toutefois, la construction d'un type de modèle prend du temps et nécessite la mise en place d'une équipe de haut niveau spécialisée dans les analyses microéconomiques et macroéconomiques. Cette équipe pourra être la plus intersectorielle possible, avec une bonne coordination impliquant tout le système statistique national. Ce type d'outil est complémentaire des modèles économétriques d'analyse des effets de la politique économique sur la réduction de la pauvreté.

4.5 Implications des différents résultats obtenus

Les résultats économétriques obtenus ont permis de formuler un ensemble d'implications de politiques économiques et sociales. Ces implications ont été soumises à l'appréciation des acteurs spécialisés des finances publiques et du suivi des politiques publiques ainsi qu'à l'appréciation du grand public, comprenant des universitaires (enseignants et étudiants) et des professionnels de la vie active. Le public visé devait avoir une certaine connaissance des questions de politique budgétaire et de réduction de la pauvreté en République du Mali.

Force est de constater que les dépenses publiques peuvent être un instrument puissant pour s'attaquer à la pauvreté et aux inégalités. Elles peuvent avoir pour but de bénéficier à la société dans son ensemble ou être orientées vers des groupes spécifiques de personnes marginalisées ou vulnérables. La mise en place de transferts monétaires ciblés ou soumis à des conditions de ressources pourrait contribuer à réduire l'extrême pauvreté ; et la fourniture universelle de services d'éducation et de santé peut influer à la fois sur les inégalités et le développement économique. La forme de dépenses sociales à adopter dépend, dans une large mesure, de la capacité de l'État à lever des recettes de manière durable. Les pays ayant la capacité de lever efficacement des montants considérables de recettes et à en faire bon usage tendent à mieux utiliser les transferts sociaux et à fournir des services sociaux à la majorité de la population afin d'influencer la répartition des revenus[208].

Les principaux résultats des entretiens complètent les implications de politiques économiques issues de l'analyse économétrique.

4.5.1 Qualité de la politique budgétaire

Depuis 2018, le Mali a connu une mutation budgétaire à la faveur de l'avènement du budget en mode programmes. Comparativement au budget de moyens, celui de programmes est axé sur les résultats et devrait favoriser l'efficacité de la politique budgétaire de façon considérable.

Le budget de l'État permet plus spécifiquement de financer les infrastructures publiques, de favoriser la formation du capital humain, de financer la sécurité des personnes et des biens ainsi que les avantages fiscaux en faveur de l'entreprenariat des jeunes.

Les avis des spécialistes et du grand public divergent sur la qualité de la politique budgétaire du Mali. Au plan du déficit, par

[208]La théorie de Kuznets a été réfutée par la crise mondiale des inégalités, qui atteint de nouveaux sommets, puisque les 1 % les plus nantis sont désormais plus riches que les 99 % restants de la population. Ce constat remet plus que jamais en question l'efficacité des politiques budgétaires dans la promotion de l'efficience économique et de l'efficacité du développement. Voir Oxfam (2016), Reid-Henry (2015) et Piketty (2015) en ce qui concerne la crise mondiale des inégalités et le manque de pertinence de la théorie de Kuznets pour expliquer le lien entre croissance et inégalités dans la théorie économique contemporaine du développement. Oxfam (2016) en particulier conclut que les 1 % les plus riches de la population mondiale se sont accaparés l'économie mondiale, 46 % de la croissance totale des revenus mondiaux entre 1998 et 2011 allant aux 10 % les plus riches de la planète. Rien qu'en 2016, la richesse combinée de 62 individus était équivalente à celle de 3,6 milliards de personnes, soit la moitié la plus pauvre de l'humanité. Voir Odusola A., « Politique budgétaire, redistribution et inégalité en Afrique », *Inégalités de revenus en Afrique subsaharienne : tendances divergentes, déterminants et conséquences*, pp. 165–189. Url : https://www.undp.org/content/dam/rba/docs/Reports/undp-rba_Income%20Inequality%20in%20SSA_Fre_Chapter%207.pdf, consulté le 25 août 2018.

exemple, les normes de l'UEMOA ne sont pas totalement respectées, mais l'État continue à bénéficier de financement dudit déficit auprès du FMI. L'augmentation de la dette publique est une contrainte majeure de la politique budgétaire. Les dépenses publiques évoluent plus vite que les recettes, ce qui engendre des déficits budgétaires. En effet, les objectifs de recettes ne sont pas toujours atteints. En ce qui concerne la répartition sectorielle du budget, la crise de 2012 a entraîné un délaissement des autres secteurs au profit de la sécurité. Par ailleurs, force est de constater que la corruption et la délinquance financière sont des problèmes récurrents qui affectent la qualité de la politique budgétaire, en raison des jeux des acteurs.

4.5.2 Impacts de la politique budgétaire sur les activités économiques

Selon la théorie keynésienne, les dépenses publiques constituent des facteurs importants de la demande intérieure. À ce titre, toute politique budgétaire a une répercussion directe sur l'activité économique nationale, via la demande.

L'État malien, à travers les subventions aux hydrocarbures et à l'électricité ainsi que les investissements routiers et les dépenses d'éducation (formation de la population), contribue à une dynamique des activités économiques. La stabilité relative de l'inflation s'explique par la qualité de la politique budgétaire qui, tant bien que mal, porte une attention particulière sur l'amélioration du pouvoir d'achat des populations maliennes.

Du fait de la dépendance du pays des importations et de la faiblesse du tissu industriel, les impacts de la politique budgétaire sur les activités économiques sont faibles. Mais l'État essaye de remplir sa fonction régalienne.

4.5.3 Impacts de la politique budgétaire sur la réduction de la pauvreté

Dans la répartition des ressources budgétaires, les secteurs de l'éducation et de la santé sont considérés comme prioritaires. Ils sont favorisés dans l'allocation des investissements publics. En ce qui concerne la protection sociale, les transferts publics, surtout en ce qui concerne l'assurance maladie obligatoire (AMO) et le régime d'assistance médicale (RAMED), permettent un meilleur accès aux soins de santé à moindre coût.

Dans le domaine de la santé, les subventions des médicaments, la distribution des moustiquaires imprégnées, la formation du personnel de santé, les campagnes de vaccination sont des actions dont les bénéfices directs vont aux populations, surtout aux plus pauvres. Les subventions de certains traitements comme le paludisme, la tuberculose et le VIH-Sida, l'organisation des journées de traitement gratuit pour les personnes âgées et les pauvres sont des actions positives de l'État.

Par ailleurs, les activités à haute intensité de main-d'œuvre sont favorables à court terme à la réduction du chômage. La politique des logements sociaux a aidé de nombreux pauvres, dans une certaine mesure, à accéder à des logements décents à moindre coût.

Relativement à l'éducation, le recrutement massif d'enseignants au niveau du primaire et la construction des écoles publiques sont des actions contribuant à l'amélioration de l'offre d'éducation. À cela, on peut ajouter, récemment, la distribution d'ordinateurs gratuits aux étudiants, les subventions accordées aux écoles privées et la mutation vers le système licence-master-doctorat (LMD) dans l'enseignement supérieur.

Malgré les efforts louables de l'État depuis la fin des années 1990, la pauvreté reste un défi majeur à cause de sa persistance due aux conséquences potentielles et réelles de la crise sur les secteurs sociaux, notamment en ce qui concerne la déscolarisation des enfants et la perte d'emplois des parents dans les zones d'insécurité (centre et nord du pays).

4.5.4 Obstacles à l'efficacité des dépenses publiques dans la réduction de la pauvreté

Plusieurs obstacles sont soulignés comme affectant l'efficacité des dépenses publiques en termes de réduction de la pauvreté. Sur le plan de la gouvernance économique, il existe un problème de ciblage dans l'affectation des ressources, étant donné l'orientation du budget vers le confort des services. En effet, l'exécution du budget est inéquitable. La population ne bénéficie pas de façon symétrique des subventions d'électricité et d'hydrocarbures. La politique budgétaire du Mali est confrontée à un problème de ciblage du fait que l'économie est essentiellement informelle. Ce qui limite son efficacité et la mobilisation des ressources fiscales pour son financement.

Malgré la multiplicité des structures de contrôle et de vérification, la corruption et la délinquance financière continuent d'être des obstacles majeurs à la bonne gouvernance financière. En plus, dans bien de cas, il existe un problème fondamental dans l'application des lois en République du Mali. Ce qui décourage les investissements directs étrangers (IDE). La corruption est le principal handicap de la politique budgétaire, particulièrement, celle des hommes politiques qui constitue aujourd'hui un véritable frein au fonctionnement de la démocratie malienne.

La mauvaise exécution du budget est aussi une entrave à l'efficacité de la politique budgétaire. Cela traduit le manque de transparence et de clairvoyance dans la mise en œuvre des actions publiques. L'exécution du budget doit respecter les principes et l'esprit de la bonne gestion budgétaire. En effet, la qualité des programmes de réduction de la pauvreté pose problème, à cause de l'insuffisance de personnels qualifiés. Par ailleurs, les organisations de la société civile manquent souvent de proactivité.

Il faut préciser que certains acteurs budgétaires arguent que les systèmes de contrôle sont assez défaillants. Il y a des domaines où ces systèmes sont à renforcer, notamment en ce qui concerne la passation des marchés d'investissements structurants et le contrôle de l'exécution.

Aujourd'hui, le Mali traverse une crise qui a pris plusieurs dimensions. Au niveau politique, l'instabilité et la non-rationalisation de certains choix ont beaucoup affecté la mise en œuvre de la politique budgétaire, en réduisant son efficacité. À cela s'ajoute la faible opérationnalité des groupes citoyens de suivi budgétaire.

Concernant la gouvernance citoyenne, le sens du patriotisme et du devoir citoyen est de moins en moins cultivé chez les Maliens. Les citoyens sont moins regardants sur la gestion des fonds publics et n'exigent pas suffisamment l'application du principe de redevabilité de la part des hommes politiques. Ces derniers ont tendance à se préoccuper plus de leur agenda politique que de la mise en œuvre de projets et programmes de réduction de la pauvreté.

Pire, l'éducation civique et morale appartient au passé. Les principaux symboles de l'État, que sont l'hymne national, le drapeau national, l'Armée nationale et la devise nationale, ne sont pas suffisamment respectés. Ce qui est préjudiciable au respect des normes et valeurs de l'identité nationale. Il est donc difficile d'avoir un modèle de citoyen motivé pour la chose publique, l'intérêt privé étant la principale motivation.

Il est important de souligner que tout comme la politique économique globale, la politique budgétaire devrait être la plus inclusive possible. Il faudra que la société civile soit plus dynamique dans la conception, le suivi et la mise en œuvre des politiques publiques du Mali.

Malgré les avancées constatées au niveau des dotations budgétaires en ce qui concerne la santé et l'éducation, la question de la qualité des offres de services est récurrente. Dans le secteur de l'éducation, la qualité de la formation primaire ne cesse de baisser depuis les années 1990. Quant à la santé, le niveau du plateau technique est faible.

4.5.5 Priorisation des secteurs de la santé et de l'éducation

La politique budgétaire est l'instrument principal dont disposent les autorités publiques dans la mise en œuvre des politiques socio-économiques. Ainsi, dans le cadre des CSLP adoptés par le Mali depuis le début des années 2000, la politique de réallocation des ressources essaye de prendre en considération les disparités sociales pour lutter contre la pauvreté et les inégalités. Cela justifie le recadrage des politiques de réduction de la pauvreté à travers des objectifs de croissance économique.

Les orientations stratégiques de la politique de développement doivent améliorer de façon significative le niveau de vie des populations via une utilisation optimale des ressources financières de l'État, en prenant en compte les différents enjeux économiques, sociaux et culturels, voire environnementaux, dans une perspective de développement durable. Mais il est important de rappeler, à l'image de l'ancienne ministre française de la Santé, Agnès Buzyn :

> *La pauvreté n'est pas le fruit du hasard. Elle naît et se perpétue d'une série de difficultés qui se cumulent, qui s'entretiennent. Elle se nourrit du sentiment d'exclusion, elle vit de la perte de l'espoir. Lutter contre la pauvreté, c'est chercher à rétablir un équilibre absent, une confiance rompue. C'est aider les gens en les rendant autonomes, capables de voler de leurs propres ailes quel que soit le poids du passé, quel que soit l'âge, l'état de santé,*

la condition sociale, les choix de vie aussi. C'est soutenir et émanciper à la fois[209].

Les dépenses publiques, qui traduisent dans une certaine mesure l'orientation des autorités en matière de politique budgétaire, permettent d'appréhender les efforts consentis pour améliorer les conditions de vie des ménages à travers leurs composantes sociales favorables à la réduction de la pauvreté à travers des canaux de transmission indirects. À cet égard, la part des dépenses publiques sociales (la santé, l'éducation) représente environ le tiers du total des dépenses publiques. Ce choix privilégié est confirmé à travers le choix des dépenses de réduction de la pauvreté qui représentent plus de la moitié des dépenses publiques totales de l'État malien depuis 2004. Cela démontre l'importance des efforts consacrés à l'accroissement du bien-être des populations.

Cette étude démontre clairement que l'État devra privilégier les dépenses publiques dans les secteurs sociaux comme l'éducation et la santé, à travers une politique budgétaire bien maîtrisée. Sans nul doute, le rôle et l'importance des secteurs de l'éducation et de la santé dans le développement économique et social sont prépondérants. Le choix des deux domaines symbolise celui du capital humain dont les externalités positives sont toujours croissantes pour une économie nationale.

La priorisation doit être faite sur la base des documents sectoriels de programmation pluriannuelle, notamment :

- prioriser des dépenses d'éducation ;
- mettre l'accent sur les dépenses d'investissement ;
- prioriser les dépenses de personnel en matière de recrutement et de primes d'avancement ;
- réallouer les dépenses d'heures supplémentaires.

Du fait de la crise de 2012, l'État devra prioriser dans l'ordre : la sécurité, la santé, l'éducation, la sécurité alimentaire, la justice, l'agriculture, l'énergie et l'industrie.

---

[209] Discours d'Agnès Buzyn — Stratégie de lutte contre la pauvreté des enfants et des jeunes — 13 mars 2018. Url : https://solidarites-sante.gouv.fr/actualites/presse/discours/article/discours-d-agnes-buzyn-strategie-de-lutte-contre-la-pauvrete-des-enfants-et-des, consulté le 14 avril 2018.

4.5.6 Ciblage des dépenses d'éducation et de santé

L'investissement dans le capital humain, traduit par un meilleur état de santé et des niveaux d'instruction plus élevés des ressources humaines disponibles, constitue le moyen le plus efficace pour susciter la hausse de la productivité ; et partant, celle de la création de valeurs ajoutées dans tous les secteurs économiques. Cette opinion, largement partagée par les économistes, prétend que l'amélioration du capital humain entraînerait des effets positifs sur la productivité du travail grâce aux innovations technologiques. Cette amélioration se présente ainsi comme l'un des moyens les plus sûrs de rendre la croissance durable, d'assurer un meilleur partage de ses fruits et de combattre ainsi la pauvreté.

Les économistes soutiennent que l'enseignement et la formation, par des effets vertueux sur les capacités productives, d'innovation et d'apprentissage dans une économie, améliorent la capacité des individus à allouer et à utiliser de manière optimale leurs différentes ressources.

L'existence d'une relation de cointégration à long terme entre les dépenses d'éducation, de santé et la réduction de la pauvreté nécessite un meilleur ciblage. Pour cela, la politique budgétaire devra mettre l'accent sur les domaines de santé et d'éducation, plus favorables aux pauvres. Cela peut s'effectuer à travers des transferts publics dans lesdits domaines.

Les résultats sont confirmés par des travaux de nombreux chercheurs. Par exemple, Dahmardeh et Tabar ont ressorti une relation de long terme entre la pauvreté et les dépenses publiques du Gouvernement iranien dans les provinces de Sistan et Baloutchistan, en utilisant une série de données entre 1978 et 2008[210]. Ils se sont basés sur la méthodologie développée par Pesaran et Shin pour déterminer une relation de cointégration qui lie les dépenses publiques du Gouvernement et la pauvreté dans les deux provinces[211]. Toutefois, à long terme, il est ressorti un impact négatif sur la pauvreté, ce qui est

---

210 Dahmardeh N. et Tabar M., « Government Expenditures and its Impact on Poverty Reduction (Empirical from Sistan and Baluchestan Province of Iran ». *International Journal of Academic Research in Economics and Management Sciences*, vol. 2, n° 1, 2013.

211 Pesaran M.H. et Shin Y., « An Autoregressive Distributed Lag Modelling Approach to Cointegration Analysis », *Cambridge Working Papers in Economics 9514*, Faculty of Economics, University of Cambridge, 1995.

inattendu. Mehmood et Sadiq ont également étudié la relation entre les dépenses publiques et la pauvreté par l'analyse de cointégration au Pakistan, sur une période d'analyse allant de 1976 à 2010, et ont identifié l'existence d'une relation de long terme entre les deux variables[212]. Cependant, la relation qui en découle ne semble pas conforter la théorie économique dans la mesure où les dépenses publiques ne permettent pas, selon leurs résultats, de réduire le niveau de pauvreté, mais l'accentuent plutôt.

Par ailleurs, Dabla-Norris et Matovu ont cherché à mesurer les effets des dépenses de l'État sous forme de transferts publics dans les secteurs de l'éducation et des infrastructures, sur les décisions des ménages en matière de scolarisation des enfants ou d'accumulation d'actifs[213]. À travers un modèle dynamique à générations imbriquées, les auteurs ont trouvé qu'une hausse des dépenses publiques dans l'enseignement primaire et secondaire a un impact positif sur la réduction de la pauvreté et sur l'économie, malgré une baisse des investissements dans les infrastructures. En outre, l'impact de transferts publics sur les agrégats macroéconomiques et la pauvreté dépend fortement de leurs ampleurs. Autrement dit, s'ils sont assez conséquents et ciblent les couches les plus défavorisées ; alors, des effets considérables pourraient être attendus sur la réduction de la pauvreté et la croissance économique. En revanche, de faibles transferts auraient un impact assez marginal sur la pauvreté et l'économie.

Le choix des niveaux des dépenses publiques dans les secteurs de l'éducation et de la santé apparaît comme un facteur clé dans la réduction de la pauvreté. Les transferts conditionnels plus ciblés en faveur des pauvres permettront de renforcer le caractère pro-pauvres des dépenses publiques.

La gratuité des soins essentiels ou la gratuité de l'éducation primaire sont des solutions primordiales, susceptibles de réduire drastiquement la pauvreté à long terme. Il s'agit sans doute des

212 Mehmood R., Sadiq S., « The Relationship between Government Expenditure and Poverty: a Cointegration Analysis », *Romanian Journal of Fiscal Policy*, vol. 1, Issue 1, July-December, 2010, pp. 29–37.

213 Dabla-Norris E., Matovu J. M., « Composition of Government Expenditures and Demand for Education in Developing Countries », *IMF Working Paper* WP0278, IMF, 2002.

mesures de renforcement du capital humain dont les effets potentiels s'étendent sur tous les secteurs de développement.

Le Mali, dans sa quête de meilleurs résultats en matière de réduction de la pauvreté, devra prendre des mesures d'envergure plus ciblées dans les domaines de l'éducation et la santé, en choisissant les niveaux de dépenses publiques spécifiques. Toutefois, des mesures d'accompagnement sont nécessaires pour assurer le meilleur ciblage des dépenses publiques.

Dans le but d'améliorer l'efficacité des dépenses publiques, le Mali s'est lancé dans les pratiques de gestion basées sur l'approche programme dans le secteur public. Ainsi, désormais, les services assurés ou les résultats atteints retiennent plus l'attention que le volume des ressources utilisées par un programme ou un ministère. Dans cette optique, il a fallu préciser les résultats souhaités ou ciblés par les prestataires de services publics, en mettant de plus en plus l'accent sur le service aux populations cibles.

Les avis recueillis indiquent que le Mali a atteint dans une certaine mesure la scolarisation de masse. L'accent devrait être mis sur la qualité à travers le financement de l'enseignement professionnel au niveau universitaire. Dans le domaine de la santé, le pays devrait passer du curatif à la prévention, mais surtout doter le secteur d'un budget plus conséquent.

Pour une meilleure efficacité, il est important de mettre l'accent sur les dépenses d'investissement et de transferts dans le ciblage des secteurs de l'éducation et de la santé. Les plus démunis doivent être mieux visés pour faciliter leur accès à des soins sanitaires gratuits et à une éducation gratuite. Pour cela, il est important de veiller à l'amélioration de la situation nutritionnelle du pays, mais aussi en équipant les centres de santé des zones rurales.

4.5.7 Efficacité des dépenses publiques

L'efficacité des dépenses publiques pourra être assurée à travers la mise en œuvre de l'approche programme. L'existence d'une relation positive à long terme entre les dépenses publiques (de santé et d'éducation) et la réduction de la pauvreté milite en faveur de l'approche programme dans le but de rationaliser les ressources publiques.

Le renforcement des outils de planification et de budgétisation est une condition nécessaire à l'efficacité de la politique budgétaire en faveur de la réduction de la pauvreté. À cet effet, il est important de rappeler que l'effectivité de la mise en œuvre de l'approche du budget-programme est un choix d'efficacité et d'efficience. Il faut préciser que la démarche de la programmation budgétaire par objectifs se déroule de la façon suivante :

- déterminer, sur la base des politiques sectorielles, les objectifs précis à atteindre à une échéance donnée en réponse aux besoins ainsi que les voies et moyens les plus efficaces pour permettre la réalisation de ces objectifs ;
- élaborer un programme sur une base pluriannuelle d'activités avec une description des responsabilités et en combinant les ressources humaines, matérielles et financières ;
- budgétiser en évaluant le coût de chaque programme et allouer les ressources pour l'exécution des tranches annuelles ;
- rationaliser davantage la dépense publique et accentuer le contrôle budgétaire ;
- impliquer tous les services de base dans le processus d'allocation des ressources publiques et assurer une meilleure transparence dans l'allocation des ressources ;
- définir convenablement des indicateurs de mise en œuvre des programmes et des indicateurs de résultats pour mesurer les performances attendues de chaque programme.

Différents avantages sont attendus de la mise en place des budgets-programmes. Par exemple, l'introduction d'un changement de comportement dans l'élaboration des demandes de crédits. Ainsi, tout crédit demandé doit concourir à la poursuite d'un objectif donné dans le cadre d'un programme. Sa formulation sur une période triennale permet d'avoir une vision plus claire entre les objectifs poursuivis et les moyens mis en œuvre pour les atteindre. Aussi, l'approche budgets-programmes permet une meilleure rationalisation dans l'allocation des ressources par une vision à moyen terme de la politique budgétaire, dans la formulation des choix budgétaires stratégiques et dans l'identification d'inflexions à apporter à la politique de dépenses budgétaires.

La promotion de la bonne gouvernance financière est indispensable pour assurer l'efficacité des dépenses publiques. Dans sa quête de cette capacité, le Gouvernement du Mali s'est engagé dans des grandes réformes de modernisation et de promotion de la gestion rationnelle des dépenses publiques. Cela passe par une utilisation efficiente des technologies de l'information et de la communication. La mise en place d'un système de gestion intégrée des dépenses permettra l'optimisation de la gestion de la dépense publique dans les meilleures conditions de fiabilité et d'efficacité.

La mise en place d'un système d'information budgétaire et comptable unifié et commun à l'ensemble des acteurs de la dépense permettra d'atteindre des objectifs stratégiques de rationalisation budgétaire, à savoir :

- l'accélération du traitement des actes liés à la dépense dans le respect de la législation en vigueur ;
- la rationalisation et la simplification des circuits et des procédures d'exécution des dépenses publiques, à travers le principe de la saisie unique de l'information et de sa communication aux partenaires concernés ;
- le rapprochement des écritures et la concordance à tout moment ;
- l'accélération du processus d'élaboration des lois de règlement, grâce à l'élaboration des tableaux de bord nécessaires à un meilleur suivi de l'exécution des actes liés à la dépense publique.

4.5.8 Renforcement des droits à l'éducation et à la santé

La politique budgétaire est toujours abordée comme un des deux instruments, aux côtés de la politique monétaire, à la disposition des autorités publiques pour mettre en œuvre leurs décisions de politique économique. Ainsi, elle serait un instrument légitime permettant de favoriser la jouissance des droits fondamentaux des populations les plus démunies.

Les résultats de cette analyse montrent également que la politique budgétaire peut, en favorisant les dépenses d'éducation et de santé, contribuer à améliorer le niveau de bien-être. La politique budgétaire du Mali serait donc pro-pauvres à court et long termes, en ciblant davantage les domaines de l'éducation et la santé. En effet, des travaux récents ont démontré que la réduction de la pauvreté absolue repose sur deux facteurs : l'augmentation du revenu et sa redistribution aux plus pauvres (la croissance pro-pauvres). L'approche utilisée dans cette étude est proche de cette hypothèse, à travers son apport à l'amélioration du revenu des plus pauvres, sans nuire à celui des non-pauvres.

La dimension actuelle des stratégies de réduction de la pauvreté est orientée vers la croissance pro-pauvres. La croissance économique est « pro-pauvres » si, et seulement si, elle bénéficie aux pauvres en termes absolus, même si elle est accompagnée d'une aggravation de l'inégalité des revenus, le critère d'évaluation étant seulement le taux de variation de la pauvreté[214]. De fait, une croissance est pro-pauvres si les pauvres en bénéficient plus que les autres ; les pauvres bénéficient donc d'une plus grande part du revenu global. Ce type de croissance doit donc s'accompagner d'une réduction des inégalités.

Les stratégies de réduction de la pauvreté jouent aujourd'hui un rôle central dans l'aide financière et dans l'appui à la réforme des politiques économiques réalisées sous l'égide des pays en développement. Au Mali, les CSLP constituent un mécanisme permettant de concentrer les politiques et les ressources pour le développement sur la réduction de la pauvreté, y compris l'épargne provenant des opérations de désendettement. Les mesures de lutte contre la pauvreté et de stimulation de la croissance économique se trouvent intégrées dans un cadre macroéconomique cohérent grâce à un processus de consultation étendue des acteurs nationaux. À l'évidence, les DSRP ont été créés en réponse directe aux absences concernant le centrage autour du citoyen pauvre et l'efficacité de l'aide.

Pour lier la pauvreté aux dépenses publiques, le rôle imparti à cette dernière dans les documents de stratégie de réduction de la pauvreté serait, d'après ses initiateurs, un moyen efficace permettant d'atteindre les objectifs de diminution de la pauvreté, par une contribution à la création de richesses (augmentation des revenus).

Le remplacement de la facilité d'ajustement structurel renforcée (FASR) par la facilité de réduction de la pauvreté et pour la croissance (FRPC) a fait naître une nouvelle vision de la part du FMI dans le domaine de la pauvreté. La spécificité de la nouvelle démarche (FRPC) par rapport à l'ancienne (FASR) consiste en l'apparition de la notion de « lutte contre la pauvreté » dans une stratégie économique

---

[214] Lachaud J.-P., « La mesure de la croissance pro-pauvres en Afrique : espace de l'utilité ou des capacités ?, Analyse comparative appliquée au Burkina Faso », Document de travail 122, Centre d'économie du développement de l'université Montesquieu Bordeaux-IV, 2006, p. 1.

globale, durablement axée sur la croissance. Elle repose sur le principe fondamental d'une large participation citoyenne et d'une plus grande internalisation du programme par le pays bénéficiaire de cette mesure. Les priorités nationales de chaque pays en matière de réduction de la pauvreté sont mieux reflétées à partir des programmes appuyés sur la FRPC. Ces priorités sont déterminées par les grands programmes sociaux et sectoriels ainsi que les réformes structurelles ayant pour objectifs la croissance économique et la réduction de la pauvreté ; et cela, dans le cadre de l'élaboration du document stratégique de réduction de la pauvreté[215].

Les programmes appuyés par la FRPC mettent l'accent sur l'amélioration de la gestion publique en tant que pierre angulaire de la stabilité macroéconomique, d'une croissance durable et de la lutte contre la pauvreté. Ainsi, le renforcement de la gestion publique sert à aider les pays à bien cibler leurs dépenses au prorata de leurs priorités dans ce domaine.

Aujourd'hui, avec la prise en compte de la durabilité du développement à travers les ODD, les pays ont opté pour de meilleurs services publics en faveur de la jouissance des droits humains fondamentaux. À cet effet, des actions pertinentes en faveur des droits à l'éducation et à la santé doivent être privilégiées.

4.5.8.1 Jouissance du droit à l'éducation

Conformément à l'esprit des objectifs du développement durable (ODD), la jouissance du droit à l'éducation est une condition pour favoriser l'accès des populations aux services du secteur. La réalisation de cette condition exige un certain nombre de préalables, notamment :

- la nécessité d'intégrer dans les objectifs de politiques sectorielles toutes les mesures concrètes et nécessaires pour réduire les disparités régionales en termes d'accessibilité au droit à l'éducation, en créant de nouveaux établissements scolaires dans les zones enclavées, en mettant en place un véritable réseau de transports en commun desservant l'ensemble des communes du pays. Une priorité des actions

[215] Depuis l'avènement des ODD, le Mali est en phase de préparation de son deuxième document de cadre stratégique pour la relance économique et le développement durable (CREDD 2).

publiques dans le domaine de l'éducation doit être l'augmentation du taux d'alphabétisation et la formation professionnelle des enfants de la rue ;

- la nécessité de prioriser des échanges sociaux, afin d'instaurer un dialogue avec les syndicats des enseignants, de procéder à une évaluation de leurs conditions de travail et de mettre en œuvre tous les moyens nécessaires pour leur assurer des conditions de travail et un niveau de vie décent à long terme ;
- la sécurisation et la pérennisation des fonctions d'enseignement : pour cela, il est indispensable de prévoir de nouveaux postes d'enseignants à tous les niveaux d'études et de cesser le fonctionnement par vacation dans les différents ordres d'enseignement ;
- le renforcement de la qualité du système éducatif, en initiant des actions permettant de poursuivre la réforme des méthodes pédagogiques en concertation avec les acteurs concernés, afin de garantir la solidité des acquis tout au long du cursus scolaire et de réduire le taux de déperdition scolaire à tous les niveaux ;
- la mise en place de stratégies adéquates permettant de mener une réforme profonde du système universitaire devant permettre de réduire l'emprise de l'administration et de la bureaucratie sur la recherche et la pédagogie, d'améliorer les formations des étudiants sur le plan théorique et pratique et de promouvoir la recherche universitaire en faveur du développement socio-économique du pays.

4.5.8.2 Jouissance du droit à la santé

La politique budgétaire est un outil essentiel dont l'État peut se servir pour renforcer les droits accessibles. À cet effet, au plan sanitaire, l'État malien se doit de mettre en place les conditions favorables à une meilleure jouissance du droit à la santé. Pour cela, il devra prendre des mesures permettant :

- de valoriser les fonctions médicales et paramédicales, notamment en augmentant les salaires des personnels de santé et en leur assurant une formation adéquate de façon régulière ;

- d'assurer une meilleure gestion des équipements existants, de mettre en place et de développer de nouvelles structures de santé dans le sens d'une meilleure accessibilité décentralisée et déconcentrée, de renforcer la mise en place des structures de santé spécialisées plus proches des populations ;
- d'étendre l'AMO, et tous les autres systèmes similaires, à toute la population et de favoriser une baisse des coûts des soins de santé ;
- d'assurer l'approvisionnement et la distribution des médicaments et du matériel médical dans les établissements de santé publique, afin de permettre un meilleur accès aux soins dans de meilleures conditions.

Au Mali, le budget peut être considéré comme pro-pauvres dans la mesure où les dépenses de pauvreté représentent plus 60 % des dépenses publiques totales. Ce dernier chapitre a permis de démontrer empiriquement la relation entre indicateurs de réduction de la pauvreté et dépenses publiques, en particulier les dépenses sociales (éducation, santé et protection sociale). Cela a été rendu possible grâce aux résultats des différents tests réalisés (section 1) et du modèle économétrique estimé (section 2) et de son interprétation en section 3. La quatrième section de ce chapitre a mis en évidence les principales implications de politiques relatives aux résultats obtenus à court et à long terme en cohérence avec les élasticités de court terme et de long terme.

Les résultats obtenus ont permis de conclure que les différentes séries soumises à cette étude ne sont pas stationnaires en niveau. Elles contiennent, d'après les tests ADF et de Phillips-Perron, une racine unitaire. En effet, la p-value de ces différents tests est supérieure à 5 % conduisant à accepter l'hypothèse nulle de racine unitaire dans chacune de ces séries.

Les différents tests réalisés (notamment ADF) ont permis d'entrevoir l'existence d'une relation de cointégration entre le PIB par habitant, les dépenses publiques de santé, d'éducation et de protection sociale, le taux d'investissement.

Le modèle retenu dans le cadre de cette étude est celui à correction d'erreurs (ECM), basé sur deux outils centraux d'analyse : la méthode de Hendry en une étape ou celle d'Engel-Granger en deux étapes. Le choix ici a porté sur le modèle à correction d'erreurs de type Hendry.

Le test de sensibilité significative (significativité globale) a permis de déduire que le modèle estimé *est globalement significatif ; il y a au moins une variable dans le modèle permettant d'expliquer le niveau de vie, donc la pauvreté.* Ce résultat est d'ailleurs confirmé par la valeur de la statistique R^2(0,7057) qui renseigne aussi sur la qualité du modèle économétrique (R^2 tend vers l'unité). Ce coefficient de détermination dit que 70,57 % des fluctuations du PIB par habitant au Mali sont expliquées par les variables du modèle. Cela équivaut également à dire qu'il y a 70,57 % de chance de ne pas se tromper ou de ne pas oublier des explicatives importantes.

La politique budgétaire serait considérée comme pro-pauvres lorsqu'elle cible les domaines de l'éducation et de la santé. Les effets positifs des deux composantes des dépenses publiques militent en faveur d'une politique budgétaire favorable aux deux secteurs, à court et à long terme. Autrement dit, le choix des dépenses sociales, à travers les composantes santé et éducation, aide à la réduction de la pauvreté. Pourtant, le choix de composante globale de dépenses sociales se révèle inefficace à cause des effets négatifs attendus sur le niveau de vie.

Aussi, les résultats indiquent que l'État devra privilégier les dépenses publiques dans les secteurs sociaux comme l'éducation et la santé à travers une politique budgétaire bien maîtrisée. En ce sens a été prouvée l'importance des secteurs de l'éducation et de la santé dans le développement économique et social. Le choix des deux domaines symbolise le choix du capital humain dont les externalités positives sont toujours croissantes pour une économie nationale.

Ainsi, le Mali, dans sa quête de meilleurs résultats dans la réduction de la pauvreté, devra prendre des mesures d'envergure plus ciblées dans les domaines de l'éducation et la santé, en choisissant les niveaux de dépenses publiques spécifiques. Toutefois, les mesures d'accompagnement sont nécessaires pour assurer le meilleur ciblage des dépenses publiques.

Dans le but d'améliorer l'efficacité des dépenses publiques, le Mali devra prendre toutes les mesures en vue de l'appropriation par les acteurs, des contours de l'approche budgétaire par programme.

Conclusion

Dans la littérature économique consacrée au thème étudié, il existe plusieurs courants de pensée relatifs à l'impact de la politique budgétaire à favoriser la réduction de la pauvreté. En effet, la politique budgétaire consiste à utiliser le budget de l'État comme un instrument de régulation conjoncturelle. Si pour les uns, en se basant sur les prescriptions de Keynes, la politique budgétaire permet d'avoir un impact sur l'activité économique et sur la réduction de la pauvreté ; pour d'autres, au contraire, l'impact de la politique budgétaire n'est pas systématique sur l'activité économique, du fait de différentes contraintes (déficit, effet d'éviction, effet de fuite, mauvaise gouvernance, etc.).

Au plan politique, de l'indépendance à nos jours, le Mali a connu cinq régimes correspondant à quatre phases de politique économique :

- la période socialiste (1960–1968) ;
- la période d'économie mixte étatiste (1968–1982) ;
- la période de libéralisation avec les PAS (1982–1992) ;
- depuis 1992, le régime démocratique et le libéralisme économique.

De tout temps, la politique budgétaire est et reste l'instrument privilégié par l'État pour atteindre les objectifs de réduction de la pauvreté, consacrés dans les différentes stratégies (CSLP, CREDD, OMD, ODD). La politique budgétaire adoptée par le Mali lui a permis de satisfaire en grande partie les critères de convergence de l'UEMOA. L'avènement des DSRP, sous la conduite des institutions financières internationales, a permis au Mali d'amorcer la voie de l'amélioration de ses performances macroéconomiques et sociales. Ce qui constitue un résultat positif par rapport aux périodes des programmes d'ajustement structurel.

Aussi, en observant les données de l'économie malienne sur une longue période, on remarque que le pays a beaucoup plus fait un arbitrage entre politiques de stabilisation et politiques de relance économique. Il faut dire que le choix des politiques de réduction de la pauvreté a permis de privilégier des politiques budgétaires expansives, orientées vers des dépenses publiques plus ciblées sur des populations plus pauvres (couches défavorisées).

Cette étude a permis de confirmer le caractère pro-pauvres de la politique budgétaire du Mali. La démarche méthodologique ayant conduit à cette conclusion s'est développée en trois étapes complémentaires :

- *le diagnostic de la situation a permis de faire une analyse de l'évolution des indicateurs budgétaires et des indicateurs de pauvreté pour la période allant de 1970 à 2014 ;*
- *l'analyse du diagnostic* a permis de choisir les variables permettant d'estimer le lien entre la politique budgétaire et la réduction de la pauvreté à travers l'amélioration de *l'accès* des populations aux services sociaux de base ;
- *la démarche économétrique* a consisté à l'utilisation d'un modèle de type autorégressif, à correction d'erreurs (ECM).

Les résultats de l'étude laissent entrevoir que le budget du Mali est pro-pauvres, puisque les dépenses de pauvreté représentent près de 60 % des dépenses publiques totales. L'analyse a permis d'établir l'existence d'une relation positive et significative entre les dépenses d'éducation et de santé et le PIB par habitant. Cela veut dire que la politique budgétaire, en privilégiant les secteurs de la santé et de l'éducation, pourrait bien contribuer à réduire la pauvreté. L'État devrait accorder des parts plus importantes à ces composantes, afin de favoriser l'amélioration du niveau de vie, et donc la réduction de la pauvreté (les élasticités de court et de long termes étant toutes positives).

Contrairement à toutes les théories déjà consacrées par la littérature économique, toute augmentation de la formation brute de capital fixe (FBCF) entraînerait une diminution du revenu national par habitant. Toutefois, ce résultat n'est pas statistiquement significatif. Cela pose le double problème de la qualité des données et des investissements de la variable FBCF.

Les deux hypothèses de recherche sont aussi corroborées. Une meilleure efficacité des dépenses publiques passe par le ciblage des domaines favorables aux pauvres que sont l'éducation et la santé. Les élasticités de long terme de la part des dépenses d'éducation et de celle des dépenses de santé sont plus élevées à long terme. Les avis obtenus auprès de certains acteurs du domaine ainsi que du grand public vont dans le même sens que les résultats économétriques.

L'État devrait par conséquent privilégier les dépenses publiques dans les secteurs sociaux comme l'éducation et la santé, à travers une politique budgétaire expansive bien maîtrisée. Le Mali devrait prendre des mesures d'envergure plus ciblées dans les domaines de l'éducation et la santé, en choisissant les niveaux de dépenses publiques spécifiques, tout en priorisant des mesures d'accompagnement permettant un meilleur ciblage des dépenses publiques. Aussi, l'approche budget-programme devrait permettre d'atteindre une meilleure efficacité des dépenses publiques. Les services assurés ou les résultats atteints retiendraient plus l'attention que le volume des ressources utilisées par un programme ou un ministère. Autrement dit, l'accent sera désormais mis sur les résultats souhaités ayant un impact sur les conditions de vie des populations, surtout des plus pauvres.

Bien que les conclusions aient pu mettre en exergue le lien irréfutable entre les dépenses sociales et la réduction de la pauvreté (à court et à long termes), il convient de rappeler que les dépenses sociales ne sauraient se résumer aux seules dépenses des secteurs de l'éducation et de la santé dont les montants n'ont pas été pris de façon exhaustive. Elles devraient également comporter les dépenses d'autres secteurs tels que le développement social (protection sociale), l'assainissement, l'hydraulique ainsi que d'autres transferts ou appuis sociaux que l'État consent à apporter à certaines couches[216] ou à l'occasion de certains événements[217].

L'étude aurait été bien enrichie en ayant toutes les autres dimensions des dépenses sociales afin d'apprécier leur impact sur la réduction de la pauvreté dans leur globalité. Malheureusement, les données ne sont pas disponibles ou quand certaines existent, leur fiabilité reste à désirer.

Il faut préciser que cette étude ne s'est basée que sur les seules données du budget de l'État du Mali, alors même que dans les secteurs de l'éducation et de la santé interviennent beaucoup d'auteurs partenaires techniques et financiers, bilatéraux et multilatéraux, et dont les concours très appréciables permettent l'atteinte de plusieurs indicateurs sociaux nationaux.

Les résultats obtenus sont également le fait de l'apport de nos partenaires dont les contributions devraient être prises en compte dans une étude d'impact beaucoup plus global. Aussi, convient-il de

---

[216] Projets *Jigisemejiri*, CANAM pour la couverture assurance maladie, ANAM pour les indigents, allocations familiales, etc.

[217] Secours après décès ou capital décès, primes de premier établissement pour les nouveaux mariés, etc.

souligner que la réduction de la pauvreté ne dépend pas uniquement des seuls fonds injectés dans les secteurs de l'éducation et de la santé, dans lesquels se pose d'ailleurs le problème d'efficacité et de ciblage comme l'a étalé cette étude, mais demeure également tributaire d'autres facteurs tels que la gouvernance, l'instabilité gouvernementale (changement de gouvernements obligeant à revoir fréquemment les allocations budgétaires), l'existence ou non d'inégalités (sociales, économiques, territoriales…), l'environnement social (fréquence ou pas de grèves), l'instabilité politique (mouvement des populations), insécurité (difficultés d'accès à certaines parties du territoire), etc.

Enfin, il existe d'autres modèles d'analyse de la relation entre politique budgétaire et réduction de la pauvreté. Dès lors, les résultats obtenus à partir de cette analyse macroéconomique devraient être relativisés au regard des limites évoquées plus haut et du modèle d'analyse choisi. Ainsi, l'approche microéconomique, axée sur un panel de ménages et d'individus, à travers l'utilisation d'un modèle d'équilibre général calculable (MEGC), aurait permis d'apprécier davantage les liens de causes à effets entre les dépenses publiques sociales (éducation et santé) et les conditions de vie des populations pauvres en République du Mali.

Bibliographie

[1] ABEL Anderw B., BLANCHARD Olivier J., "An Intertemporal Model of Saving and Investment", *Econometrica*, 51(3), 1983, pp. 675–692.

[2] ABOUA Gérald Hounkydet, « Incidences des dépenses publiques dans la réduction de la pauvreté : cas du Bénin », mémoire en ligne, Université d'Abomey-Calavi, 2010.

[3] ADOUKA Lakhdar, KCHIRID El Mustapha, BENZEKOURA Aonia, BOUGUELLI Zohra, « Modélisation de la fonction de la demande des dépenses publiques algériennes à l'aide de modèle ECM », *European Scientific Journal*, vol. 9, n° 22, August 2013. Url : https://portal.arid.my/Publications/df47dbb0-c5ce-44.pdf, consulté le 17 mars 2018.

[4] AGHION Alberto Philippe, and HOWITT Peter, "A Model of Growth Through Creative Destruction" *Econometrica* 60, n° 2, 1992, 323–351.

[5] ALESINA Alberto, and PEROTTI Roberto, "Income Distribution, Political Instability, and Investment" *NBER Working Paper*, n° 4486, 1993, Issued in October.

[6] ALESINA Alberto, and PEROTTI Roberto, "Income Distribution, Political Instability, and Investment", *European Economic Review* 40 (6): 1996, 1203–1228.

[7] ALKIRE Sabina, & ELI K., "Multidimensional Poverty in Developing Countries: a Measure Using Existing International Data", mimeo, Oxford Poverty and Human Development Initiative, Oxford Department of International Development, University of Oxford, 2010.

[8] ANAND Sudhir et RAVALLION Martin, "Human Development in Poor Countries: on the Role of Private Incomes and Public Services", *The Journal of Economic Perspectives*, vol. 7, n° 1, 1993, pp. 133–150.

[9] ANSD, « Rapport de la deuxième enquête de suivi de la pauvreté au Sénégal, ESPS-II-2011 », Rapport Définitif, mai, 191 pages, 2013, disponible : http://www.ansd.sn/ressources/publications/Rapport_ESPS-2011.pdf, consulté le 17 mars 2018.

[10] ATKINSON Anthony B., "On the Measurement of Inequality", *Journal of Economic Theory 2*, 1970, pp. 244–263.

[11] ATKINSON Anthony B., CAZES Sandrine, MILANO Serge, ASSEMAT J., JEANDIDIER B., TEEKENS R., ZAÏDI M. A., "Mesures de la pauvreté et politiques sociales : une étude comparative de la France, de la RFA et du Royaume-Uni", in *Observations et diagnostics économiques : revue de l'OFCE*, n° 33, 1990, pp. 105–130.

[12] ATKINSON Anthony B. and HILLS John, *Exclusion, Employment and Opportunity*, CASEpaper, Atkinson A. B. and Hills John (eds) (4), Centre for Analysis of Social Exclusion, London School of Economics and Political Science, London, UK, 1998.

[13] AZAM J.-P., BERTHELEMY J.-C. et CALIPEL S., « Risque politique et croissance en Afrique », *Revue économique*, vol. 3, n° 47, 1996, pp. 819–829.

[14] AZAM J.-P. et MORRISSON C., « Conflits et croissance dans les pays du Sahel », Centre de développement, OCDE, Paris, 1999.

[15] BAD, OCDE, PNUD (2017), "Perspectives économiques en Afrique/Mali", disponible: https://www.afdb.org/fileadmin/uploads/afdb/Documents/Publications/Perspectives_economiques_en_Afrique_2017.pdf consulté le 17 mai 2019.

[16] BAHATI Lukwebo, *Les Banques africaines face aux défis de la mondialisation économique*, L'Harmattan, 2012.

[17] BAHATI T. R. M., « Politique de réduction de la pauvreté en situation post-conflit. Economies et finances », Mémoire soutenu à l'Université d'Auvergne - Clermont-Ferrand-I, 2006, p. 17.

[18] BALDACCI Emanuele, CLEMENTS Benedict, GUPTA Sanjeev, and CUI Qiang, "Social Spending, Human Capital, and Growth in Developing Countries: Implications for Achieving the MDGs", *IMF Working Paper*, WP/04/217, November 2004.

[19] BALDACCI E., CLEMENTS B., CUI Q. et GUPTA S., « Que faire pour aider les pauvres ? », *Finances & Développement*, 2005.

[20] BALDACCI Emanuele, CLEMENTS Benedict, GUPTA Sanjeev and CUI Qiang, "Social Spending, Human Capital, and Growth in Developing Countries" World Development, Elsevier, vol. 36(8), p. 1317–1341, August 2008.

[21] Banque mondiale, « Rapport sur le développement dans le monde 2011 : Conflits, sécurité et développement », 2011 –

Abrégé, *Conflict, Security, and Development*, World Bank, © World Bank. https://openknowledge.worldbank.org/handle/10986/4389 License: CC BY 3.0 IGO." consulté le 17 mai 2019.

[22] Banque mondiale, *Réduire la pauvreté et investir dans le capital humain : le nouveau rôle des filets sociaux en Afrique : Études de cas dans 22 pays*, Washington, D.C., février 2014.

[23] "Banque mondiale, « Rapport sur le développement dans le monde 2016 consultable », 2016 sur :https://www.banquemondiale.org/fr/news/press-release/2016/08/04/world-bank-board-approves-new-environmental-and-social-framework, consulté le 17 mai 2019.

[24] Banque mondiale, « Rapport sur le développement dans le monde 2017 », 2017 consultable sur https://live.banquemondiale.org/rapport-sur-le-developpement-dans-le-monde-2017, consulté le 17 mai 2019.

[25] Barro R. J., "Are Governent Bonds Net Wealth?", *Journal of Political Economy* 82(6), 1974, 1095–1117.

[26] Barro R. J., "Economic Growth in a Cross Section of Countries", *Quarterly Journal of Economics*, vol. 106, n° 2, 1991, pp. 407–443.

[27] BARRO R. J., "Determinants of Economic Growth: a Cross-Country Empirical Study", Cambridge, Mass: MIT Press, 1997.

[28] BARRO R. J., Sala-I-Martin X., « Economic Growth », McGraw-Hill, 1995.

[29] BARRO R. J., "Government Spending in a Simple Model of Economic Growth", *Journal of Political Economy*, 98, 1990, pp. 103–125.

[30] BATES Timothy, "Entrepreneur Human Capital Inputs and Small Business Longevity" *The Review of Economics and Statistics*, vol. 72, issue 4, 1990, pp. 551–559. Available at SSRN: https://ssrn.com/abstract=1505192.

[31] BESLEY Timothy & CORD Louise J., "Delivering on the Promise of Pro-Poor Growth: Insights and Lessons from Country Experiences", 2007, World Bank Publications, *The World Bank*, number 7180.

[32] BILS M. et KLENOW P. "Does Schooling Cause Growth?", *American Economic Review*, vol. 90, n° 5, 2000, pp. 1160–1183.

[33] BLANCHARD O. et PEROTTI N., "An Empirical Characterization of the Dynamic Effects of Changes in Government Spending and Taxes Output", *Quarterly Journal of Economics*, 2002, vol. 117, issue 4.

[34] BLOOM David E., CANNING David, SEVILLA Jaypee, "The Effect of Health on Economic Growth: a Production Function Approach," *World Development*, Elsevier, vol. 32(1), 2004, p. 1–13, January.

[35] BINSWANGER H. P., KHANDKER S. R. and ROSENZWEIG M. R., "How Infrastructure and Financial Institutions Affect Agricultural Output and Investment in India", *Journal of Development Economics*, vol. 41, n° 2, 1993, pp. 337–366.

[36] BOCCANFUSO D., CABRAL F., CISSÉ, F., et al., « Pauvreté et distribution de revenus au Sénégal : une approche par la modélisation en équilibre général calculable micro-simulé », *Cahiers de recherche 0333*, CIRPEE, 2003, disponible: https://ideas.repec.org/p/lvl/lacicr/0333.html

[37] BOCCANFUSO Dorothée et MÉNARD Caroline, *La Croissance pro-pauvres : un aperçu exhaustif de la « boîte à outils », Cahier de recherche / Working Paper* 09–06, février, 2009, 27 p.

[38] BOMOKO P. R., « L'impact de la politique budgétaire sur la pauvreté en République Centrafricaine », Mémoire de maîtrise en sciences économiques, Université de Bangui, 2010. Url : https://www.memoireonline.com/12/13/8244/L-impact-de-la-politique-budgetaire-sur-la-pauvrete-en-Republique-Centrafricaine.html, consulté le 28 mars 2018.

[39] BOURBONNAIS R., *Économétrie : cours et exercices corrigés*, Dunod, 2015, p. 381, ⟨hal-01491694⟩.

[40] Bourguignon F., "The Distributional Effects of Growth: Case Studies vs. Cross-Country Regressions", *Delta Working Papers*, vol. 23, 2002.

[41] BOX G. E. P and JENKINS G. M., "Time series analysis: Forecasting and Control", Holden-Day, San Francisco, 1976.

[42] CHAMBAS G., COMBES Jean-Louis, GUILLAUMONT Patrick, et al., « Mali : les facteurs de croissance à long terme », Programme de recherche sur l'Afrique émergente, OCDE, février

2000. http://www.oecd.org/dataoecd/40/29/2674881.pdf consulté le 17 avril 2017.

[43] CHANNING Arndt, GARCIA Andres, TARP Finn and THURLOW James, "Poverty Reduction and Economic Structure Comparative Path Analysis for Mozambique and Vietnam", *WIDER Working Paper* Series 122, World Institute for Development Economic Research (UNU-WIDER), 2010.

[44] CHEN D. et DAHLMAN C., "Knowledge and Development: a Cross-Section Approach", *Policy Research Working Paper* Series n° 3366, 2004, Washington, D. C., World Bank.

[45] CLEMENTE J., MONTAÑÉS A. and REYES M. (1998), "Testing for a Unit Root in Variables with a Double Change in the Mean", *Economics Letters*, vol. 59, pp. 175–182. http://dx.doi.org/10.1016/S0165-1765(98)00052-4. Consulté le 17 avril 2017.

[46] CLING Jean-Pierre, RAZAFINDRAKOTO M. et ROUBAUD F., « La Banque mondiale et la lutte contre la pauvreté : tout changer pour que tout reste pareil ?», Éditions Karthala | « Politique africaine », 2002/3 n° 87, p. 164–174, disponible à l'adresse https://www.cairn.inforevue-politique-africaine-2002-3-page-164.htm. Consulté le 17 avril 2017.

[47] CLING J.-P., DE VREYER P., RAZAFINDRAKOTO M. et ROUBAUD F., « La croissance ne suffit pas pour réduire la pauvreté : le rôle des inégalités », DIAL, Document de travail DT/2003/04, 2003.

[48] CLING Jean-Pierre, DE VREYER Philippe, RAZAFINDRAKOTO Mireille et ROUBAUD François, « La croissance ne suffit pas pour réduire la pauvreté », *Revue française d'économie*, Programme national Persée, vol. 18(3), 2004, pp. 137–187.

[49] COGAN J.-F., CWIK T., TAYLOR J. B. et WIELAND V. "New Keynesian versus Old Keynesian Government Spending Multipliers », *Journal of Economic Dynamics and Control*, vol. 34, n° 3, mars 2010, 281–295.

[50] COLLIER P. and HOEFFLER A. E., "On the Economic Causes of Civil War", *Oxford Economic Papers*, 50, 1998, 563–573.

[51] Communiqué de presse conjoint OMS/Unicef/Groupe de la Banque mondiale, « Les taux de mortalité de l'enfant ont diminué de plus de moitié depuis 1990 mais la cible des OMD est loin d'être atteinte : 16 000 enfants de moins de 5 ans meurent chaque jour ». Url : https://apps.who.int/mediacentre/news/releases/2015/child-mortality-report/fr/index.html, consulté le 06 mai 2018.

[52] CORNIA Giovanni Andrea, ODUSOLA Ayodele, BHORAT Haroon and CONCEIÇÃO Pedro, *Income Inequality Trends in sub-Saharan Africa Divergence, Determinants and Consequences Overview*, United Nations Development Programme Regional Bureau for Africa 1 UN Plaza, New York, NY 10017, USA africa.undp.org, 2017, 56 pages.

[53] CREEL J., DUCOUDRE B., MATHIEU C. et STERDYNIAK H., « Doit-on oublier la politique budgétaire ? Une analyse critique de la nouvelle théorie anti-keynésienne des finances publiques », *Revue de l'OFCE*, n° 92, pp. 43–97.

[54] CREEL J., HEYER É. et PLANE M., « Petit précis de politique budgétaire par tous les temps : Les multiplicateurs budgétaires au cours du cycle », *Revue de l'OFCE*, 116, 2011, pp. 61–88.

[55] CT CSLP, « Cadre stratégique pour la croissance et la réduction de la pauvreté (CSCRP 2012-2017) », 2012, Rapport final version du 28 décembre 2011.

[56] ________, (2013), « Plan pour la relance économique durable du Mali (PRED 2013–2014) ».

[57] ________, (2016), « Cadre stratégique pour la relance économique et le développement durable, en abrégé (CREDD) », ministère de l'Économie et des Finances, version finale, décembre.

[58] DABLA-NORRIS E. et MATOVU J. M., "Composition of Government Expenditures and Demand for Education in Developing Countries", *IMF Working Paper* WP0278, IMF, 2002.

[59] DAHMARDEH N. et TABAR M. H., "Government Expenditures and its Impact on Poverty Reduction (Empirical from Sistan and Baluchestan Province of Iran ». International Journal of Academic Research in Economics and Management Sciences, vol. 2, n° 1, 2013.

[60] DAVIDSON J. E. H., HENDRY D. F., FRANK Srba, YEO S., "Econometric Modelling of the Aggregate Time-Series Relationship between Consumers, Expenditure and Income in the United Kingdom", *Economic Journal 88*, 1978, pp. 661–692.

[61] DEMERY Lionel, “Benefit incidence: a Practitioner’s Guide”, Poverty and Social Development Group, The World Bank (unpublished mimeo), 2000.

[62] DEVARAJAN S., HOSSAIN S. I., “The Combined Incidence of Taxes and Public Expenditures in the Philippines”, *World Bank Policy Research paper* 1543, November 1995.

[63] DEVARAJAN S., VINAYA S. and Heng-fu Z., “The Composition of Public Expenditure and Economic Growth”, *Journal of Monetary Economics 37*, 1996, pp. 313–344.

[64] DIANE F. et FALL A., « Quelle a été la contribution de la politique budgétaire a la croissance économique du Sénégal ? », Document d’étude n° 05, Direction de la prévision et des études économiques (DPEE), 2007. Url : http://invenio.unidep.org/invenio//record/15821/files/53_etude_dpee_n_5.pdf, consulté le 14 octobre 2018.

[65] DICKEY D. A. et FULLER W. A., “Likelihood Ratio Statistics for Autoregressive Time Series with a Unit Root”, *Econometrica*, 49, 1981, pp. 1057–1072.

[66] DOLLAR D., “Is Globalization Good for your Health?”, *Bulletin of the World Health Organization*, vol. 79, n° 9, 2001, pp. 827–833.

[67] DOLLAR D., KRAAY A., “Growth Is Good for the Poor”, *Policy Research Working Paper*, World Bank, 2000.

[68] DOLLAR D. et KRAAY A., “Growth Is Good for the Poor”, *Journal of Economic Growth*, 7, 2002, 195–225.

[69] DOMAR Evsey, “Essays in the Theory of Economic Growth”, Oxford University Press, 1957.

[70] EASTERLY W., “Life During Growth”, *Journal of Economic Growth*, vol. 4, 1999, pp. 239–276.

[71] EASTERLY William and REBELO Sergio, (1993), “Fiscal Policy and Economic Growth: an Empirical Investigation”, *Journal of Monetary Economics*, Elsevier, vol. 32(3), pp. 417–458.

[72] ENGLE R. F. et GRANGER C. W. J., “Cointegration and Error Correction: Representation, Estimation and Testing”, *Econometrica*, vol. 55, n° 2, 1987, pp. 251–276.

[73] ENGLERT M., « L’impact de la croissance économique sur la pauvreté et l’inégalité : Approches théoriques et empiriques générales et application au cas des pays à revenu élevé », Université Libre de Bruxelles, 2007.

[74] BORKUM Evan, "Can Eliminating School Fees in Poor Districts Boost Enrollment? Evidence from South Africa" *Economic Development and Cultural Change 60*, n° 2, January 2012, 359–398.

[75] Faciléco, « Robert Thomas Malthus », economie.gouv.fr. URL : https://www.economie.gouv.fr/facileco/robert-thomas-malthus, consulté le 18 novembre 2018.

[76] FAN Shenggen, HAZELL Peter and THORAT Sukhadeo, « Government Spending, Growth and Poverty in Rural India », first published: 01 November 2000, disponible : https://doi.org/10.1111/0002-9092.00101, consulté le 12 juillet 2018.

[77] FAN S., ZHANG X. et RAO N., "Public Expenditure, Growth, and Poverty Reduction in Rural Uganda." *DSGD Discussion Paper 4*, International Food Policy Research Institute, Washington, D. C, 2004.

[78] FMI et Banque mondiale, « Cadre stratégique de lutte contre la pauvreté - Questions d'ordre opérationnel », 1999. Url : https://www.imf.org/external/np/pdr/prsp/fre/poverty1.htm, consulté le 16 mars 2018.

[79] FOSTER James, LOPEZ-CALVA Luis and SZEKELY Miguel, "Measuring the Distribution of Human Development: methodology and an application to Mexico, *Journal of Human Development and Capabilities*, vol. 6, issue 1, 2005, pp. 5–25.

[80] GROSSMAN Gene M. and HELPMAN Elhanan, "Quality Ladders in the Theory of Growth", *The Review of Economic Studies*, vol. 58, n° 1, Jan. 1991, pp. 43–61.

[81] GIAVAZZI F. et PAGANO M., "Can Severe Fiscal Contractions Be Expansionary? Tales of Two Small European Countries" in Blanchard O. J. and Fischer S. (eds.), *NBER Macroeconomics Annual*, 1990, pp. 75–111, Cambridge, Mass. and London, MIT Press.

[82] GIORDANO R., MOMIGLIANO S., NERI S. et PEROTTI R., "The Effects on the Economy of Shocks to Different Government Expenditures Items: Estimates with a SVAR Model", *European Journal of Political Economy*, 23(3), 2007, 707–733.

[83] GNAMOY E. B. B., « La politique budgétaire et la lutte contre la pauvreté en Côte d'Ivoire », Université d'Abomey-Calavi - Maîtrise en sciences économique, 2004. Url : https://www.memoireonline.com/02/10/3184/m_La-politique-budgetaire-et-la-lutte-contre-la-pauvrete-en-Cte-dIvoire4.html, consulté le 18 mars 2018.

[84] ESPING-ANDERSEN Gosta, PALIER Bruno, *Trois leçons sur l'État-providence*, Seuil, coll. « La république des idées », 2008, 134 p., EAN: 9782020970983.

[85] GRANGER C.W., "Investigating Causal Relations by Econometric Models and Cross-Spectral Methods", *Econometrica*, 37, 1969, pp. 424–438.

[86] GROSH M., DEL NINNO C., TESLIUC E. & Ouerghi A. "For Protection & Promotion: the Design and Implementation of Effective Safety Nets", Washington D. C., The International Bank for Reconstruction and Development/The World Bank, 2008.

[87] GUICHARD S., KENNEDY M., WURZEL E. and ANDRÉ Ch., "What Promotes Fiscal Consolidation: OECD Country Experiences", *OECD Economics Department Working Papers*, n° 553, OECD, 2007.

[88] GUILLAUMONT P., *Économie du développement*", Themis, Paris, PUF, 1985.

[89] GUILLAUMONT P., *Croissance et ajustement : les problèmes de l'Afrique de l'Ouest*, Paris, Economica, 1985.

[90] HAAVELMO T., "Multipliers Effects of a Balanced Budget", *Econometrica*, vol. 13, octobre 1945, p. 311–318.

[91] HADDAR M., « Méthodologie de la recherche doctorale en économie », Éditions des archives contemporaines, Agence universitaire de la francophonie, 2010, 115 p.

[92] HANUSHEK E. et KIMKO D., "Schooling, Labor-Force Quality, and the Growth of Nations", *The American Economic Review*, vol. 90, n° 5, 2000, pp. 1184–1208.

[93] HATTON Timothy J. and BAILEY Roy E., "Seebohm Rowntree and the Postwar *Poverty Puzzle*", *The Economic History Review*, New Series, vol. 53, n° 3 (Aug.), 2000, pp. 517–543.

[94] HEMERIJCK Anton, "Joining Forces for Social Europe. Reasserting the Lisbon Imperative of 'Double Engagement' and More", Lecture to the Conference "Joining Forces for a Social

Europe", organised under the German Presidency of the European Union, Nuremburg, 8–9, February 2007.
[95] INSTAT, « Consommation, pauvreté, bien-être des ménages », 2013, rapport final, EMOP (2011–2012).
[96] ———, « Éducation et Alphabétisation, conditions de vie de la population et dépenses de consommation des ménages », 2013, rapport final, EMOP (2013–2014), septembre.
[97] ———, « Accessibilité aux soins de santé, mobilité, vie politique et associative, dépenses de consommation des ménages », 2014, rapport final, EMOP (2013–2014), janvier.
[98] ———, « Consommation, pauvreté, bien-être des ménages », 2015, rapport final, EMOP (2014–2015), mai.
[99] ______, « Consommation, pauvreté, bien-être des ménages », 2019, rapport final, EMOP (2018–2018), juin.
[100] DANIEL James, DAVIS Jeffrey, FOUAD Manal et VAN RIJCKEGHEM Caroline (2006), « L'ajustement budgétaire comme instrument de stabilité et de croissance », Fonds monétaire international, *Série des brochures n° 55-F,* 2006, 88 p.
[101] DIJOHN Jonthan, « Conceptualisation des causes et des conséquences des états défaillants : analyse critique de la documentation », *Working Paper n° 25, Crisis States Working Papers Series n° 2*, Crisis States Research Centre, janvier 2008, 67 p.
[102] DJIMA Moustapha M. et VODOUNOU COSME Z., « État des lieux de l'analyse de la pauvreté au Benin de 1990 à 2000 ». Url : https://www.afristat.org/wp-content/uploads/Synthese_Etudes-Pauvrete-Benin.pdf, consulté le 10 novembre 2018.
[103] JAYARAMAN Rajshri and CHAKRABORTY Tanika, "School Feeding and Learning Achievement: Evidence from Indiaâ€™s Midday Meal Program", *Working Papers id:11269*, Social Sciences, 2016, disponible : http://ftp.iza.org/dp10086.pdf, consulté le 17 novembre 2018.
[104] JENSON Jane, "Politiques publiques et investissement social : quelles conséquences pour la citoyenneté sociale des femmes ?" L'Harmattan, « Cahiers du Genre » 2011/3 HS n° 2, 2011, pp. 21–43.
[105] JENSON J., SAINT-MARTIN D., "Building Blocks for a New Social Architecture: the LEGOTM Paradigm of an Active Society", *Policy & Politics*, vol. 34, n° 3, 2006.

[106] JOHANSEN S., "Statistical Analysis of Cointegration Vectors," *Journal of Economic Dynamics and Control*, vol. 12, n° 2–3, 1988, pp. 231–254.

[107] JOHANSEN S. et JUSELIUS K. (1990), "Maximum Likelihood Estimation and Inference on Cointegration - with Appucations to the Demand for Money" *Oxford Bulletin of Economics and Statistics*, 52,2.

[108] JONES Randall S., "Income Inequality, Poverty and Social Spending in Japan", OECD, 2007, 41 p.

[109]

[110] KAKWANI N. et PERNIA E., "What Is Pro-Poor Growth?" *Asian Development Review*, 18, 2001, pp. 1-16

[111] KEHO Y., « La dimension sociale du développement durable en Côte d'Ivoire : le rôle de la croissance et des dépenses sociales », PED n°°01/2008, Cellule d'analyse de politiques économiques du CIRES, 2008, p. 24.

[112] KEYNES John Maynard, *Théorie générale de l'emploi, de l'intérêt et de la monnaie*, traduit de l'anglais par Jean de Largentaye (1942) Livres IV, V et VI, 1936.

[113] KLASEN Stephan et FRANCESCA Lamanna, "The Impact of Gender Inequality in Education and Employment on Economic Growth: New Evidence for a Panel of Countries", *Feminist Economics*, 15(3), July 2009, 91–132, disponible : http://chicagopolicyreview.org/wp-content/uploads/2014/09/Gender-and-Economic-Growth.pdf, consulté le 14 février 2018.

[114] KOEN V. and VAN DEN NOORD P. "Fiscal Gimmickry in Europe: One-Off Measures and Creative Accounting", *OECD Economics Department Working Papers*, n° 417, 2005.

[115] KORMENDI Roger and MEGUIRE Philip, "Macroeconomic Determinants of Growth: Cross-Country Evidence", *Journal of Monetary Economics*, vol. 16, issue 2, 1985, pp. 141–163.

[116] LACHAUD J.-P., « La mesure de la croissance pro-pauvres en Afrique : espace de l'utilité ou des capacités ? », Analyse comparative appliquée au Burkina Faso, Document de travail 122, Centre d'économie du développement de l'Université Montesquieu–Bordeaux-IV, 2006.

[117] LANDAU D., "Government and Economic Growth in the Less Developed Countries: an Empirical Study for 1960-1980",

Economic Development and Cultural Change, vol. 35, issue 1, 1986, pp. 35–75.

[118] LALLEMENT J. « Les économistes et les pauvres : de Smith à Walras », *Alternatives économiques*, « L'Économie politique », 2012/3 n° 55, pp. 43–66.

[119] LANJOUW Peter and RAVALLION Martin, "Benefit Incidence, Public Spending Reforms, and the Tuning of Program Capture" *The World Bank Economic Review 13*, 1999, 257–273.

[120] LANJOUW P., PRADHAN M., SAADAH F., et al., "Poverty, Education and Health in Indonesia: Who Benefits from Public Spending?", World Bank, *Working Paper WPs2739*, 2001.

[121] LEWIS W. Arthur, "Economic Development with Unlimited Supplies of Labor," Manchester School of Economic and Social Studies, vol. 22, 1954, pp. 139–191.

[122] LIPTON M. et RAVALLION M., *Poverty and Policy*, Handbook of Development Economics, in: Hollis Chenery & T. N. Srinivasan (eds), Elsevier, Handbook of Development Economics, edition 1, volume 3, chapter 41, 1995, pages 2551-2657.

[123] LUCAS R. E., "On the Mechanics of Economic Development", *Journal of Monetary Economics*, vol. 21, 1988, pp. 3–32.

[124] LUMSDAINE R. L. and PAPELL D. H., "Multiple Trend Breaks and the Unit-Root Hypothesis", *Review of Economics and Statistics*, 79, 1997, 212–218.

[125] MACKINNON J., "Critical Values for Cointegration Tests", in Engle R. and Granger C. (eds), Long Run Economic Relationships, Oxford University Press, Oxford, 1991, pp. 267–276.

[126] MASSIMILIANO Marcellino, « Les principaux indicateurs du Handbook of Economic Forecasting », Elsevier, vol. 1, chap. 16, 2006, pp. 879–960.

[127] MAUREL Françoise, « Modèles à correction d'erreurs : l'apport de la théorie de la Cointégration », in *Économie & Prévision*, n°°88-89, 1989-2-3, Études du comportement des entreprises, 1989, pp. 105–125.

[128] MAZUMDAR K., "An Analysis of Causal Flow Between Social Development and Economic Growth: the Social Development Index", *The American Journal of Economics and Sociology*, 1996.

[129] MAZUMDAR K., "Level of Development of a Country: a Possible New Approach", Social Indicators Research, 38, 1996, 245–274.

[130] MEERMAN Jacob, "Public Expenditure in Malaysia: Who Benefits and Why?" New York: Oxford University Press, 1979.

[131] MEHMOOD, R. et SADIQ, S., "The Relationship between Government Expenditure and Poverty: a Cointegration Analysis", *Romanian Journal of Fiscal Policy*, vol. 1, issue 1, July-December 2010, pp. 29–37.

[132] MESPLÉ-SOMPS Sandrine, « Les dépenses publiques en matière de développement social », Paris, DIAL, 1991, 10 p. multigr., disponible : https://horizon.documentation.ird.fr/exl-doc/pleins_textes/divers17-07/010058089.pdf, consulté le 18 février 2018.

[133] MONCHUK Victoria, "The New Role of Safety Nets in Africa for Poverty Reducation and Investing in the Poor: Experiences from 22 Countries", Banque mondiale, Washington, D. C, 2013.

[134] MORENO-TORRES M. et ANDERSON M., "Fragile States: Defining Difficult Environments for Poverty Reduction", *PRDE Working Paper*, 1, 2004.

[135] MORRISSON C., « Santé, éducation et réduction de la pauvreté », *Cahier de politique économique n°°19* du Centre de développement de l'OCDE, 2002.

[136] NAFO F. T., EL ABASSI A. et MAÏGA Z., « La réforme du secteur santé au Mali 1989–1996 », Studies in Health Services Organisation & Policy, 12, 1999, 134 p.

[137] NASCHOLD F., "Why Inequality Matters for Poverty", *Inequality Briefing, Briefing Paper n° 2*, Overseas Development Institute, London, 2002, disponible : http://gsdrc.org/docs/open/se5.pdf, consulté le 10 février 2018.

[138] NASSER Ary Tanimoune, COMBES Jean-Louis, PLANE Patrick, "Les effets non linéaires de la politique budgétaire : le cas de l'Union économique et monétaire ouest-africaine", *Working Papers 200520*, CERDI, 2005.

[139] NÉTANGE H., « L'alphabétisation des adultes : le cadre international », *Revue internationale d'éducation de Sèvres*, n° 57, 2011, pp. 12–15.

[140] NEWMAN B. et THOMSON R., "Economic Growth and Social Development: a Longitudinal Analysis of Causal Priority", World Development, vol. 17, n° 4, 1989, pp. 461–471.

[141] NGANDU S., GARCIA A. F. and ARNDT C., "The Economic Influence of Infrastructural Expenditure in South Africa: a Multiplier and Structural Path Analysis, Development Policy Research Unit, Employment Promotion Programme and Trade & Industrial Policy Strategies Conference, Date: 27–29 October 2010.

[142] NIANG B. B., « Les dépenses publiques d'éducation sont-elles pro-pauvres ? Analyse et application au cas du Sénégal », CORNELL/CREA/Ministère de l'Éducation du Sénégal, Conférence régionale sur l'éducation en Afrique de l'Ouest 01–02 novembre 2005 à Dakar, Laboratoire de « Politiques économiques et Modélisation ».

[143] Note technique, « Calcul de l'indice de développement humain », in *Rapport sur le développement Humain*, 2011. Url : https://ise.unige.ch/isdd/IMG/pdf/HDR_2011_FR_TechNotes.pdf, consulté le 14 février 2018.

[144] NUBUKPO K., « Dépenses publiques et croissance des économies de l'UEMOA », CIRAD, Monpellier (France), 2003, pp. 1–28.

[145] ODUSOLA A., « Politique budgétaire, redistribution et inégalité en Afrique », Inégalités de revenus en Afrique subsaharienne : tendances divergentes, déterminants et conséquences, pp. 165–189. Url : https://www.undp.org/content/dam/rba/docs/Reports/undp-rba_Income%20Inequality%20in%20SSA_Fre_Chapter%207.pdf, consulté le 25 août 2018.

[146] OULMAKKI O. et KHELLAF A., (2016) « Politiques publiques de développement versus croissance pro-pauvres au Maroc : une exploration empirique en équilibre général calculable ». Url : http://lead.univ-tln.fr/fichiers/Paper%20JS2016/26-04_OULMAKKI%20&%20KHELLAF.pdf, consulté le 14 mars 2018

[147] PERRON P., "Trends and Random Walk in Macroeconomic Time Series: Further Evidence from a New Approach", *Journal of Economic Dynamics and Control*, 12, 1988, pp. 297–332.

[148] PERRON P., « Racines unitaires en macroéconomie : le cas d'une variable » in *Macroéconomie : développements récents*, Malgrange P. et Salvas-Bronsard L. (eds), Economica, 1993, pp. 327–358.

[149] PERRON P., "Further Evidence on Breaking Trend Functions in Macroeconomic Variables", *Journal of Econometrics*, 80, 1997, pp. 355–385

[150] PESARAN M. H. et SHIN Y., "An Autoregressive Distributed Lag Modelling Approach to Cointegration Analysis", *Cambridge Working Papers in Economics 9514*, Faculty of Economics, University of Cambridge, 1995.

[151] PESARAN M. H. et SHIN Y., "An Autoregressive Distributed-Lag Modelling Approach to Cointegration Analysis", Econometrics and Economic Theory in the 20th Century: the Ragnar Frisch Centennial Symposium, vol. 31, 1998, pp. 371–413, disponible : http://dx.doi.org/10.1017/CCOL0521633230.011 consulté le 17 mai 2018.

[152] PHANEUF Louis et WASMER Étienne, « Une étude économétrique de l'impact des dépenses publiques et des prélèvements fiscaux sur l'activité économique au Québec et au Canada ». CIRANO, Montréal, (Octobre) 2005.

[153] PIKETTY T., *Capital in the Twenty-First Century*, Cambridge: the Belknap Press of Harvard University Press, 2014.

[154] PNUD, Rapport mondial sur le développement humain 1991 consultable, 1991 sur : http://hdr.undp.org/sites/default/files/hdr_1991_fr_complet_nostats.pdf, consulté le 17 novembre 2018.

[155] Politique budgétaire dans le monde politique. Url : https://www.lemondepolitique.fr/cours/introduction-economie/politiques-economiques/politique-budgetaire.html#:~:text=La%20politique%20budg%C3%A9taire%20est%20financ%C3%A9e,accroissement%20des%20taux%20d'int%C3%A9r%C3%AAts, consulté le 17 novembre 2018.

[156] PRITCHETT L. et SUMMERS L., "Wealthier is Healthier", *The Journal of Human Resources*, vol. 31, n° 4, 1996, pp. 841–868.

[157] PUTNAM R., *Making Democracy Work: Civic Traditions in Modern Italy*, Princeton, NJ: Princeton University Press, 1993.

[158] RAMEY A. et MATTHEW D. Shapiro, "Costly Capital Reallocation and the Effects of Government Spending", Carnegie-Rochester Conference Series on Public Policy, North-Holland, 48, 1998, 145–194.

[159] RASOAZANATODY N. A., « Politique budgétaire et réduction de la pauvreté », Mémoire de diplôme d'études approfondies, Université d'Antananarivo, 2008.

[160] RAVALLION M., "Growth, Inequality and Poverty: Looking Beyond Averages", *World Development* 29(11), 2001, 1803–1815.

[161] RAVALLION M. and CHEN S. (2003), "Measuring Pro-Poor Growth", *Economic Letters*, vol. 78(1), pp. 3–99.

[162] Research Working Paper 6340 January, 57 pages. Disponible : https://openknowledge.worldbank.org/bitstream/handle/10986/13127/wps6340.pdf?sequence=1, consulté le 17 novembre 2018.

[163] RICCARDO F., « Développement, commerce international et migrations », De Boeck Supérieur, *Revue d'économie du développement*, 2002/1, vol. 10, pp. 85–116.

[164] PEROTTI Roberto, "Estimating the Effects of Fiscal Policy in OECD Countries," *Working Papers 276*, IGIER (Innocenzo Gasparini Institute for Economic Research), Bocconi University, 2004.

[165] ROMER P., "Increasing Returns and Long-Run Growth", *Journal of Political Economy*, 94(5), 1986, 1002–1037.

[166] ROMER Christina D. and David H. Romer, "Does Monetary Policy Matter? A New Test in the Spirit of Friedman and Schwartz", in *NBER Macroeconomics Annual*, 1989.

[167] ROMER Christina D. and ROMER David H., "A Narrative Analysis of Postwar Tax Changes", Senate Reports, U.S Congress, Various numbers, 2009, disponible: http:// www.aeaweb.org//articles.php?doi=10.1257/aer.100.3.763, consulté le 13 fevrier 2019.

[168] ROMER C. and ROMER D., "The Macroeconomic Effects of Tax Changes: Estimates Based on a New Measure of Fiscal Shocks", *In American Economic Review* (100), June 2010, pp. 763–801.

[169] ROTBERG Robert I., "The New Nature of Nation-State Failure", The Center for Strategic and International Studies and the Massachusetts Institute of Technology the Washington Quarterly, 25:3, 2002, pp. 85–96.

[170] ROTEMBERG J. J. and WOODFORD M., (1992), "Oligopolistic pricing and the effects of aggregate demand on economic activity", *Journal of Political Economy 100*, 1153–1207.

[171] SAAVEDRA Juan and GARCIA Sandra, « Educational Impacts and Cost-Effectiveness of Conditional Cash Transfer Programs in Developing Countries: a Meta-Analysis », *CESR Working Paper n° 2013-007*, January 1, 2013, available at SSRN: https://ssrn.com/abstract=2333946 or http://dx.doi.org/10.2139/ssrn.2333946 SSRN-id2333946.pdf, consulté le 13 février 2019.

[172] SAVARD L. et ADJOVI É., « Externalités de la santé et de l'éducation et bien-être : un MEGC appliqué au Bénin », *L'Actualité économique*, 74 (3), 1998, 523–560.

[173] SELOWSKY Marcelo, "Ho Benefits from Government Expenditure?" NewYork: Oxford University Press, 1979.

[174] SINGH S., INAMDAR S., and SCOTT D., « Comparison of Two PARAFAC Models of Dissolved Organic Matter Fluorescence for a Mid-Atlantic Forested Watershed in the USA ». *Journal of Ecosystems*, 2013, DOI: 10.1155/2013/532424, disponible : http://downloads.hindawi.com/archive/2013/532424.pdf , consulté le 14 février 2018.

[175] SLOMAN John et WRIDE Alison, *Principes d'économie*, 7e édition, 780 p., 2011.

[176] SMETS F. et WOUTERS R., "Shocks and Frictions in US Business Cycles: a Bayesian DSGE Approach", *American Economic Review*, vol. 97, n° 3, 2007, 586–606.

[177] SPILIMBERGO A., SYMANSKY S. and SCHINDLER M., "Fiscal Multipliers". IMF staff position note SPN/09/11, 2009. Disponible sur le Url: http://www.imf.org/external/pubs/ft/spn/2009/spn0911.pdf, consulté le 18 mars 2018.

[178] SUSO Emmanuelle, « Analyse de la place accordée à l'alphabétisation dans les documents stratégiques de réduction de la pauvreté », Éducation pour tous et alphabétisation, numéros, EAD 66, 2006. Url : https://www.dvv-international.de/fr/education-des-adultes-et-developpement/numeros/ead-662006/education-pour-tous-et-alphbetisation/analyse-de-la-place-accordee-a-lalphabetisation-dans-les-documents-strategiques-de-reduction-de-la-pauvrete/, consulté le 19 mars 2018.

[179] Unesco, « Réduire la pauvreté dans le monde à travers l'enseignement primaire et secondaire universel », *op. cit.*, 2017, pp. 13–15.

[180] WHITE H. and ANDERSON E., "Growth vs Redistribution: Does the Pattern of Growth Matter?", *Development Policy Review*, vol. 19(3), 2001, 167–289.

[181] ZIVOT A., ANDREWS D. W. K., "Further Evidence on the Great Crash, the Oil Price Shock and the Unit Root Hypothesis", *Journal of Business and Economic Statistics*, 10(3), 1992, p. 251–270.

ANNEXES

A1. Principales statistiques descriptives des variables d'analyse

Total pibh dped dpsa dpso fbcf lnpibh lndped lndpsa lndpso lnfbcf

Total estimation Number of obs = 46

	Total	Std. Err.	[95% Conf. Interval]	
pibh	24377.14	787.651	22790.73	25963.55
dped	145.9065	3.720317	138.4134	153.3996
dpsa	278.5927	5.672061	267.1686	290.0168
dpso	424.4992	8.362954	407.6554	441.3431
fbcf	806.9602	18.78173	769.1319	844.7886
lnpibh	287.4597	1.494862	284.4489	290.4705
lndped	52.37889	1.233731	49.89402	54.86375
lndpsa	2.40608	.9622265	80.46805	84.3441
lndpso	101.804	.9375111	99.91573	103.6922
lnfbcf	131.1996	1.090997	129.0022	133.3969

summarize pibh dped dpsa dpso fbcf lnpibh lndped lndpsa lndpso lnfbcf

Variable	Obs	Mean	Std. Dev.	Min	Max
pibh	46	529.9377	116.1328	354.8077	726.248
dped	46	3.171881	.5485308	2.22939	3.87067
dpsa	46	6.056363	.8362998	5.027502	7.563838
dpso	46	9.228244	1.23305	7.464442	10.73284
fbcf	46	17.54261	2.769216	12.06718	23.14606

lnpibh	46	6.249123	.2204054	5.871576	6.587892
lndped	46	1.138671	.1819038	.801728	1.353428
lndpsa	46	1.791436	.1418726	1.614923	2.023379
lndpso	46	2.21313	.1382285	2.010151	2.373308
lnfbcf	46	2.852164	.1608587	2.490489	3.141825

correlate lnpibh lndped lndpsa lndpso lnfbcf lnrnbh
(obs=46)

	lnpibh	lndped	lndpsa	lndpso	lnfbcf	lnrnbh
lnpibh	1.0000					
lndped	0.5386	1.0000				
lndpsa	0.8284	0.5704	1.0000			
lndpso	0.7891	0.8272	0.9326	1.0000		
lnfbcf	0.6182	0.3705	0.7102	0.6430	1.0000	
lnrnbh	0.9370	0.3832	0.7984	0.6996	0.6259	1.0000

mvtest means lnpibh lndped lndpsa lndpso lnfbcf

Test that all means are the same

Hotelling T2 = 2.78e+06

Hotelling F(4,42) = 647559.59

Prob > F = 0.0000

Test that covariance matrix is diagonal

Adjusted LR chi2(10) = 422.06

Prob > chi2 = 0.0000

Test for multivariate normality

Doornik-Hansen chi2(10) = 26.649 Prob>chi2 = 0.0030

A2. Résultats des tests de Dickey et Fuller, de Philipp-Perron
A2.1. Test de Dickey-Fuller

dfuller lnpibh, regress lags (1)
Augmented Dickey-Fuller test for unit root Number of obs =44

	Test Statistic	1% Critical Value	5% Critical Value	10% Critical Value
		Interpolated Dickey-Fuller		
Z(t)	-0.828	-3.621	-2.947	-2.607

MacKinnon approximate p-value for Z(t) = 0.8107

D.lnpibh	Coef.	Std. Err.	t	P>|t|	[95% Conf. Interval]	
lnpibh						
L1.	-.0303514	.0366409	-0.83	0.412	-.1043491	.0436463
LD.	-.1632613	.1532475	-1.07	0.293	-.472751	.1462284
_cons	.207879	.2289155	0.91	0.369	-.2544252	.6701831

dfuller lndped, regress lags(1)
Augmented Dickey-Fuller test for unit root Number of obs = 44

	Test Statistic	1% Critical Value	5% Critical Value	10% Critical Value
		Interpolated Dickey-Fuller		
Z(t)	-1.091	-3.621	-2.947	-2.607

MacKinnon approximate p-value for Z(t) = 0.7186

D.lndped	Coef.	Std. Err.	t	P>|t|	[95% Conf. Interval]	
lndped						
L1.	-.0903339	.0827935	-1.09	0.282	-.2575388	.076871
LD.	-.3602148	.1471336	-2.45	0.019	-.6573572	-.0630725
_cons	.1047234	.0947535	1.11	0.276	-.0866351	.2960818

```
.dfuller lndpsa, regress lags(1)
Augmented Dickey-Fuller test for unit root      Number of obs =44
                    ---------- Interpolated Dickey-Fuller ---------
              Test       1% Critical     5% Critical   10% Critical
            Statistic       Value            Value          Value
------------------------------------------------------------------------------
Z(t)        -1.533        -3.621           -2.947          -2.607
------------------------------------------------------------------------------
MacKinnon approximate p-value for Z(t) = 0.5172
------------------------------------------------------------------------------
   D.lndpsa | Coef.       Std. Err.      t      P>|t|    [95% Conf. Interval]
------------+-----------------------------------------------------------------
     lndpsa |
        L1. | -.1147741  .0748747   -1.53   0.133  -.2659866  .0364384
        LD. | -.1163679  .1537711   -0.76   0.454  -.4269149  .1941791
            |
      _cons |  .2136131  .1343443    1.59   0.120  -.0577006  .4849268
------------------------------------------------------------------------------
```

A2.2. Tests de PP

```
. pperron lnpibh, lags(1) regress
Phillips-Perron test for unit root             Number of obs    =    45
                                               Newey-West lags  =     1
                    ---------- Interpolated Dickey-Fuller ---------
              Test       1% Critical     5% Critical   10% Critical
            Statistic       Value            Value          Value
------------------------------------------------------------------------------
Z(rho)      -1.193        -18.560          -13.140         -10.600
Z(t)        -0.824        -3.614           -2.944          -2.606
------------------------------------------------------------------------------
MacKinnon approximate p-value for Z(t) = 0.8120
------------------------------------------------------------------------------
     lnpibh | Coef.       Std. Err.      t      P>|t|    [95% Conf. Interval]
------------+-----------------------------------------------------------------
     lnpibh |
        L1. | .9692064  .0350284  27.67   0.000    .8985649    1.039848
            |
      _cons | .2077636  .218762    0.95   0.348   -.2334121    .6489392
------------------------------------------------------------------------------
```

Phillips-Perron test for unit root Number of obs = 45
Newey-West lags = 1

	Test Statistic	1% Critical Value	5% Critical Value	10% Critical Value
		Interpolated Dickey-Fuller		
Z(rho)	-4.746	-18.560	-13.140	-10.600
Z(t)	-1.518	-3.614	-2.944	-2.606

MacKinnon approximate p-value for Z(t) = 0.5247

lndped	Coef.	Std. Err.	t	P>|t|	[95% Conf. Interval]	
lndped						
L1.	.8505274	.0823569	10.33	0.000	.684439	1.016616
_cons	.171271	.0946143	1.81	0.077	-.019537	.362079

. pperron lndpsa, lags(1) regress
Phillips-Perron test for unit root Number of obs = 45
Newey-West lags = 1

	Test Statistic	1% Critical Value	5% Critical Value	10% Critical Value
		Interpolated Dickey-Fuller		
Z(rho)	-4.962	-18.560	-13.140	-10.600
Z(t)	-1.652	-3.614	-2.944	-2.606

MacKinnon approximate p-value for Z(t) = 0.4559

lndpsa	Coef.	Std. Err.	t	P>|t|	[95% Conf. Interval]	
lndpsa						
L1.	.878026	.0705531	12.44	0.000	.7357422	1.02031
_cons	.2250571	.1265686	1.78	0.082	-.0301928	.4803071

. pperron lndpso, lags(1) regress

Phillips-Perron test for unit root **Number of obs = 45**

Newey-West lags = 1

	Test Statistic	1% Critical Value	5% Critical Value	10% Critical Value
		Interpolated Dickey-Fuller		
Z(rho)	-3.029	-18.560	-13.140	-10.600
Z(t)	-1.140	-3.614	-2.944	-2.606

MacKinnon approximate p-value for Z(t) = 0.6988

lndpso	Coef.	Std. Err.	t	P>|t|	[95% Conf. Interval]	
lndpso						
L1.	.9243972	.0620539	14.90	0.000	.7992536	1.049541
_cons	.1719898	.1373904	1.25	0.217	-.1050844	.4490641

. pperron lnfbcf, lags(1) regress

Phillips-Perron test for unit root **Number of obs = 45**

Newey-West lags = 1

	Test Statistic	1% Critical Value	5% Critical Value	10% Critical Value
		Interpolated Dickey-Fuller		
Z(rho)	-10.047	-18.560	-13.140	-10.600
Z(t)	-2.568	-3.614	-2.944	-2.606

MacKinnon approximate p-value for Z(t) = 0.0999

lnfbcf	Coef.	Std. Err.	t	P>|t|	[95% Conf. Interval]	
lnfbcf						
L1.	.7629457	.0904498	8.44	0.000	.5805362	.9453552
_cons	.6820439	.2584086	2.64	0.012	.1609132	1.203175

. pperron lnidh, lags(1) regress

Phillips-Perron test for unit root **Number of obs = 45**

Newey-West lags = 1

	Test Statistic	1% Critical Value	5% Critical Value	10% Critical Value
		---------- Interpolated Dickey-Fuller ---------		
Z(rho)	-0.355	-18.560	-13.140	-10.600
Z(t)	-0.312	-3.614	-2.944	-2.606

MacKinnon approximate p-valu e for Z(t) = 0.9239

lnidh	Coef.	Std. Err.	t	P>|t|	[95% Conf. Interval]	
lnidh						
L1.	.990541	.0266087	37.23	0.000	.9368794	1.044203
_cons	.0125251	.038734	0.32	0.748	-.0655896	.0906398

pperron lnvdsrp, lags(1) regress

Phillips-Perron test for unit root **Number of obs = 14**

Newey-West lags = 1

	Test Statistic	1% Critical Value	5% Critical Value	10% Critical Value
		---------- Interpolated Dickey-Fuller -----------		
Z(rho)	.	-17.200	-12.500	-10.200
Z(t)	.	-3.750	-3.000	-2.630

MacKinnon approximate p-value for Z(t) = 1.0000

lnvdsrp	Coef.	Std. Err.	t	P>|t|	[95% Conf. Interval]
lnvdsrp					
L1.	0	(omitted)			
_cons	0	(omitted)			

```
. pperron lntninf, lags(1) regress
Phillips-Perron test for unit root          Number of obs     =     45
                                            Newey-West lags =      1
                         ---------- Interpolated Dickey-Fuller -----------
              Test        1% Critical      5% Critical     10% Critical
            Statistic        Value            Value            Value
--------------------------------------------------------------------------
 Z(rho)     0.985          -18.560          -13.140          -10.600
 Z(t)       3.360           -3.614           -2.944           -2.606
--------------------------------------------------------------------------
MacKinnon approximate p-value for Z(t) = 1.0000
------------------------------------------------------------------------------
     lntninf |  Coef.     Std. Err.     t      P>|t|   [95% Conf. Interval]
-------------+----------------------------------------------------------------
     lntninf |
         L1. | 1.02233   .0046753  218.67  0.000   1.012901  1.031759
             |
       _cons | -.1501641 .0256669  -5.85   0.000  -.2019263  -.098402
------------------------------------------------------------------------------
pperron lnespvn, lags(1) regress
Phillips-Perron test for unit root          Number of obs     =     45
                                            Newey-West lags =      1
                         ---------- Interpolated Dickey-Fuller -----------
              Test        1% Critical      5% Critical     10% Critical
            Statistic        Value            Value            Value
--------------------------------------------------------------------------
 Z(rho)    -1.137          -18.560          -13.140          -10.600
 Z(t)      -4.094           -3.614           -2.944           -2.606
--------------------------------------------------------------------------
MacKinnon approximate p-value for Z(t) = 0.0010
------------------------------------------------------------------------------
     lnespvn |  Coef.     Std. Err.     t      P>|t|   [95% Conf. Interval]
-------------+----------------------------------------------------------------
     lnespvn |
         L1. | .9751259  .0044102  221.11  0.000   .9662318   .98402
             |
       _cons .1073621  .0167915    6.39   0.000   .0734987  .1412255
------------------------------------------------------------------------------
```

```
. pperron lnreeprim, lags(1) regress
Phillips-Perron test for unit root          Number of obs    =    45
                                            Newey-West lags  =     1
                   ---------- Interpolated Dickey-Fuller -----------
            Test       1% Critical     5% Critical    10% Critical
          Statistic       Value           Value           Value
------------------------------------------------------------------------
 Z(rho)    -2.957        -18.560         -13.140         -10.600
 Z(t)      -1.248         -3.614          -2.944          -2.606
------------------------------------------------------------------------
MacKinnon approximate p-value for Z(t) = 0.6528
------------------------------------------------------------------------
  lnreeprim | Coef.     Std. Err.     t     P>|t|  [95% Conf. Interval]
------------+-----------------------------------------------------------
  lnreeprim |
        L1. | .9477745 .0466193  20.33  0.000  .8537576 1.041791
            |
      _cons | .2035938 .1807606   1.13  0.266  -.1609446 .5681322
------------------------------------------------------------------------
. pperron lnrnbh, lags(1) regress
Phillips-Perron test for unit root          Number of obs    =    45
                                            Newey-West lags=       1
                   ---------- Interpolated Dickey-Fuller -----------
            Test       1% Critical     5% Critical    10% Critical
          Statistic       Value           Value           Value
------------------------------------------------------------------------
 Z(rho)    -2.278        -18.560         -13.140         -10.600
 Z(t)      -1.897         -3.614          -2.944          -2.606
------------------------------------------------------------------------
MacKinnon approximate p-value for Z(t) = 0.3337
------------------------------------------------------------------------
     lnrnbh | Coef.     Std. Err.     t     P>|t|   [95% Conf. Interval]
------------+-----------------------------------------------------------
     lnrnbh |
        L1. | .9547872 .0215522  44.30  0.000   .9113231   .9982513
            |
      _cons |.3087967 .1210848   2.55   0.014   .064606    .5529874
------------------------------------------------------------------------
```

A3. Cointégration

vecrank lndped lndpsa lndpso lnfbcf lnidh lntninf lnespvn lnreeprim lnrnbh, trend(constant)

Johansen tests for cointegration

Trend: constant **Number of obs = 44**

Sample: 1972 - 2015 **Lags = 2**

maximum rank	parms	LL	eigenvalue	trace statistic	5% critical value
0	90	1043.1447	.	362.3830	192.89
1	107	1117.6208	0.96613	213.4308	156.00
2	122	1144.9436	0.71118	158.7853	124.24
3	135	1168.6173	0.65907	111.4379	94.15
4	146	1187.9468	0.58464	72.7789	68.52
5	155	1203.7093	0.51153	41.2539*	47.21
6	162	1213.3173	0.35385	22.0378	29.68
7	167	1220.164	0.26744	8.3445	15.41
8	170	1223.4983	0.14064	1.6758	3.76
9	171	1224.3362	0.03737		

. vecrank lndped lndpsa lndpso lnfbcf lnidh lntninf lnespvn lnreeprim lnrnbh, trend(constant)

Johansen tests for cointegration

Trend: constant **Number of obs = 44**

Sample: 1972 - 2015 **Lags = 2**

maximum rank	parms	LL	eigenvalue	trace statistic	5% critical value
0	90	1043.1447	.	362.3830	192.89
1	107	1117.6208	0.96613	213.4308	156.00
2	122	1144.9436	0.71118	158.7853	124.24
3	135	1168.6173	0.65907	111.4379	94.15
4	146	1187.9468	0.58464	72.7789	68.52
5	155	1203.7093	0.51153	41.2539*	47.21
6	162	1213.3173	0.35385	22.0378	29.68
7	167	1220.164	0.26744	8.3445	15.41
8	170	1223.4983	0.14064	1.6758	3.76
9	171	1224.3362	0.03737		

vecrank lnpibh lndped lndpsa lndpso lnfbcf lnidh lntninf lnespvn lnreeprim lnrnbh, trend(constant)

Johansen tests for cointegration

Trend: constant **Number of obs = 44**

Sample: 1972 - 2015 **Lags = 2**

maximum rank	parms	LL	eigenvalue	trace statistic	5% critical value
0	110	1142.026	.	436.9901	233.13
1	129	1217.9511	0.96829	285.1399	192.89
2	146	1250.9253	0.77661	219.1915	156.00
3	161	1278.3912	0.71305	164.2597	124.24
4	174	1304.0665	0.68872	112.9091	94.15
5	185	1325.7243	0.62635	69.5934	68.52
6	194	1339.3461	0.46161	42.3499*	47.21
7	201	1348.737	0.34745	23.5681	29.68
8	206	1355.4596	0.26330	10.1229	15.41
9	209	1359.6354	0.17288	1.7713	3.76
10	210	1360.5211	0.03946		

A4. Principaux résultats des estimations du Modèle ECM

A4.1 Méthode de Hendry

. reg D.lnpibh D.lndped D.lndpsa D.lndpso D.lnfbcf D.lnrnbh L.lnpibh L.lndped L.lndpsa L.lndpso L.lnfbcf L.lnrnbh, robust

Linear regression

	Number of obs	=	**45**
	F(11, 33)	=	**5.93**
	Prob > F	=	**0.0000**
	R-squared	=	**0.5929**
	Root MSE	=	**.03702**

D.lnpibh	Coef.	Robust Std. Err.	t	P>|t|	[95% Conf.	Interval]
lndped D1.	.8836133	.645934	1.37	0.181	-.4305494	2.197776
lndpsa D1.	1.893236	1.432567	1.32	0.195	-1.021344	4.807815
lndpso D1.	-2.777417	1.977183	-1.40	0.169	-6.800027	1.245193
lnfbcf D1.	-.0067131	.0657371	-0.10	0.919	-.1404562	.1270301
lnrnbh D1.	.4053426	.0846805	4.79	0.000	.2330587	.5776264
lnpibh L1.	-.5193629	.123607	-4.20	0.000	-.7708433	-.2678824
lndped L1.	2.916646	.8235238	3.54	0.001	1.241174	4.592118
lndpsa L1.	6.066064	1.77403	3.42	0.002	2.456773	9.675356
lndpso L1.	-8.487324	2.49921	-3.40	0.002	-13.572	-3.402644
lnfbcf L1.	-.0770624	.0585675	-1.32	0.197	-.1962189	.0420941
lnrnbh L1.	.0787286	.0380193	2.07	0.046	.0013777	.1560794
_cons	7.611255	1.952984	3.90	0.000	3.637879	11.58463

dfuller lndpso, regress lags (1)
Augmented Dickey-Fuller test for unit root   Number of obs=44

	Test Statistic	1% Critical Value	5% Critical Value	10% Critical Value
		Interpolated Dickey-Fuller		
Z(t)	-1.014	-3.621	-2.947	-2.607

MacKinnon approximate p-value for Z(t) = 0.7483

D.lndpso	Coef.	Std. Err.	t	P>|t|	[95% Conf. Interval]	
lndpso						
L1.	-.0660181	.0651374	-1.01	0.317	-.1975659	.0655296
LD.	-.1097445	.156922	-0.70	0.488	-.4266549	.2071658
_cons	.1516299	.1441283	1.05	0.299	-.139443	.4427029

. dfuller lnfbcf, regress lags(1)
Augmented Dickey-Fuller test for unit root   Number of obs=44

	Test Statistic	1% Critical Value	5% Critical Value	10% Critical Value
		Interpolated Dickey-Fuller		
Z(t)	-2.224	-3.621	-2.947	-2.607

MacKinnon approximate p-value for Z(t) = 0.1976

D.lnfbcf	Coef.	Std. Err.	t	P>|t|	[95% Conf. Interval]	
lnfbcf						
L1.	-.2208005	.0992761	-2.22	0.032	-.4212926	-.0203084
LD.	-.094756	.1502211	-0.63	0.532	-.3981337	.2086217
_cons	.6362649	.2839334	2.24	0.031	.0628499	1.20968

dfuller lnidh, regress lags(1)
Augmented Dickey-Fuller test for unit root Number of obs=44

	Test Statistic	1% Critical Value	5% Critical Value	10% Critical Value
		---------- Interpolated Dickey-Fuller ---------		
Z(t)	-0.392	-3.621	-2.947	-2.607

MacKinnon approximate p-value for Z(t) = 0.9114

D.lnidh	Coef.	Std. Err.	t	P>|t|	[95% Conf. Interval]	
lnidh						
L1.	-.0110324	.0281532	-0.39	0.697	-.0678889	.0458242
LD.	-.101815	.1558459	-0.65	0.517	-.4165523	.2129223
_cons	.0136692	.0412813	0.33	0.742	-.0696999	.0970384

.dfuller lntninf, regress lags(1)
Augmented Dickey-Fuller test for unit root Number of obs=44

	Test Statistic	1% Critical Value	5% Critical Value	10% Critical Value
		---------- Interpolated Dickey-Fuller ---------		
Z(t)	-0.830	-3.621	-2.947	-2.607

MacKinnon approximate p-value for Z(t) = 0.8101

D.lntninf	Coef.	Std. Err.	t	P>|t|	[95% Conf. Interval]	
lntninf						
L1.	-.0015966	.0019232	-0.83	0.411	-.0054806	.0022874
LD.	.9790489	.0496346	19.73	0.000	.8788097	1.079288
_cons	.0076112	.0114257	0.67	0.509	-.0154636	.0306859

```
. dfuller lnespvn, regress lags(1)
Augmented Dickey-Fuller test for unit root    Number of obs=44

                ---------- Interpolated Dickey-Fuller -----------
          Test       1% Critical     5% Critical     10% Critical
        Statistic       Value           Value           Value
------------------------------------------------------------------
Z(t)     -0.847        -3.621          -2.947          -2.607
------------------------------------------------------------------
MacKinnon approximate p-value for Z(t) = 0.8049
------------------------------------------------------------------
  D.lnespvn |Coef.     Std. Err.     t     P>|t|  [95% Conf. Interval]
------------+----------------------------------------------------------
    lnespvn |
        L1. | -.0013976  .0016498  -0.85  0.402  -.0047294  .0019342
        LD. |  .9398884  .0413108  22.75  0.000   .8564597  1.023317
            |
      _cons |  .005808   .0066349   0.88  0.386  -.0075916  .0192075
------------------------------------------------------------------
```

A4.2. Méthode de PRAIS

```
prais D.lnpibh D.lndped D.lndpsa D.lndpso D.lnfbcf D.lnrnbh
L.lnpibh L.lndped L.lndpsa L.lndpso L.lnfbcf L.lnrnbh, robust
Iteration 0:  rho = 0.0000
Iteration 1:  rho = 0.0420
Iteration 2:  rho = 0.0674
Iteration 3:  rho = 0.0829
Iteration 4:  rho = 0.0925
Iteration 5:  rho = 0.0984
Iteration 6:  rho = 0.1021
Iteration 7:  rho = 0.1044
Iteration 8:  rho = 0.1059
Iteration 9:  rho = 0.1068
Iteration 10:  rho = 0.1073
Iteration 11:  rho = 0.1077
Iteration 12:  rho = 0.1079
Iteration 13:  rho = 0.1081
Iteration 14:  rho = 0.1081
Iteration 15:  rho = 0.1082
Iteration 16:  rho = 0.1082
Iteration 17:  rho = 0.1083
Iteration 18:  rho = 0.1083
Iteration 19:  rho = 0.1083
Iteration 20:  rho = 0.1083
Iteration 21:  rho = 0.1083
Iteration 22:  rho = 0.1083
Iteration 23:  rho = 0.1083
Iteration 24:  rho = 0.1083


Prais-Winsten AR(1) regression -- iterated estimates

Linear regression          Number of obs   =      45
                           F(11, 33)       =    6.17
                           Prob > F        =  0.0000
                           R-squared       =  0.6137
                           Root MSE        =  .03694
```

D.lnpibh	Coef.	Semirobust Std. Err.	t	P>|t|	[95% Conf.	Interval]
lndped						
D1.	.8686824	.6452816	1.35	0.187	-.4441528	2.181518
lndpsa						
D1.	1.836176	1.425257	1.29	0.207	-1.063531	4.735883
lndpso						
D1.	-2.699833	1.967339	-1.37	0.179	-6.702414	1.302749
lnfbcf						
D1.	-.0166321	.0665679	-0.25	0.804	-.1520656	.1188014
lnrnbh						
D1.	.4221693	.0825722	5.11	0.000	.2541748	.5901638
lnpibh						
L1.	-.5589009	.1240836	-4.50	0.000	-.8113508	-.306451
lndped						
L1.	2.973819	.8349733	3.56	0.001	1.275053	4.672585
lndpsa						
L1.	6.146101	1.798638	3.42	0.002	2.486746	9.805457
lndpso						
L1.	-8.615655	2.534422	-3.40	0.002	-13.77198	-3.459334
lnfbcf						
L1.	-.0772745	.0602313	-1.28	0.208	-.199816	.0452669
lnrnbh						
L1.	.0906167	.0389661	2.33	0.026	.0113395	.1698939
_cons	7.867133	1.963939	4.01	0.000	3.87147	11.8628
rho	**.1082891**					

```
Durbin-Watson statistic (original) 1.878914
Durbin-Watson statistic (transformed) 1.926105
. reg D.lnpibh D.lndped D.lndpsa D.lndpso D.lnfbcf D.lnrnbh
L.lnpibh L.lndped L.lndpsa L.lndpso L.lnfbcf L.l
> nrnbh vdsrp, robust
Linear regression                 Number of obs   =      45
                                  F(12, 32)       =    7.42
                                  Prob > F        =  0.0000
                                  R-squared       =  0.7057
                                  Root MSE        =  .03197
-----------------------------------------------------------------------
             |          Robust
    D.lnpibh |Coef.     Std. Err.     T     P>|t|  [95% Conf. Interval]
-------------+---------------------------------------------------------
      lndped |
         D1. | 1.631463 .6970784   2.34  0.026  .2115612    3.051366
      lndpsa |
         D1. | 3.625231 1.505045   2.41  0.022  .5595542    6.690908
      lndpso |
         D1. | -5.097152 2.086487  -2.44  0.020  -9.347186  -.847118
      lnfbcf |
         D1. | .0353312 .0638893   0.55  0.584  -.0948071  .1654695
      lnrnbh |
         D1. |.3399401 .0684477    4.97  0.000   .2005167  .4793635
      lnpibh |
         L1. | -.8178019 .1474094  -5.55  0.000  -1.118065  -.5175388
      lndped |
         L1. | 3.836266  .8533169  4.50  0.000   2.098117   5.574416
      lndpsa |
         L1. | 8.238675  1.846475  4.46  0.000   4.47753    11.99982
      lndpso |
         L1. | -11.43123 2.615253 -4.37  0.000  -16.75832  -6.104129
      lnfbcf |
         L1. | -.0367587 .0533032 -0.69  0.495  -.1453338  .0718164
      lnrnbh |
         L1. | .0749371  .0290741  2.58  0.015   .015715   .1341591
       vdsrp |.0965854   .0286202  3.37  0.002   .0382881  .1548827
       _cons |10.92613   2.24664   4.86  0.000   6.34988   15.50239
-----------------------------------------------------------------------
```

. reg D.lnpibh D.lndped D.lndpsa D.lndpso D.lnrnbh L.lnpibh L.lndped L.lndpsa L.lndpso L.lnrnbh vdsrp, robus
> t

Linear regression	**Number of obs**	**=**	**45**
	F(10, 34)	**=**	**8.92**
	Prob > F	**=**	**0.0000**
	R-squared	**=**	**0.6928**
	Root MSE	**=**	**.03168**

D.lnpibh	Coef.	Robust Std. Err.	t	P>|t|	[95% Conf.	Interval]
lndped						
D1.	1.444312	.6134121	2.35	0.024	.1977088	2.690916
lndpsa						
D1.	3.226849	1.339295	2.41	0.022	.5050735	5.948625
lndpso						
D1.	-4.582697	1.863331	-2.46	0.019	-8.36944	-.7959532
lnrnbh						
D1.	.3401033	.0663101	5.13	0.000	.2053449	.4748616
lnpibh						
L1.	-.7890231	.1405329	-5.61	0.000	-1.07462	-.5034259
lndped						
L1.	3.696273	.8223897	4.49	0.000	2.024976	5.36757
lndpsa						
L1.	7.920414	1.798497	4.40	0.000	4.265429	11.5754
lndpso						
L1.	-11.02836	2.540096	-4.34	0.000	-16.19046	-.866267
lnrnbh						
L1.	.0698624	.0265092	2.64	0.013	.0159892	.1237356
vdsrp	.0962882	.0284716	3.38	0.002	.0384269	.1541496
_cons	10.5086	2.15161	4.88	0.000	6.135999	14.88119

```
. prais D.lnpibh D.lndped D.lndpsa D.lndpso D.lnfbcf D.lnrnbh
L.lnpibh L.lndped L.lndpsa L.lndpso L.lnfbcf L
> .lnrnbh vdsrp, robust
Iteration 0:  rho = 0.0000
Iteration 1:  rho = 0.0075
Iteration 2:  rho = 0.0106
Iteration 3:  rho = 0.0118
Iteration 4:  rho = 0.0123
Iteration 5:  rho = 0.0126
Iteration 6:  rho = 0.0126
Iteration 7:  rho = 0.0127
Iteration 8:  rho = 0.0127
Iteration 9:  rho = 0.0127
Iteration 10:  rho = 0.0127
Iteration 11:  rho = 0.0127
Iteration 12:  rho = 0.0127
Prais-Winsten AR(1) regression -- iterated estimates
Linear regression                Number of obs    =       45
                                 F(12, 32)        =     7.52
                                 Prob > F         =   0.0000
                                 R-squared        =   0.7070
                                 Root MSE         =   .03197
------------------------------------------------------------------------------
             |             Semirobust
    D.lnpibh |      Coef.   Std. Err.      t    P>|t|     [95% Conf. Interval]
-------------+----------------------------------------------------------------
      lndped |
         D1. | 1.627563   .7000872   2.32   0.027   .2015319    3.053594
      lndpsa |
         D1. |  3.615525  1.511079   2.39   0.023   .5375582   6.693493
      lndpso |
         D1. |  -5.083527  2.094603  -2.43  0.021  -9.350094 -.8169613
      lnfbcf |
         D1. |  .0343786   .0639688    0.54   0.595  -.0959216 .1646789
      lnrnbh |
         D1. | .3403931   .0687787    4.95   0.000    .2002954  .4804908
      lnpibh |
         L1. | -.8205402  .147088    -5.58   0.000   -1.120149 -.5209318
```

```
lndped |
      L1. |3.837593 .8570166  4.48  0.000   2.091907   5.583278
   lndpsa |
      L1. | 8.23858  1.853952  4.44 0.000   4.462203   12.01496
   lndpso |
      L1. | -11.43251 2.626419 -4.35  0.000 -16.78235   -6.08267
   lnfbcf |
      L1. | -.0366754 .0535328 -0.69  0.498 -.1457182  .0723674
   lnrnbh |
      L1. | .0756744  .0292151   2.59  0.014   .0161651 .1351837
    vdsrp .0969325  .0285943    3.39  0.002   .0386877 .1551772
    _cons |10.94027 2.252249    4.86  0.000   6.352586 15.52795
-------------+----------------------------------------------------------------
      rho |  .0127018
-------------------------------------------------------------------------------
Durbin-Watson statistic (original)   1.906116
Durbin-Watson statistic (transformed) 1.912474
```

A5. Indicateurs de population et de pauvreté
A5.1 Évolution des seuils et incidences de pauvreté monétaire

Années de référence	Seuils de pauvreté (FCFA)	Incidence de la pauvreté (%)	Incidence de la pauvreté sans les régions du Nord
2001	136 000	55,6	57,9
2006	149 000	47,6	49,1
2009–2010	165 000	43,7	45
2011	172 000	45,6	45,9
2013	174 000	47,1	47,1
2014	175 000	46,9	48

2015	177 000	47,2	48,3
2016	175 000	46,8	48,1
2017	178 343	44,9	46
2018	181 201	43,8	44,9

Source : EMOP 2018/ INSTAT

A5.2 Évolution de l'incidence de pauvreté selon le milieu de résidence (%)

Années	Bamako	Autres villes	Rural	Ensemble
2001	17,6	28,6	66,8	55,6
2006	7,9	34,1	57,8	47,6
2009	9,6	32	51,2	43,7
2011	10,7	47,7	51,1	45,6
2014	11,1	46,6	52,8	46,9
2015	11,2	47,7	53,1	47,2
2016	7,4	36,9	55,2	46,8
2017	4,7	32,9	53,6	44,9
2018	4,1	24,6	54,1	43,8

Source : EMOP 2018/ INSTAT

A5.3 Évolution de l'espérance de vie selon le sexe

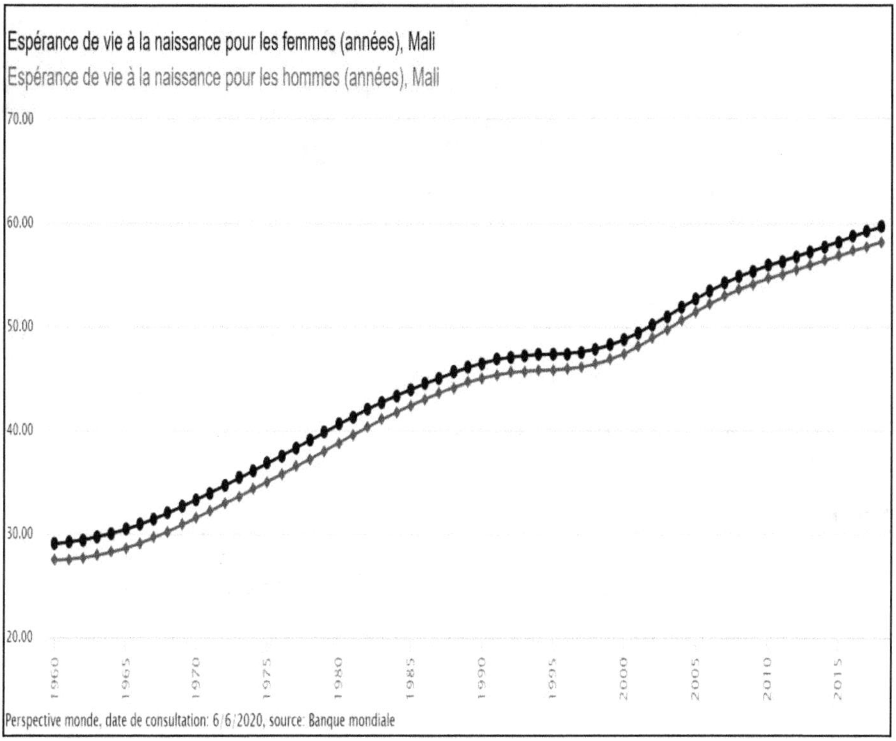

Source : Perspective Monde

A5.4 : Taux de mortalité infantile

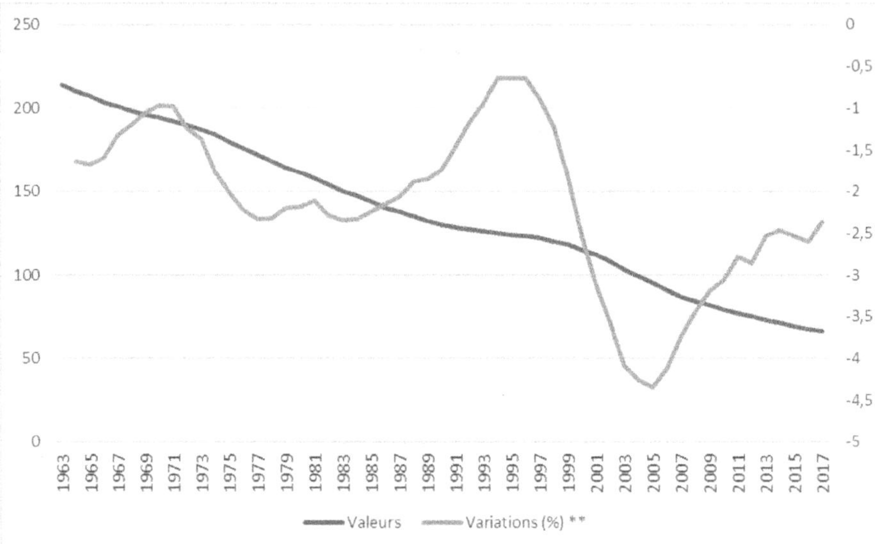

Source : perspectives mondiales

A5.5 Pyramide des âges de la population malienne en 2018

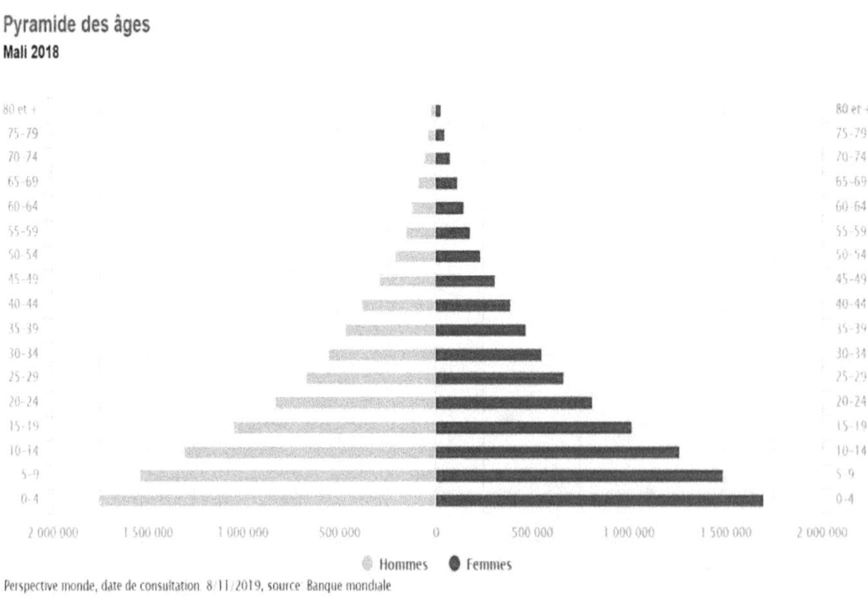

A5.6 Évolution du coefficient de Gini

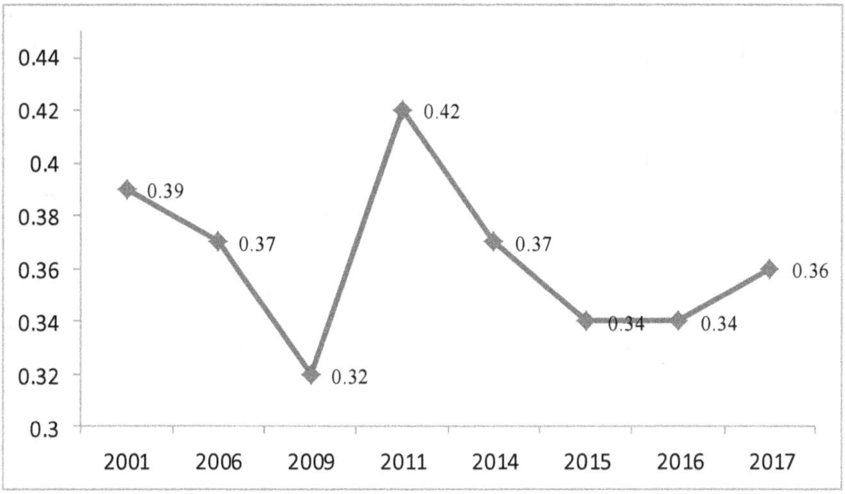

Source : EMOP 2018/ INSTAT

A6. Indicateurs budgétaires et de croissance

A6.1 Évolution du PIB (milliards FCFA) et des recettes de l'État (en %)

	2010	2011	2012	2013	2014	2015	2016	2017
PIB	4 558	5 108	5 263	6 544	7 114	7 748	8 312	8 938
Recettes totales	17,7 %	16,8 %	17,3 %	14,5 %	14,9 %	16,4 %	16,8 %	17,2 %
Recettes budgétaires	16,0 %	14,9 %	15,5 %	12,9 %	13,2 %	14,6 %	15,5 %	16,0 %
Recettes fiscales	15,0 %	14,2 %	14,4 %	12,3 %	12,5 %	14,0 %	14,8 %	15,2 %
Impôts directs	4,5 %	4,3 %	5,0 %	3,9 %	4,6 %	4,3 %	4,7 %	4,8 %
Taxes indirectes	10,5 %	9,9 %	9,4 %	8,3 %	8,0 %	9,7 %	10,1 %	10,4 %

	2010	2011	2012	2013	2014	2015	2016	2017
TVA	5,7 %	6,1 %	5,4 %	5,0 %	4,7 %	5,3 %	5,4 %	5,6 %
TVA intérieure	2,2 %	2,4 %	2,2 %	1,9 %	1,9 %	2,1 %	2,1 %	2,2 %
TVA sur importati on	3,6 %	3,6 %	3,3 %	3,1 %	2,8 %	3,2 %	3,2 %	3,4 %
TIPP	0,6 %	0,1 %	0,5 %	0,3 %	0,4 %	1,2 %	1,2 %	1,2 %
Droits et taxes de porte	2,1 %	2,2 %	1,9 %	1,7 %	1,6 %	1,8 %	1,9 %	1,9 %
Autres droits et taxes	2,2 %	2,4 %	2,7 %	2,2 %	2,1 %	2,4 %	2,6 %	2,6 %
Recettes non fiscales	1,0 %	0,7 %	1,0 %	0,6 %	0,7 %	0,7 %	0,7 %	0,8 %
Fonds spéciaux et budgets annexes	1,7 %	1,9 %	1,9 %	1,7 %	1,6 %	1,8 %	1,3 %	1,2 %

Source : DNTCP

A6.2 Taux de croissance du PIB par habitant

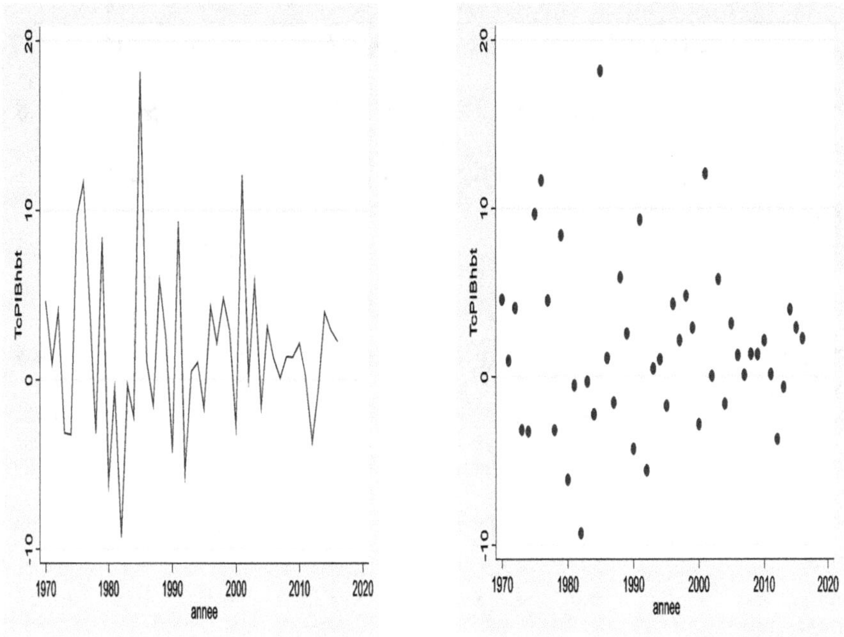

Source : À partir de WDI

A6.3 Évolution du taux d'inflation

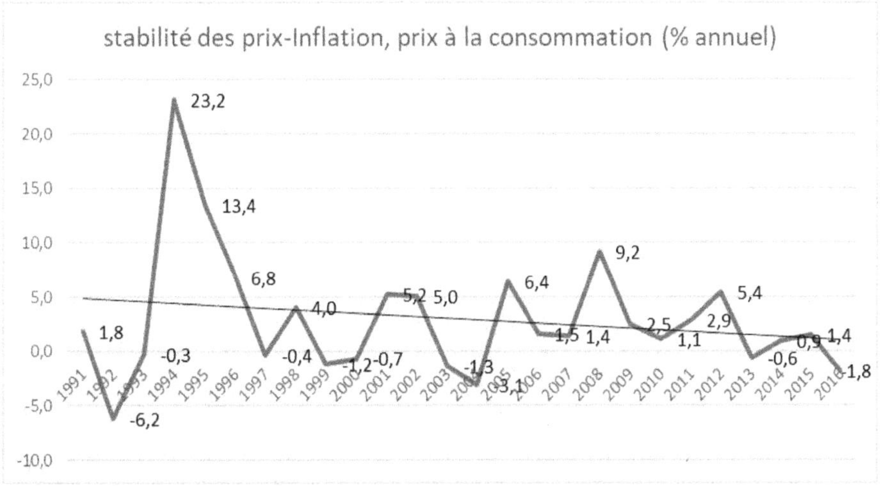

Source : BCEAO

A6.4 Évolution de la structure des dépenses de l'État (en %)

	2010	2011	2012	2013	2014	2015	2016	2017
Dépenses budgétaires	91,2	92,6	90,2	92,1	92,2	91,7	94,7	94,8
Dépenses courantes	56,4	57,2	72,9	61,9	59,7	56,8	54,5	54,1
Personnel	21,8	21,1	29,5	22,5	22,1	22,1	21,4	21,6
Biens et services	20,1	18,8	21,1	18,5	16,9	16,1	15,4	14,6
Transferts et subventions	12,6	14,5	19,0	18,4	17,8	15,8	14,8	14,8
Intérêts dus	1,9	2,8	3,3	2,5	2,9	2,8	2,9	3,0
Dette intérieure	0,7	1,4	1,5	1,1	1,6	1,4	1,6	1,7
Dette extérieure	1,2	1,4	1,8	1,4	1,3	1,4	1,4	1,4
Dépenses en capital	34,8	35,4	17,3	30,1	32,4	34,9	40,3	40,7
Financement extérieur	17,7	20,3	3,2	12,5	13,4	17,3	14,6	14,5
Emprunts	9,5	9,6	3,2	7,4	7,3	9,9	8,8	9,0
Dons	5,4	7,7	0,0	4,4	4,3	6,0	4,8	4,6
Appui budgétaire sectoriel	2,8	2,9	0,0	0,7	1,8	1,4	1,0	0,9
Financement intérieur (équip,-invest,)	17,2	15,1	14,0	17,7	19,0	17,6	25,6	26,2
Dépenses fonds spéciaux et budgets annexes	7,4	7,7	10,1	8,4	8,2	8,6	5,5	5,3
Prêts nets	1,4	-0,3	-0,3	-0,5	-0,4	-0,3	-0,2	-0,2
Total	**100,0**	**100,0**	**100,0**	**100,0**	**100,0**	**100,0**	**100,0**	**100,0**

Source : DNTCP/TOFE

A6.5 Structure du budget de l'État (recettes totales, dépenses totales et solde budgétaire)

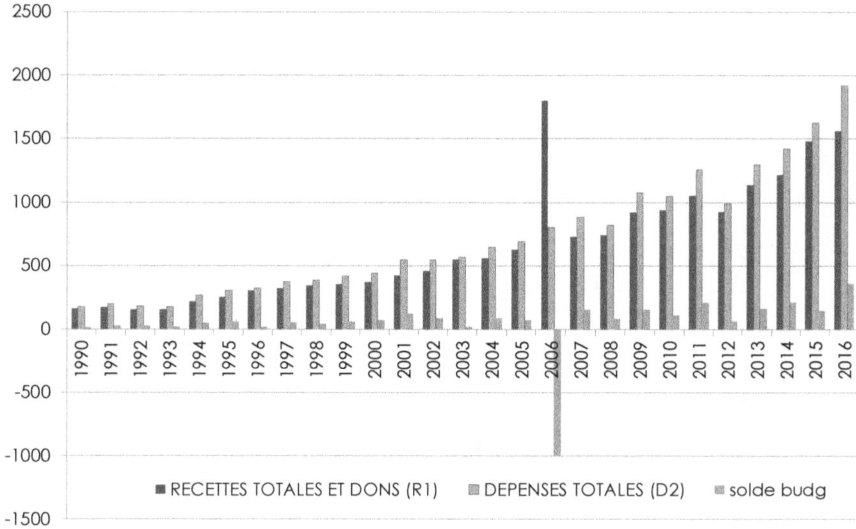

Source : à partir des données du TOFE/BCEAO

A6.6 Évolution en % du PIB, de la dette extérieure, du taux d'investissement et du solde budgétaire

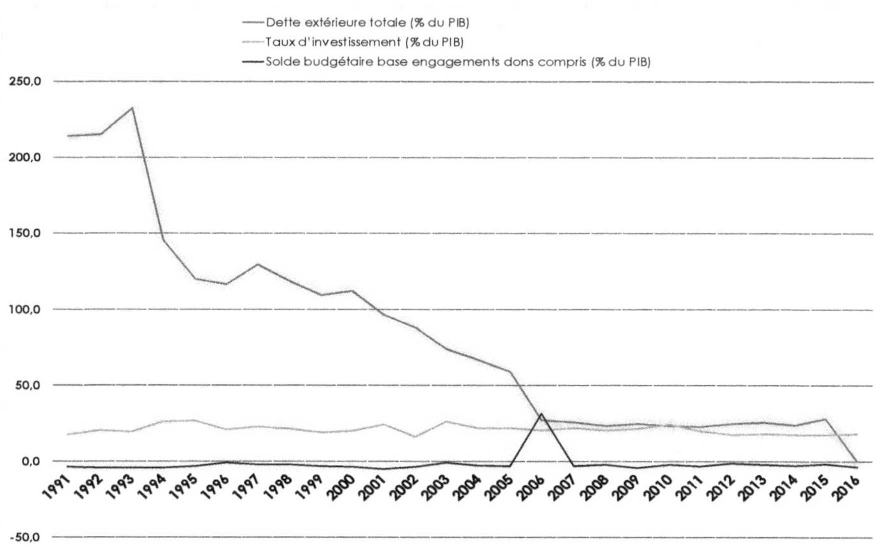

Source : à partir des données du TOFE/BCEAO

A7. Évolution de l'indice de perception de la corruption de Transparency International

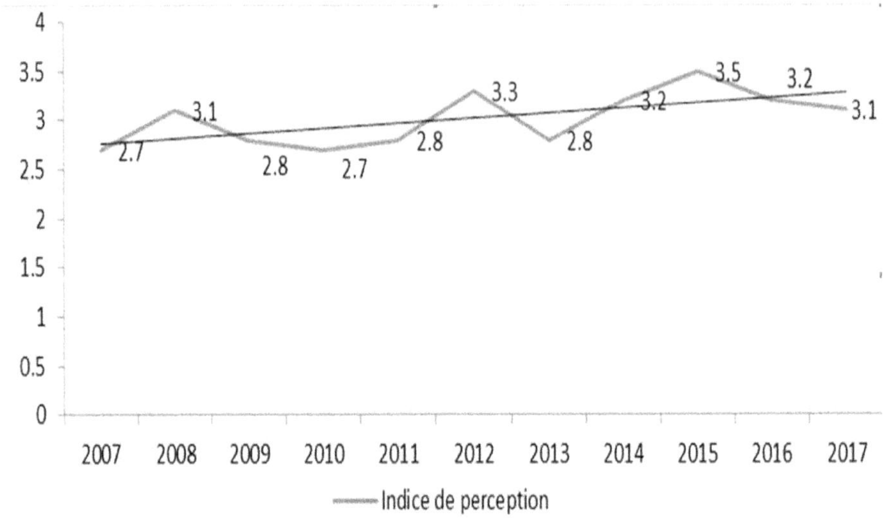

Source : Transparency International, Corruption Perceptions Index

A8. Indice du niveau des dépenses gouvernementales du Mali

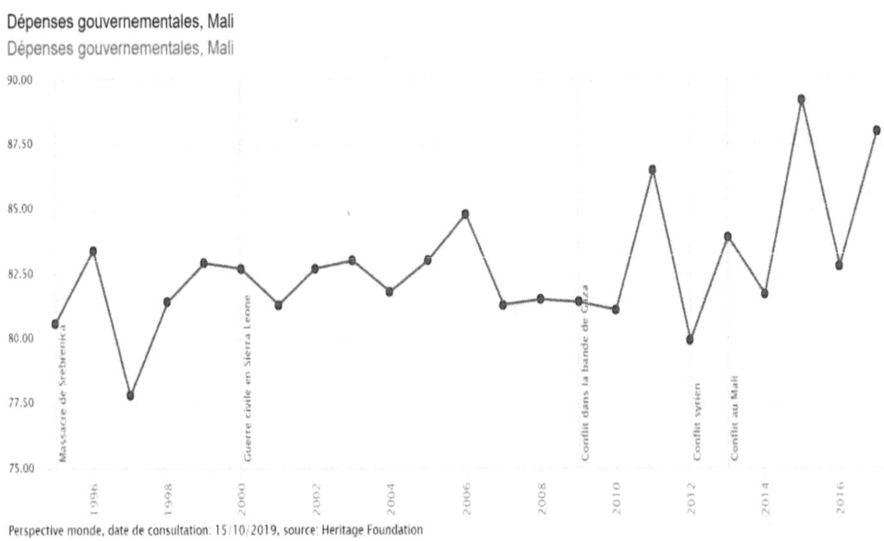

Source : Perspective Monde

A9. Enquête auprès d'acteurs spécialisés et du grand public
A9.1 Guide d'entretien utilisé – enquête de cette thèse

Identification

Nom et prénom
(répondant)...
....
Domaine d'activité
....
....
Adresse :
....
....
....
....

A. Avis sur la qualité de la politique budgétaire

....
....
....
....

B. Impacts sur les activités économiques

....
....
....
....
....
....

C. Impacts sur la réduction de la pauvreté

....
....
....
....
....

1. Impacts sur la santé

....
....
....
....
....

2. Impacts sur l'éducation

……………………………………………………………………………………
……………………………………………………………………………………
……………………………………………………………………………………
……………………………………………………………………………………
……………………………………………………………………………………
……………………………………………………………………………………
……………………

3. Impacts sur la protection sociale

……………………………………………………………………………………
……………………………………………………………………………………
……………………………………………………………………………………
……………………………………………………………………………………
……………………………………………………………………………………
……………………………………………………………………………

D. Obstacles à l'efficacité des dépenses publiques sur la réduction de la pauvreté

a. Gouvernance économique

……………………………………………………………………………………
……………………………………………………………………………………
……………………………………………………………………………………
……………………………………………………………………………………
………………………………………………………………………………

b. Gouvernance politique

……………………………………………………………………………………
……………………………………………………………………………………
……………………………………………………………………………………
……………………………………………………………………………………
………………………………………………………………………………

c. Gouvernance institutionnelle

……………………………………………………………………………………
……………………………………………………………………………………
……………………………………………………………………………………
……………………………………………………………………………………
………………………………………………………………………………

d. Gouvernance citoyenne

……………………………………………………………………………………
……………………………………………………………………………………
……………………………………………………………………………………
……………………………………………………………………………………
………………………………………………………………………………

E. Recommandations

a. Priorisation des secteurs

……………………………………………………………………………
……………………………………………………………………………
……………………………………………………………………………
……………………………………………………………………………
……………………………………………………………………………
…………………………………………………

b. Ciblage des dépenses d'éducation et de santé

……………………………………………………………………………
……………………………………………………………………………
……………………………………………………………………………
……………………………………………………………………………
……………………………………………………………………………
……………………………………………………………………………
………………………………………………

c. Efficacité des dépenses publiques

……………………………………………………………………………
……………………………………………………………………………
……………………………………………………………………………
……………………………………………………………………………
……………………………………………………………………………
………………………………

d. Renforcement des droits à l'éducation et à la santé

i. Jouissance du droit à l'éducation

……………………………………………………………………………
……………………………………………………………………………
……………………………………………………………………………
……………………………………………………………………………
……………………………

ii. Jouissance du droit à la santé

……………………………………………………………………………
……………………………………………………………………………
……………………………………………………………………………
……………………………………………………………………………
……………………………………………………………………………
…………………………

e. Autres recommandations

……………………………………………………………………………
……………………………………………………………………………
……………………………………………………………………………
……………………………………………………………………………
………………………………………………………………………

A9.2 Liste des personnes rencontrées

Prénoms	Noms	Fonctions
Entretiens individuels		
1. Béïdy	SAMAKÉ	Acteur de la gestion budgétaire – Sous-Directeur DGB
2. Bakary	COULIBALY	Coordinateur Cellule suivi réformes Eco, Mon et Fin en Afrique de l'Ouest (Cellule UEMOA)
3. Daouda	GUINDO	Inspecteur, ministère de l'Enseignement supérieur et de la recherche scientifique
4. Mohamed	TOURÉ	Juriste
5. Antimé	BANOU	Directeur, école fondamentale privée, Sirakoro Megetana
6. Amidou	BALLO	Professeur vacataire, FSEG
7. Aïssata	TRAORÉ	Direction générale des Impôts
8. Boubacar Moriba	DIAKITÉ	Direction générale des Impôts
9. Aguibou	HAÏDARA	Professeur vacataire, FSEG
10. Modibo	SIDIBÉ	Professeur vacataire, FSEG
11. Dr Mamadou	BERTHÉ	Direction nationale de la santé (DNS), sous-direction santé de la reproduction
12. Aboubakary	TRAORÉ	DNS
13. Mahamoud	DRAMÉ	DFM, ministère en charge de la Santé
14. Cheick A. Kader	SISSOKO	DGB
15. Souleymane	TANGARA	Professeur vacataire, FSEG
16. Souleymane	DIARRA	Étudiant
17. Bourama	COULIBALY	Enseignant, Kati Malibougou
18. Mamadou	TOGOLA	Enseignant
19. Ibrahim	MAÏGA	Enseignant
20. Alassane	CAMARA	Caisse malienne de sécurité sociale
21. Seydou Nour	SANOGO	Enseignant, Kati Malibougou
22. Moumouni	DIARRA	Enseignant

Prénoms	Noms	Fonctions
23. Abdoulaye	DIARRA	Enseignant Kati Koko - Plateau
24. Gaoussou	DIARRA	Professeur d'économie, FSEG
25. Mohamed	DIOUF	Informaticien, secteur privé
Focus Groupes		
	Groupe 1	
26. Abdoulaye D.	TRAORÉ	Économiste, secteur privé
27. Moustapha	DEMBÉLÉ	Économiste, secteur privé
28. Mamadou Fadiala	KEÏTA	Secteur privé
29. Kalifa	COULIBALY	Secteur privé
30. Tiékoura	SIDIBÉ	Sociologue, secteur privé
31. Seydou	CAMARA	Gestionnaire, secteur privé
	Groupe 2	
32. Mamadou	SYLLA	Transitaire
33. Issa	SISSOKO	Maçon
34. Cheick	HAÏDARA	Pharmacien
35. Monzon	DIARRA	Économiste
36. Abdoul	TOURÉ	Géographe
37. Mafa	DOUCOURÉ	Économiste
38. Baba	KONATÉ	Gestionnaire
39. Boubacar	COULIBALY	Économiste
40. Odjouma	TRAORÉ	Étudiant en Droit
	Groupe 3	
41. Ramata	DEMBÉLÉ	Étudiante
42. Assitan	SACKO	Étudiante
43. Fadimata Walett	MAHIA	Étudiante
44. Aminata	DIAKITÉ	Étudiante
45. Safiatou	TOURÉ	Étudiante
46. Sidi Ag	AHMED	Étudiant
47. Abdoulaye	DIARRA	Étudiant
48. Oumar	COULIBALY	Étudiant
49. Ousmane	SIDIBÉ	Étudiant
50. Sitan	GUINDO	Étudiant
51. Adiarrah	SOGODOGO	Étudiante
52. Adiaratou	DIALLO	Étudiante
53. Saran	TRAORÉ	Étudiante

Prénoms	Noms	Fonctions
54. Gniné	BAGAYOKO	Étudiante
55. Djibril	FOFANA	Étudiant
56. Aichatou	SANOGO	Étudiante
57. Boye	DIARRA	Étudiante
58. Seybou	SAKONE	Étudiant
59. Bouhan	TRAORÉ	Étudiante
60. Mohamed	DIARRA	Étudiant
		Groupe 4
61. Ibrahim	KANE	Faladiè
62. Mamadou	SIDIBÉ	Djélibougou
63. Abdoulaye	ARAMA	Sénou
64. Tahirou	TANGARA	Sénou
		Groupe 5
65. Idrissa dit Baba	MAIGA	Yirimadio SEMA
66. Aboubacar	KEÏTA	Faladié Sokoro
67. Harouna	SIDIBÉ	Baco djicoroni golf
68. Lassine	SOUNTOURA	Kalaban coro Sangha
69. Mohamed	NIMAGA	Baco djicoroni golf
70. Alfousseyni	TRAORÉ	Kalaban coro plateau
71. Moussa B.	COULIBALY	Kalaban coro ACI
72. Sidi	FOFANA	Kalaban coro
73. Alassane	KONATÉ	Niamakoro Courani
74. Alhamdou	TAMBOURA	Kalaban coura
75. Oumar	KONIPO	Baco djicoroni golf
76. Abdoulaye	KITA	Daoudabougou
77. Asser	MAREGA	Daoudabougou
78. Binéta	DIALLO	Kalaban coura
79. Mariam	CHOUFFI	Kalaban coura
80. Fatoumata	SY	Kalaban coura
81. M'Ballou	DIABY	Kalaban coura
82. Koumba	SYLLA	Kalaban coura
83. Dado	SYLLA	Kalaban coura
84. Kantho	SYLLA	Kalaban coura
85. Adizatou Yacouba	DEMBÉLÉ	Kalaban coura

Prénoms	**Noms**	**Fonctions**
		Groupe 6
86. Karim	TRAORÉ	Géographe
87. Souba	CISSÉ	Gestionnaire
88. Alexis	DAKO	Économiste
89. Amadou	KEÏTA	Économiste
90. Alima	DIARRA	Étudiant
91. Aly	ONGOÏBA	Ingénieur topographe
92. Demba	DIARRA	Militaire
93. Harauna	NIARÉ	Électromécanicien
94. Mohamed	CISSÉ	Juriste
95. Mohamed	KEÏTA	Économiste
96. Mohamed	SAMAKÉ	Juriste
97. Oumar	BAH	Gestionnaire
98. Mahamadou	BOCOUM	Étudiant en sociologie
99. Seydou	TRAORÉ	Mathématicien
100. Yacouba	BENGALY	Comptable

Table des matières

Structures éditoriales du groupe L'Harmattan

L'Harmattan Italie
Via degli Artisti, 15
10124 Torino
harmattan.italia@gmail.com

L'Harmattan Hongrie
Kossuth l. u. 14-16.
1053 Budapest
harmattan@harmattan.hu

L'Harmattan Sénégal
10 VDN en face Mermoz
BP 45034 Dakar-Fann
senharmattan@gmail.com

L'Harmattan Cameroun
TSINGA/FECAFOOT
BP 11486 Yaoundé
inkoukam@gmail.com

L'Harmattan Burkina Faso
Achille Somé – tengnule@hotmail.fr

L'Harmattan Guinée
Almamya, rue KA 028 OKB Agency
BP 3470 Conakry
harmattanguinee@yahoo.fr

L'Harmattan RDC
185, avenue Nyangwe
Commune de Lingwala – Kinshasa
matangilamusadila@yahoo.fr

L'Harmattan Congo
219, avenue Nelson Mandela
BP 2874 Brazzaville
harmattan.congo@yahoo.fr

L'Harmattan Mali
ACI 2000 - Immeuble Mgr Jean Marie Cisse
Bureau 10
BP 145 Bamako-Mali
mali@harmattan.fr

L'Harmattan Togo
Djidjole – Lomé
Maison Amela
face EPP BATOME
ddamela@aol.com

L'Harmattan Côte d'Ivoire
Résidence Karl – Cité des Arts
Abidjan-Cocody
03 BP 1588 Abidjan
espace_harmattan.ci@hotmail.fr

Nos librairies en France

Librairie internationale
16, rue des Écoles
75005 Paris
librairie.internationale@harmattan.fr
01 40 46 79 11
www.librairieharmattan.com

Librairie des savoirs
21, rue des Écoles
75005 Paris
librairie.sh@harmattan.fr
01 46 34 13 71
www.librairieharmattansh.com

Librairie Le Lucernaire
53, rue Notre-Dame-des-Champs
75006 Paris
librairie@lucernaire.fr
01 42 22 67 13

www.ingramcontent.com/pod-product-compliance
Lightning Source LLC
LaVergne TN
LVHW011449061026
849535LV00004BA/1018
* 9 7 8 2 1 4 0 3 1 2 5 6 4 *